더 홀
The Whole

기본기를 탄탄하게
잡아주는

더 홀

Upper
Intermediate

The Whole

휴엔스트리

Contents

v : 자동사, 타동사 의미를 모두 지니는 경우

vt : 타동사로 쓰이는 경우

vi : 자동사로 쓰이는 경우

n : 셀 수 있는 명사, 셀 수 없는 명사 둘 다로 쓰이는 경우

c : 셀 수 있는 명사

u : 셀 수 없는 명사

a : 형용사

pron : 대명사

ad : 부사

con : 접속사

prep : 전치사

sl : 단수

pl : 복수

p : 분사

[ ] : 발음 기호

= : 동의어

반 : 반의어

◇ : 파생어

학원 강사로 15년간 강의하면서 느낀 것을 요약하여 '학생들이 이렇게만 공부하면 기본기를 확실히 다질 수 있다.'라는 신념으로 책을 쓰려고 시도하고 그만두기를 거듭하며 노력하다 보니 더 좋은 책을 쓰게 된 것 같습니다. 《더 홀(the whole: 전체, 전부)》이라는 책 제목이 말해주듯 이 책으로 공부하면 영어에 대한 전체적인 지식이 쌓이고 단편적인 부분 성장이 아닌 문법, 어휘, 독해, 회화에 이르기까지 영어에 있어 전반적인 성장을 이룰 것으로 확신합니다. 문법과 어휘와 문장에서의 어휘의 쓰임 그리고 구어체와 문어체를 오가는 290개의 문장으로 이뤄진 이 도서를 학생들이 온전히 공부한다면 영어에 대해 탄탄한 기본기를 익힐 수 있을 거로 생각합니다. 어휘는 가능한 고등학생들의 생활과 관련된 어휘를 많이 사용하고 수많은 암기용 단어장에 나오는 일반적인 어휘들을 지양하였으며 다양한 구어체 표현들을 사용하여 학습에 재미를 더하였습니다. 이 책을 접한 모든 분들께 좋은 결과 있으시길 바랍니다.

2016년 02월

황철현

unit 01 동사

•동사는 주로 주어의 행동이나 상태를 설명한다. 그뿐만 아니라 시제를 표시하는 데 쓰이기도 한다.

•기본적인 단문(주어와 동사가 각각 하나씩 있는 문장)에는 다섯 가지 종류가 있으며 이를 문장 5형식이라 부른다.

a 1형식 (**완전 자동사**) : 주어 + 동사

　i **주어, 동사**만으로도 완벽한 문장이 되고 **부사**는 문장 성분이 되지 못한다.

　예시 Alex walked slowly.

　ii 부사어구는 함께 올 수 있고 특히 '**전치사+명사**'는 **부사**에 해당한다.

　예시 The family lives in the country.

　iii 완전 자동사 뒤에 목적어가 오기 위해선 **전치사**가 꼭 필요하다.

　◎ 주의해야 할 동사 : object to, graduate from, complain of, wait for

　예시 He apologized to me for stepping on my foot.

b 2형식 (**불완전 자동사**) : 주어 + 동사 + 보어

　i 주격보어는 명사(구), 형용사(구), 명사절 등이 쓰인다.

　예시 It was an awkward moment.

　ii 상태/상태 유지 : be, keep, stay, remain + 형용사/명사

　예시 The old man remained calm.

　iii 상태의 변화 : become, come, get, grow, turn, fall, go + 형용사/명사

　예시 The milk in the refrigerator went bad.

　iv 감각 : appear, seem, look, feel, smell, sound, taste + 형용사

　예시 The juice tasted sour.

c 3형식 (**완전 타동사**) : 주어 + 동사 + 목적어

　i **목적어** 하나를 필요로 하는 동사이다.

　예시 James hurt his leg in the accident.

　ii 완전 타동사 뒤에 목적어가 올 때 **전치사가 쓰여서는 안 된다.**

◎ 주의해야 할 타동사 : attend, approach, answer, discuss, enter, reach, resemble, marry, explain, address 등

예시 The politicians discussed the issue.

iii supply, provide A with B : A에게 B를 제공하다.

예시 This equipment will supply a diver with air.

iv cure(치료하다), inform(알리다), remind(연상시키다), rob(빼앗다) A of B

예시 Her blue eyes remind me of her mother.

d 4형식 (수여동사) : 주어 + 동사 + 간접목적어 + 직접목적어

i 전치사를 사용하지 않고 두 개의 목적어(간접목적어, 직접목적어)를 취하는 동사이다.

예시 Tom gave her a whistle.

ii to를 사용해서 3형식 전환 : give, teach, send, lend, bring, write, read 등

예시 The officer taught the soldiers all the rules.

> The officer taught all the rules to the soldiers.

iii for를 사용해서 3형식 전환 : make, cook, find, get, buy 등

예시 The servant got the guests some cookies.

> The servant got some cookies for the guests.

iv of를 사용해서 3형식 전환 : ask

예시 The doctor asked her patient some questions.

> The doctor asked some questions of her patient.

e 5형식 (불완전 타동사) : 주어 + 동사 + 목적어 + 목적격 보어

i 목적어와 목적어의 성질, 상태를 보충 설명하는 목적격 보어를 갖는 동사이다.

예시 I found the smart phone very useful.

ii 목적격 보어로 to 부정사 사용 동사 : allow, want, expect, encourage, enable 등

예시 The advertisement encourages people to borrow money.

iii 지각동사 + 목적어 + 동사원형/현재분사/과거분사

▸ see, watch, hear, feel, listen to, look at, observe, notice

예시 I saw Henry beat/beating his sister.

> I saw Henry beaten by his sister.

iv 사역동사

‣ **let, make** + 목적어 + **동사원형**

[예시] The principal <u>made</u> him <u>repeat</u> the whole story.

‣ **have** + 목적어 + **동사원형/ pp**

[예시] The math teacher <u>had</u> his <u>students</u> <u>calculate</u> the volume of a cube.

⟩ The math teacher <u>had</u> <u>the volume of a cube</u> <u>calculated.</u>

‣ **get** + 목적어 + **to do/ pp**

[예시] Our boss got us <u>to arrange</u> a new training program.

⟩ Our boss got a new training program <u>arranged.</u>

‣ **help** + 목적어 + **동사원형/ to do**

[예시] My parents helped me <u>(to) decide</u> my future career.

1

• "The sun rises in the east and sets in the west." "What about the moon, Dad?"

Grammar **완전 자동사** 'rise', 'set'이 쓰인 1형식 문장이다. **전치사 + 명사**(in the east/west)는
부사로 문장 성분이 되지 못한다.

1 the sun[sʌn] ⓝ 태양 (유일한 것으로 the와 함께 쓰임)
2 rise[raiz] − rose[rouz] − risen[ríz-ən] ⓥⓘ 오르다. 자라다
    ◇ raise[reiz] ⓥⓣ ～을 올리다. (문제)를 제기하다.
3 east[iːst] ⓝ 동쪽 ⓐⓓ 동쪽으로
4 set[set] − set − set ⓥⓘ (해나 달이) 지다. ⓥⓣ ～을 정하다.
    ◇ set ⓒ 세트, 촬영장
    ◇ set out : (여행을) 떠나다. (일을) 착수하다.
5 west[west] ⓝ 서쪽 ⓐⓓ 서쪽으로
6 what about ～ ? : ～은 어때요? (= how about ~?)
7 the moon[muːn] ⓝ 달 (유일한 것으로 the와 함께 쓰임)

• "태양은 동쪽에서 떠서 서쪽으로 진단다." "달은 어떻게 해요, 아빠?"

2

• Birds fly in the sky and fish swim in the stream. I crawl in bed.

Grammar **완전 자동사** 'fly', 'swim', 'crawl'이 쓰인 1형식 문장이다. 전치사 + 명사(in the
sky/sea/bed)는 부사로 문장 성분이 되지 못한다.

1 bird[bəːrd] ⓒ 새
    ◇ a flock of bird : 한 무리의 새
2 fly[flai] − flew[fluː] − flown[floun] ⓥ 날다. ～을 날리다.

◇ fly ⓒ 파리, 바지 지퍼

◇ a fly in the ointment : 옥에 티

3 sky[skai] ⓤ 하늘 (유일한 것으로 the와 함께 쓰임)

◇ skyscraper[skáiskrèipər] ⓒ 고층건물

4 fish[fiʃ] ⓒ 물고기 (단/복수 형태가 같음) ⓥ (〜에서) 물고기를 잡다.

◇ fisherman[fiʃərmən] ⓒ 어부

◇ fishy[fiʃi] ⓐ 수상한

5 swim[swim] – swam[swæm] – swum[swʌm] ⓥ 수영하다.

◇ swim against the tide : 대세를 거스르다.

6 stream[striːm] ⓒ 시내, 개울 ⓥ 흘러가다.

◇ streamline[stríːmlàin] ⓥ 〜을 효율화 하다.

7 crawl[krɔːl] ⓥ 네발로 기다.

◇ be crawling with : 〜으로 들끓다.

* 새는 하늘을 날고 물고기는 개울에서 헤엄친다. 나는 침대에서 기어 다닌다.

3

* "How are you doing, Sam?" "I feel great. How about you?" "Couldn't be better."

Grammar 불완전자동사(feel) 뒤에 보어로 형용사(great)를 사용한 2형식 문장

1 How are you (doing)? : 어떻게 지내니? (= how is it going?)

2 feel + 형용사 : 〜하게 느껴지다.

◇ feel[fiːl] ⓝ 느낌, 인상

◇ feeling[fiːliŋ] ⓒ 감정, 기분

◇ mixed feelings ⓟ 복잡한 심경

3 (it) couldn't be better : 더할 나위 없이 좋다. (= super)

◇ (it) couldn't be worse : 최악이다.

◇ so-so : 그저 그래

4   how about ~? : ~은 어때요? (= what about ~?)

• "어떻게 지내니, 샘?" "아주 좋아. 너는 어떠니?" "최고야."

4

• "Alex looks poor but, actually, he is a millionaire." "Is he cheap?"

"On the contrary, he is a very generous and sympathetic philanthropist."

Grammar 불완전 자동사 : **감각동사**(look) 뒤에 **형용사**가 오며 **be 동사** 뒤에 **보어**로 명사(a millionaire)/형용사(cheap, generous)가 온다.

1   look 형용사 : ~처럼 보이다.

◇ look at ⓥ ~을 보다.

2   poor[puər] ⓐ 가난한 (⑪ : rich 부유한)

◇ the poor ⑰ 가난한 사람들 (⑪ : the rich)

◇ poverty[pάvərti] ⓤ 가난, 빈곤

3   millionaire[mìljənέər] ⓒ 백만장자

◇ million[míljən] ⓝ 백만

4   actually[ǽktʃuəli] ⓐⓓ 사실, 실제로 (= in actual fact)

◇ actual[ǽktʃuəl] ⓐ 실제의

5   cheap[tʃíːp] ⓐ (사람이) 인색한 (= stingy), (물건이) 값싼

6   on the contrary[kάntreri] ⓐⓓ 반대로, 오히려

◇ contrary to ⓐⓓ ~와는 반대로

7   generous[dʒénərəs] ⓐ 후한, 관대한

◇ generosity[dʒènərάsəti] ⓤ 관대함

8   sympathetic[sìmpəθétik] ⓐ 동정적인, 공감하는

◇ sympathize[símpəθàiz] ⓥ (with) (~를) 동정하다. 공감하다.

◇ sympathy[símpəθi] ⓤ 동정, 공감 (= compassion)

9   philanthropist[filǽnθrəpist] ⓒ 자선가

• "알렉스는 가난해 보이지만 사실 그는 백만장자야." "그는 인색하니?" "반대로, 매우 후하고 정 많은 자선가야."

5

* "The food tastes awful but, strangely, many people are into it."

"Without doubt it has sort of eccentric charm."

Grammar **감각동사(taste) + 형용사(awful)**의 형태로 2형식 문장.

1 food[fuːd] Ⓤ 음식

◇ food for thought : 생각할 거리

2 taste[teist] + 형용사 Ⓥ ~한 맛이 나다. Ⓥ ~을 맛보다. Ⓝ 맛

◇ tasteful[téistfəl] ⓐ 세련된

◇ tasty[téisti] ⓐ 맛있는 (= delicious)

3 awful[ɔ́ːfəl] ⓐ 끔찍한

◇ awfully[ɔ́ːfəli] 🔠 매우 (나쁘게)

4 strangely[stréindʒli] 🔠 이상하게도

◇ strange[streindʒ] ⓐ 이상한, 낯선

◇ stranger[stréindʒər] Ⓒ 낯선 사람, 이방인 (⑪ : acquaintance 아는 사람)

5 be into : ~을 많이 좋아하다. (~에 푹 빠져 있다.)

6 without doubt : 의심의 여지없이 (= no wonder)

◇ doubt[daut] Ⓥ 의심하다. Ⓝ 의심

7 sort of + 형용사 : 약간, 일종의 (= kind of)

◇ sort[sɔːrt] Ⓥ ~을 분류하다. Ⓒ 종류 (= kind)

◇ sort ~ out : ~을 해결하다.

8 eccentric[ikséntrik] ⓐ 특이한, 괴짜의

9 charm[tʃɑːrm] Ⓥ ~을 매료시키다. Ⓤ 매력

* "그 음식은 끔찍하리만큼 맛이 없는데 이상하게 많은 사람들이 정말 좋아해요."
"그 음식은 일종의 특이한 매력이 있음이 틀림없어."

6

* "During spring, weather becomes warm. It is my favorite season."

"As long as it's not freezing, I am not particular about any season."

Grammar 불완전자동사(become) 뒤에 보어로 형용사(warm)가 쓰인 2형식 문장.

1 during[djúəriŋ] prep ~ 동안 (주로 문자로 된 기간을 동반함)

2 spring[spriŋ] n 봄, 샘, 용수철

   ◇ spring – sprang – sprung vi 튀어 오르다.

3 weather[wéðə:r] U 날씨 (항상 셀 수 없는 명사)

   ◇ feel under the weather : 몸이 좋지 않다.

4 become[bikʌ́m] – became[bikéim] – become vi ~이 되다. vi ~이 어울리다.

   ◇ what become of A? : A는 어떻게 되었니?

5 warm[wɔ:rm] a 따뜻한

   ◇ warmly[wɔ́:rmli] ad 따뜻하게

   ◇ worm[wə:rm] C 벌레

6 favorite[féivərit] a 가장 좋아하는

   ◇ favor[féivər] vt ~을 선호하다. ~을 편애하다. n 호의

7 season[síːz-ən] n 계절

8 as long as con ~ 하는 한 (= so long as, if)

9 freezing[fríːziŋ] a 얼어붙을 만큼 추운 U 어는 점

   ◇ freeze[fríːz] – froze[frouz] – frozen[fróuzən] V 얼다. (~을) 얼리다.

10 be particular about : ~에 까다롭게 구는

   ◇ particular[pərtíkjələr] a 특정한, 특별한

   ◇ particularly[pərtíkjələrli] ad 특히

* "봄에는 날이 따뜻해져요. 제가 제일 좋아하는 계절이에요."
"몹시 추운 날씨만 아니면 전 특별히 좋아하는 날씨가 있는 것은 아니에요."

7

• In spring, air smells fresh, birds' songs sound cheerful, and my body feels alive.

Grammar 감각동사(**smell, sound, feel**)다음에 보어로 형용사(fresh, cheerful, alive)가 쓰인 2형식 문장들이다.

1   air[ɛər] Ⓤ 공기 Ⓒ 분위기, 태도

   ◇ the air Ⓤ 공중

2   smell + 형용사 ⅵ ~한 냄새가 나다. ⅵ (~ 냄새)를 맡다.

   ◇ smell[smel] Ⓒ 냄새 (= scent), 악취 (= odor)

   ◇ smell a rat : 수상한 낌새를 채다.

3   song[sɔ(ː)ŋ] Ⓒ 노래

   ◇ a popular song Ⓒ 대중가요 (= pop song)

   ◇ a folk song Ⓒ 민요

   ◇ sing[siŋ] − sang[sæŋ] − sung[sʌŋ] ⅴ 노래하다.

4   sound + 형용사 : ~처럼 들리다.

   ◇ sound[saund] ⓐ 건전한, 적절한 (n) 소리

5   cheerful[tʃíərfəl] ⓐ 활기찬

   ◇ cheer up! : 힘내!

   ◇ cheer for : ~을 응원하다. (= root for)

6   alive[əláiv] ⓐ 살아 있는 (서술적으로만 쓰이는 형용사)

   • 봄에는 공기에서 신선한 향이 나고 새들의 노랫소리가 활기차게 들리고 내 몸이 살아있음을 느낍니다.

8

• Joan laid her son on the bed and sewed her husband's shirt. All of a sudden, she paused and rushed downstairs.

16

Grammar 완전타동사(lay/sew)뒤에 목적어로 명사(son/his shirt)가 쓰인 3형식 문장.

pause와 rush는 완전 자동사로 뒤에 목적어 없이 쓴다. (1형식 문장)

1   lay[lei] − laid[leid] − laid ⒱ ∼을 두다. ∼을 눕히다.

2   on the bed : 침대 위에

　　◇ be in bed : 잠자고 있다.

3   sew[sou] − sewed − sewn ⒱ ∼을 꿰매다.

　　◇ sow[sou] − sowed − sown ⒱ 씨를 뿌리다.

4   husband[hʌ́zbənd] ⒞ 남편 (⒲ : wife)

5   all of a sudden ⒜d 갑자기 (= all at once)

　　◇ sudden[sʌ́dn] ⒜ 갑작스러운

　　◇ suddenly[sʌ́dnli] ⒜d 갑자기

6   pause[pɔːz] ⒱ (하던 일을) 잠시 멈추다. ⒞ 일시중단

7   rush[rʌʃ] ⒱ 급하게 뛰어가다. ⒩ 서두름

　　◇ in a rush : 불현듯

8   downstairs[dauństéərz] ⒜d 아래층으로 ⒩ 아래층 (⒲ : upstairs)

　　• 조안은 그녀의 아들을 침대에 눕히고 남편의 셔츠를 꿰맸다. 갑자기 멈추더니 아래층으로 급하게 뛰어갔다.

9

• Ted lay on the grass and explained his plan to me in detail. In the meantime, I was daydreaming about the upcoming festival.

Grammar **lie**는 주의해야 할 동사로 이 문장에선 **완전 자동사**로 쓰였다.

explain은 **타동사**로 뒤에 목적어(plan)가 있는 3형식 문장을 만든다.

1   lie[lai] − lay[lei] − lain[lein] ⒱ 눕다. 놓여 있다.

　　◇ lie − lied[laid] − lied ⒱ 거짓말하다.

2   on the grass : 풀밭에, 잔디에

◇ lawn[lɔ:n] ⓝ 잔디

3 explain[ikspléin] ⓥ ~에 대해 설명하다. (뒤에 전치사 about 사용하지 말 것)

4 plan[plæn] ⓒ 계획

◇ plans fall through : 계획이 무산되다.

◇ plan to do : ~할 계획을 세우다.

5 in detail : 자세히

◇ detail[dí:teil] ⓒ 세부사항

◇ detailed[dí:teild] ⓐ 상세한

6 in the meantime ⓐⓓ 그동안 (= in the meanwhile)

◇ for the meantime[mí:ntàim] ⓐⓓ 당분간 (= for a while)

7 daydream[déidrì:m] ⓥ (~about/of) ~에 대해 공상하다. ⓒ 공상

8 upcoming[ʌ́pkʌ̀miŋ] ⓐ 다가올 (= forthcoming)

9 festival[féstəvəl] ⓒ 축제

◇ festive[féstiv] ⓐ 축제 분위기의

* 테드는 잔디 위에 누워서 저에게 그의 계획에 대해 자세히 설명했어요.
그러는 동안 전 다가올 축제에 대한 공상에 빠져있었어요.

10

* "Our teacher informed us of amazing news." "Surprise me."

"He has already sent out our report cards to our parents."

Grammar 완전 타동사 **inform** 뒤에 목적어(us)가 오고 전치사 + 명사구(of the amazing news)가 온 3형식 문장이다. inform과 같은 동사는 **inform A of B**로 숙어처럼 외워 두는 게 좋다.

surprise, amaze와 같은 **감정 동사는 항상 타동사**이다.

1 inform[infɔ́:rm] A of B : A에게 B를 알리다.

◇ informed[infɔ́:rmd] ⓐ 지식을 갖춘

2 amazing[əméiziŋ] @ 놀라운 (= astonishing)

  ◇ amaze[əméiz] Ⓥ ~을 놀라게 하다. (= astonish)

3 news[njuːz] Ⓤ 소식 (항상 셀 수 없는 명사로 쓰인다.)

4 surprise[sərpráiz] Ⓥ ~을 놀라게 하다. (= shock)

  ◇ catch(take) A by surprise : ~을 기습하다.

5 send[send] − sent[sent] − sent Ⓥ ~을 보내다.

  ◇ send out : ~을 발송하다.

6 report card Ⓒ 학기 성적표

  ◇ report[ripɔ́ːrt] Ⓒ 보고서, 기사 Ⓥ 보고하다. 알리다.

  ◇ transcript[trǽnskript] Ⓒ 성적 증명서 (전 학년 성적 증명서)

• "선생님께서 우리에게 놀라운 소식을 알려주셨어." "뭐가 그리 놀라워?" "부모님께 우리 성적표를 이미 보냈대."

11

• "Alex provided needy refugees with food and clothes."

"To my disappointment, some people criticized him for helping them."

Grammar 3형식 문장 : 주어 + 동사 + 목적어(전치사 + 명사), provide A with B, criticize
A for B로 숙어처럼 외워 두는 것이 좋다.

to one's 감정명사 : '~하게도'로 감정을 표현할 때 사용한다.

1 provide A with B : A에게 B를 제공하다. (= supply A with B)

  ◇ provide[prəváid] Ⓥ (~을) 제공하다.

  ◇ provided[prəváidid] Ⓒⓞⓝ 만약 ~라면 (= providing)

2 needy[níːdi] @ 궁핍한 (= in need)

3 refugee[rèfjudʒíː] Ⓒ 난민

  ◇ refuge[réfjuːdʒ] Ⓒ 보호소, 피난처

4 clothes[klouðz] Ⓟ 옷(들)

  ◇ clothing[klóuðiŋ] Ⓤ 옷

◇ cloth[klɔ(ː)θ] ⓤ 천

5   to one's disappointment : 실망스럽게도

◇ disappointment[dìsəpɔ́intmənt] ⓤ 실망, 낙담

◇ disappoint[dìsəpɔ́int] ⓥ ~을 실망시키다. (= let ~ down)

6   criticize A for B : A를 B했다고 비난하다.

◇ criticize[krítisàiz] ⓥ ~을 비판하다.

◇ criticism[krítisìzəm] ⓒ 비판, 비난

• "알렉스는 가난한 난민들에게 음식과 옷을 제공했어요."
"실망스럽게도 몇몇 사람들은 그들을 도왔다고 그를 비난했다더군."

12

• "Her father kept Joan from marrying Sam."

"How come he doesn't approve of their marriage?" "Who knows?"

Grammar 3형식 문장 : 주어 + 동사 + **목적어(전치사 + 동명사)**, keep A from B 로 숙어처럼 외워 두는 것이 좋다.

marry도 타동사로 뒤에 전치사가 오지 않는다.

1   father[fɑ́ːðər] ⓒ 아버지, 신부님

◇ step father ⓒ 계부 (뫤 : step mother)

2   keep A from B : A가 B못하게 하다. (= prevent A from B)

◇ keep[kiːp] – kept[kept] – kept ⓥ 계속 ~하다. ~을 가지다.

3   marry[mǽri] ⓥ ~와 결혼하다. (= be married to)

◇ marriage[mǽridʒ] ⓝ 결혼

◇ divorce[divɔ́ːrs] ⓥ ~와 이혼하다. (= be divorced from), ⓝ 이혼

4   how come ~ ? : 왜 ~하는가?

5   approve of ~ ⓥ ~을 찬성하다.

◇ approve[əprúːv] ⓥ (제안, 법)을 승인하다.

◇ approved[əprúːvd] ⓐ 공인된

◇ approval[əprúːvəl] ⓤ 승인, 찬성 (⑲ : disapproval)

◇ approval rate ⓒ 지지율

6 who knows? : 누가 알겠어. (= beats me)

* "그녀의 아버지는 조안이 샘과 결혼하지 못하게 하셨어." "왜 그들의 결혼을 허락하지 않는 거지?" "누가 알겠어?"

13

* The prominent surgeon attributed his achievement to his diligence.

Grammar 3형식 문장 : 주어 + 동사 + **목적어(전치사 + 명사)**, attribute A to B로 숙어처럼
외워 두는 것이 좋다.

1 attribute[ətríbjuːt] A to B : A를 B의 탓/공으로 돌리다.

◇ attribute[ətríbjuːt] ⓒ 특징 (= characteristic)

2 prominent[prámənənt] ⓐ 저명한

3 surgeon[sə́ːrdʒən] ⓒ 외과의사

◇ surgery[sə́ːrdʒəri] ⓤ 수술 (= operation)

◇ undergo surgery : 수술을 받다.

◇ perform surgery : 수술을 하다.

◇ plastic surgeon ⓒ 성형외과 의사

4 achievement[ətʃíːvmənt] ⓝ 성과, 업적 (= accomplishment)

◇ a sense of achievement : 성취감

◇ achieve[ətʃíːv] ⓥ ~을 달성하다. (= achomplish)

5 diligence[dílədʒəns] ⓤ 근면함

◇ diligent[dílədʒənt] ⓐ 근면한 (= industrious)

* 그 저명한 외과의사는 그의 성공은 자신의 성실함 덕이라고 했어요.

14

* "Tom gave the beggar some fake coins." "He is so mean."

  (3형식 전환 = Alex gave some fake coins to the beggar)

Grammar 수여동사(give) 뒤에 간접 목적어(beggar)와 직접 목적어(some coins)를 사용한 4형식 문장. 3형식 전환 시 간/목 앞에 **to**를 사용한다.

1 give[giv] − gave[geiv] − given[gívən] ⓥ ~에게 ~을 주다.

   ◇ given[gívən] prep ~ 라는 것을 생각하면 ⓐ 어떤(정해지지 않은)

   ◇ give A a ride to ~ : A를 ~까지 태워주다.

   ◇ give off ~ : ~을 내뿜다.

2 beggar[bégər] ⓒ 거지

   ◇ beg[beg] ⓥ 구걸하다. 간청하다.

3 some[sʌm] ⓐ 약간의 ⓐ 어떤

4 fake[feik] ⓐ 가짜의 ⓒ 위조품 (= forgery) ⓥ (~을) 위조하다. (= forge)

5 coin[kɔin] ⓒ 동전 ⓥ 신조어를 만들다.

   ◇ bill[bil] ⓒ 지폐 (= note)

6 mean[miːn] ⓐ 심술궂은, 인색한 ⓥ (~을) 의미하다.

   ◇ means[miːnz] ⓒ 수단, 재산

* "톰은 가짜 동전 몇 개를 거지에게 주었어요." "참 못됐군."

15

* Sue bought her daughter some organic fruit and vegetables.

  (3형식 전환 = Sue bought some organic vegetables for her daughter.)

Grammar 수여동사(buy) 뒤에 간/목(daughter)와 직/목(fruit and vegetables)을 사용한 4형식 문장. 3형식 전환 시 간/목 앞에 **for**를 사용한다.

1   buy[bai] − bought[bɔːt] − bought[bɔːt] ⓥ ~에게 ~을 사주다. ~에 속다.

   ◇ buy in bulk[bʌlk] : 대량으로 구매하다.

   ◇ buyer[báiər] ⓒ 구매자

2   daughter[dɔ́ːtər] ⓒ 딸 (ⓜ : son)

3   organic[ɔːrgǽnik] @ 유기농의

   ◇ organism[ɔ́ːrgənizəm] ⓝ 유기체, 생명체

   ◇ organ[ɔ́ːrgən] ⓝ 장기, 내장, 오르간

4   fruit[fruːt] ⓤ 과일 ⓒ 여러 종류의 과일

   ◇ fruitful[frúːtfəl] @ 성과가 많은

   ◇ bear fruit : 결실을 맺다.

5   vegetable[védʒətəbəl] ⓒ 채소

* 수는 딸에게 유기농 과일과 채소를 조금 사주었다.

16

* "Mary asked him a favor but he refused it flatly." "That's too harsh."

   (3형식 전환 = Mary asked a favor of him.)

Grammar 수여동사(ask) 뒤에 간/목(him)와 직/목(a favor)을 사용한 4형식 문장. 3형식 전환 시 간/목 앞에 of를 사용한다.

1   ask a favor : 도움을 요청하다.

   ◇ ask[æsk] ⓥ ~을 ~에게 요청하다. 묻다.

   ◇ ask for ~ : ~을 요청하다.

   ◇ ask after A : A의 안부를 묻다.

   ◇ you asked for it : 네가 자초한 것이다.

2   favor[féivər] ⓒ 호의, 부탁 ⓥ ~을 선호하다. 편애하다.

   ◇ favorable[féivərəbəl] @ 호의적인, 유리한

3   refuse[rifjúːz] ⓥ ~을 거절하다. (뒤에 to부정사가 올 수 있다.)

◇ refusal[rifjúːz-əl] n 거절

4 flatly[flǽtli] a 단호하게

◇ flat[flæt] a 평평한, 정액요금, 바람 빠진

5 harsh[hɑːrʃ] a 가혹한, 혹독한

• "메리는 그에게 도움을 요청했지만 그는 단호하게 거절했어." "너무 심한걸."

17

• "Josh often leaves the door unlocked." "Yeah, we all consider him careless."

Grammar 불완전타동사(**leave/consider**) 뒤에 **목적격 보어**로 형용사/분사(unlocked/careless)가 오는 5형식 문장들.

1 leave[liːv] − left[left] − left v ~을 ~한 상태로 남겨두다. ~을 떠나다.

◇ leave ~ out : ~을 제외하다.

◇ leave A alone : A를 내버려 두다.

2 often[ɔ(ː)ftən] ad 자주, 종종 (= frequently) (빈도 부사는 위치에 주의해야 한다.)

◇ more often than not : 대개 (= usually)

3 unlocked[ʌnlάkt] p 열쇠가 열린

◇ unlock[ʌnlάk] v ~의 잠금장치를 열다. ~을 풀다. (반 : lock ~을 잠그다.)

4 consider A (to be) B v A를 B라고 여기다.

◇ consider 명사/~ing v ~을 고려하다.

◇ considerate[kənsídərit] a 사려 깊은

◇ considerable[kənsídərəbəl] a 상당한

5 careless[kέərlis] a 부주의한 (반 : careful)

• "조시는 종종 문을 잠그지 않은 채로 둬." "맞아, 우리는 모두 그가 부주의 하다고 생각해."

18

• Chris's parents <u>expected him to succeed</u> but he went totally bankrupt.

Grammar **불완전타동사(leave/consider)** 뒤에 **목적격 보어**로 to부정사(to succeed)가 오는 5형식 문장.

1   expect A to do : A가 ~할 것을 기대하다.

　　◇ expect[ikspékt] Ⓥ ~을 기대하다. 예상하다.

　　◇ expectation[èkspektéiʃən] Ⓒ 기대

　　◇ live up to one's expectations : 기대에 부응하다.

2   succeed[səksíːd] Ⓥ (~ in) 성공하다. (~ to) ~을 계승하다.

　　◇ success[səksés] Ⓝ 성공 Ⓒ 성공자, 성공한 일

　　◇ successor[səksésər] Ⓒ 계승자

　　◇ succession[səkséʃən] Ⓝ 연속, 계승

　　◇ successful[səksésfəl] Ⓐ 성공적인

　　◇ successive[səksésiv] Ⓐ 연속적인

3   go bankrupt : 파산하다.

　　◇ bankrupt[bǽŋkrʌpt] Ⓐ 파산한

　　◇ bankruptcy[bǽŋkrʌptsi] Ⓝ 파산

4   totally[tóutəli] Ⓐⓓ 완전히

　　◇ total[tóutl] Ⓐ 완전한, (수치) 총~ Ⓒ 합계

　　◇ in total : 모두 합쳐

• 크리스의 부모님은 그가 성공하기를 기대했지만 그는 완전히 파산했다.

19

> * The voters elected the candidate mayor legitimately. However, some citizens called him 'illegal mayor.'

Grammar 불완전타동사(**elect/call**) 뒤에 **목/보**로 명사(mayor/illegal mayor)가 오는 5 형식 문장들.

1 voter[vóutər] ⓒ 유권자, 투표자

◇ vote[vout] ⓥ 투표하다.

◇ vote for : ~에 찬성표를 던지다. (ⓜ : vote against)

2 elect[ilékt] ⓥ ~을 ~로 선출하다. (목적적 보어에는 관사가 붙지 않는다.)

◇ election[ilékʃən] ⓝ 선거

◇ run for election : 선거에 출마하다. (= stand for election)

3 candidate[kǽndidèit] ⓒ (선거) 입후보자, (일자리) 지원자

4 mayor[méiə:r] ⓒ 시장

5 legitimately ⓐd 합법적으로, 정당하게

◇ legitimate[lidʒítəmit] ⓐ 합법적인, 정당한

◇ legitimacy[lidʒítəməsi] ⓤ 합법성, 정당성

6 however[hauｌevə(r)] ⓐd 그러나 (접속 부사로 문장과 문장 연결)

7 citizen[sítəzən] ⓒ 시민

◇ citizenship[sítəzənʃip] ⓤ 시민권

8 illegal[illí:gəl] ⓐ 불법의

◇ legal[líg-əl] ⓐ 합법적인

◇ illegally[illí:gəly] ⓐd 불법적으로

> * 유권자들은 합법적으로 그 후보자를 시장으로 선출했다. 하지만 몇몇 시민들은 그를 '불법 시장'이라고 불렀다.

20

* "I can't see the board clearly and my eyes are itchy."

  "If so, you should have your eyes examined."

Grammar **사역동사(have)** 뒤에 **목/보로** 과거분사(examined)를 사용한 5형식 문장.

1 see[siː] − saw[sɔː] − seen[siːn] ⓥ ~을 보다.

　◇ see A as B : A를 B로 간주하다.

2 board[bɔːrd] ⓒ 칠판 ⓥ 탑승하다.

　◇ aboard[əbɔ́ːrd] ⓐⓓ 탑승하여

3 clearly[klíərli] ⓐⓓ 명확하게

　◇ clear[kliər] ⓐ 분명한, 깨끗한 ⓥ ~을 치우다.

4 itchy[itʃi] ⓐ 가려운

　◇ itch[itʃ] ⓥ 가렵다. 가렵게 하다. ⓒ 가려움

　◇ be itching to do : ~하고 싶어 근질근질하다.

5 if so : 만약 그렇다면 (ⓑ : if not)

6 examine[igzǽmin] ⓥ 시험하다, 검사하다, 진단하다.

　◇ examination[igzæmənéiʃən] ⓝ 시험, 조사

7 have A do/done : A가 ~하도록 시키다.

　◇ have A around : A를 곁에 두다. (~의 곁에 있다.)

* "칠판이 선명하게 보이지 않고 눈이 가려워요." "그렇다면, 너 시력 검사를 받아봐야겠는데."

21

* The police never let the foreigners cross the border. In the face of it, they desperately appealed for mercy.

Grammar **사역동사(let)** 뒤에 **목/보로** 동사원형(cross)을 사용한 5형식 문장.

1 police[pəlí:s] ⓟ 경찰 (항상 복수로 쓰는 명사)

  ◇ police officer ⓒ 경찰관

2 let A do : A가 ∼하도록 허락하다.

  ◇ let[let] − let − let ⓥ ∼을 가만히 두다.

3 foreigner[fɔ́(:)rinə:r] ⓒ 외국인

  ◇ foreign[fɔ́(:)rin] ⓐ 외국의

4 cross[krɔ:s] ⓥ ∼을 건너다. ⓝ 십자가

5 border[bɔ́:rdə:r] ⓒ 국경, 경계선 ⓥ ∼과 접하다.

  ◇ borderline[bɔ́:rdə:rlàin] ⓒ 경계선 ⓐ 이도 저도 아닌

  ◇ borderline case ⓒ 이도 저도 아닌 경우

6 in the face of ∼ : ∼에도 불구하고

7 desperately[déspəritli] ⓐⓓ 필사적으로

  ◇ desperate[déspərit] ⓐ 절박한, 절망적인

  ◇ despair[dispéər] ⓤ 절망감 ⓥ 체념하다.

8 appeal for mercy : 애원하다.

  ◇ appeal[əpí:l] ⓥ 호소하다. 흥미를 끌다. ⓒ 호소, 간청

  ◇ appealing[əpí:liŋ] ⓐ (∼ to) 매력적인, 호소력 있는

  ◇ mercy[mə́:rsi] ⓤ 자비

* 경찰은 외국인들이 국경을 넘는 것을 절대 허락하지 않았다. 그럼에도 그들은 필사적으로 애원했다.

22

* Some shoppers <u>saw her running</u> away from the crime scene. For that, the Media <u>is driving people to accuse</u> her.

Grammar 지각동사(see) 뒤에 목/보로 현재분사(running)를 사용한 5형식 문장.

1 shopper[ʃápə:r] ⓒ 쇼핑객

  ◇ shop[ʃap] ⓥ 물건을 사다. ⓝ 가게

2   see A do/doing : A가 ~하는 것을 보다.

3   run away (from) : (~로부터) 달아나다.

4   crime scene : 범죄현장

    ◇ crime[kraim] ⓒ 범죄

    ◇ scene[siːn] ⓒ 현장, 장면

    ◇ criminal[krímənl] ⓒ 범죄자 ⓐ 범죄의

5   the Media ⓢ 대중매체 (원래는 복수이나 주로 단수 취급한다.)

    ◇ medium[míːdiəm] ⓒ 매체 (ⓟ : media)

6   drive A to do : A가 ~하도록 몰아가다.

    ◇ drive[draiv] ⓒ 캠페인, 충동, 추진력 ⓥ 운전하다.

7   accuse[əkjúːz] ⓥ ~을 의심하다. ~을 비난하다.

    ◇ accuse A of B : A를 B의 혐의로 고발하다. (비난하다.)

    ◇ the accused[əkjúːzd] ⓟ/ⓢ 피고인 (단수, 복수 둘 다로 쓰인다.)

• 몇몇 쇼핑객들은 그녀가 범죄 현장에서 도망치는 것을 봤습니다.
이 때문에 방송 매체는 사람들이 그녀를 의심하도록 몰아가고 있습니다.

23

• "The scientists in the laboratory observed the light change its color." "Is it an extraordinary phenomenon?"

Grammar 지각동사(observe) 뒤에 **목/보**로 동사원형(change)를 사용한 5형식 문장.

1   laboratory[lǽb-ərətòːri] ⓒ 실험실 (= lab)

2   observe A do/doing : A가 ~하는 것을 관찰하다.

    ◇ observe[əbzə́ːrv] ⓥ (법규 등)을 준수하다.

    ◇ observation[ɑ̀bzərvéiʃən] ⓝ 관찰

    ◇ observance[əbzə́ːrvəns] ⓝ 준수

3   light[lait] ⓤ 빛 ⓒ 전등

4 change[tʃéindʒ] ⓥ ～을 바꾸다. 바뀌다.

　◇ exchange[ikstʃéindʒ] ⓥ ～을 교환하다.

5 color[kʌ́lər] ⓒ 색, 색깔 (= colour)

　◇ show true colors : 본색을 보이다.

　◇ collar[kɑ́lər] ⓒ (옷) 깃, 칼라

6 extraordinary[ikstrɔ́:rdənèri] ⓐ 특이한, 비범한

　◇ extraordinarily[ikstrɔ́:rdənérəli] ⓐd 특이하게, 몹시

　◇ ordinary[ɔ́:rdənèri] ⓐ 평범한

7 phenomenon[finámənàn] ⓒ 현상 (ⓟ : phenomena)

　◇ phenomenal[finámənl] ⓐ 경이로운 (= incredible)

* "실험실에 있는 과학자들은 그 빛의 색이 바뀌는 것을 관찰했어요." "그게 특이한 현상인가요?"

24

* "Katie watched Jack playing basketball in secret. She must have a crush on him." "Not really! She is fond of the referee of the match."

Grammar 지각동사(watch) 뒤에 목/보로 현재분사(playing)를 사용한 5형식 문장.

1 watch[wɑtʃ] A do/doing: A가 ～하는 것을 보다.

2 play[plei] + 운동 : ～ 운동을 하다.

　◇ play the + 악기명 : ～ 악기를 연주하다. (악기 앞에 the가 꼭 들어감)

3 basketball[bǽskitbɔ̀:l] ⓤ 농구 ⓒ 농구공

4 in secret : (남) 몰래

　◇ secret[síːkrit] ⓒ 비밀

5 have a crush on A : A를 짝사랑하다.

　◇ crush[krʌʃ] ⓒ 짝사랑 ⓥ ～을 짓이기다.

6 be fond of : ～을 좋아하다.

7 referee[rèfəríː] ⓒ 심판

8 match[mætʃ] ⓒ 경기, 성냥, 잘 어울리는 것 ⓥ ~와 어울리다.

   ◇ be no match for : ~의 적수가 되지 않는다.

* "케이티는 잭이 농구를 하는 것을 몰래 지켜봤어. 그녀는 그를 짝사랑하고 있음이 틀림없어."
"그게 아냐! 그녀는 그 경기의 심판을 좋아해."

25

* Katie heard her own heart beating loudly in front of Nick, so she was embarrassed.

Grammar 지각동사(hear) 뒤에 목/보로 현재분사(beating)를 사용한 5형식 문장.

1 hear A do/doing: A가 ~하는 소리를 듣다.

   ◇ hear[hiər] – heard[həːrd] – heard ⓥ ~을 듣다.

   ◇ hear from : ~로부터 소식을 듣다.

2 own[oun] ⓐ 스스로의 ⓥ (~을) 소유하다.

   ◇ on one's own : 스스로의 힘으로

3 heart[hɑːrt] ⓒ 심장

   ◇ learn ~ by heart : ~을 외우다. (= memorize, commit ~ to memory)

4 beat[biːt] – beat – beaten ⓥ (심장이) 뛰다, ⓥ (상대를)이기다. ~을 두들겨 패다.

5 loudly[láudli] ⓐⓓ 시끄럽게

   ◇ loud[laud] ⓐ 시끄러운 ⓐⓓ 큰 소리로

6 in front of ⓟⓡⓔⓟ ~ 앞에서

7 embarrassed[imbǽrəst] ⓐ 당황한

   ◇ embarrass[imbǽrəs] ⓥ ~을 당황하게 만들다.

* 케이티는 자신의 심장이 닉 앞에서 쿵쾅거리는 것을 듣고 당황했어요.

26

> • Jack felt his neck touched by something soft but he didn't turn around.

Grammar 지각동사(watch) 뒤에 목/보로 과거분사(touched)를 사용한 5형식 문장. 목적어
와 목/보가 수동의 관계인 경우 과거분사를 사용한다.

−thing, −one, −body는 형용사가 뒤에서 수식한다.

1   feel A pp : A가 ～되는 것을 느끼다.

2   neck[nek] ⓒ 목 (비교 : throat (안쪽) 목)

    ◇ be neck and neck : 막상막하다.

3   touch[tʌtʃ] ⓥ (～을) 만지다. ～을 감동시키다. ⓒ 접촉

    ◇ in touch with : ～와 연락하는

4   soft[sɔ(:)ft] ⓐ 부드러운

5   turn around : 돌아보다.

    ◇ turn over : ～을 뒤집다. (= overturn)

    ◇ turn[təːrn] ⓥ 돌다 ⓒ 차례

    ◇ in turn : 차례로, 결과적으로

• 잭은 부드러운 어떤 것이 목을 건드는 것을 느꼈지만 돌아보지 않았어요.

27

> • "Jenna got her hair cut but nobody noticed it."
>
> "To be honest, no one cares about her and vice versa."

Grammar 사역동사(get) 뒤에 목/보로 과거분사(cut)를 사용한 5형식 문장.

1   get A to do/done : ～가 ～되도록 하다.

    ◇ get[get] − got[gɑt] − gotten[gɑ́tn] ⓥ ～가되다. 가져다주다.

2 cut[kʌt] – cut – cut Ⓥ ~을 자르다. ~을 줄이다.

　　◇ cut across : ~을 가로질러 가다.

　　◇ cut back (on) : (지출)을 줄이다.

　　◇ cut in (on) : ~에 끼어들다.

3 nobody[nóubàdi] prep 아무도 ~ 아니다. (= no one)

4 notice[nóutis] Ⓥ ~을 알아차리다. ⓝ 통보

　　◇ note[nout] Ⓥ 주목하다. ⓝ 메모

　　◇ take a note : 메모하다.

　　◇ take notes : 필기하다.

5 to be honest : 솔직히 말하면 (= to be frank)

　　◇ honest[ɑ́nist] ⓐ 솔직한

　　◇ honesty[ɑ́nisti] Ⓤ 정직함

6 care about : ~에 대해 신경 쓰다.

　　◇ care for : ~을 좋아하다. ~을 돌보다. (= take care of)

　　◇ who cares? : 누가 신경 쓰겠어?

7 vice versa[váisi-vɔ́ːrsə] ad 그 반대도 똑같다.

　　◇ vice[vais] ⓐ 부~, ⓝ 악, 범죄

• "제나는 머리를 잘랐지만 누구도 그걸 알아차리지 못했어."
"솔직히 말하면, 아무도 그녀에 대해 신경 쓰지 않아. 그리고 그녀도 마찬가지야."

28

• A brave security guard caught a thief breaking into the bank downtown.

Grammar 불완전 타동사(**catch**) 뒤에 목/보로 항상 현재분사를 사용한 5형식 문장.

1 brave[breiv] ⓐ 용감한 (= courageous)

　　◇ bravery[bréivəri] ⓝ 용기 (= courage)

2 security[sikjú-əriti] Ⓤ 보안, 안보

◇ security deposit ⓒ 보증금 (= deposit)

◇ secure[sikjúɚr] ⓥ ~을 확보하다. ⓐ 안정된

3 guard[gɑːrd] ⓒ 경비원 ⓥ ~을 지키다.

◇ security guard ⓒ (상점) 경비원

◇ off guard : 방심한, 무방비로

4 catch A ~ing ⓥ A가 ~하는 것을 붙잡다.

◇ catch[kætʃ] − caught[kɔːt] − caught ⓥ (~을) 붙잡다.

◇ catch up with : ~을 따라 잡다.

5 thief[θiːf] ⓒ 도둑

◇ theft[θeft] ⓝ 도둑질

6 break into : ~에 침입하다.

◇ break[breik] − broke[brouk] − broken[bróukən] ⓥ ~을 깨다.

7 bank[bæŋk] ⓒ 은행, 강둑

8 downtown[daʊntaʊn] ⓐⓓ 시내에서

* 한 용감한 경비원이 시내에 있는 은행에 침입하는 도둑을 잡았습니다.

29

* The room was stinky but Katie kept the window closed in order to stay warm.
  As a result, her lung was infected with fungi.

Grammar 불완전타동사(keep) 뒤에 목/보로 과거분사(closed)를 사용한 5형식 문장.

1 stinky[stiŋki] ⓐ 악취가 나는

◇ stink[stiŋk] − stank[stæŋk] − stunk[stʌŋk] ⓥ 악취가 나다.

2 keep A 분사 : A를 ~한 상태로 유지하다.

◇ keep[kiːp] − kept[kept] − kept ⓥ 유지하다.

3 in order to do : ~하기 위해서 (= so as to do)

4 close[klouz] ⓥ ~을 닫다. ⓐ 가까운 ⓐⓓ 가까이

♦ closely[klóusli] [ad] 자세히

5 stay + 형용사 : ～한 상태를 유지하다.

♦ stay[stei] [v] 머무르다.

6 as a result[rizʌ́lt] : 결과적으로

♦ result in : ～ 결과를 낳다.

♦ result from : ～ 때문에 일어나다.

7 lung[lʌŋ] [c] 폐, 허파

8 be infected with : ～에 감염되다.

♦ infect[infékt] [v] ～을 감염시키다.

♦ infectious[infékʃəs] [a] 전염성의 (=contagious)

9 fungus[fʌ́ŋgəs] [c] 곰팡이, 균류 (pl : fungi[fʌ́ngai] 불규칙 복수형에 주의해야한다.)

* 그 방은 악취가 났지만 케이티는 따뜻하게 있고 싶어서 창문을 닫아 뒀습니다.
결과적으로 그녀의 폐는 곰팡이 균에 감염되었습니다.

30

* "Nobody except you regards this book as suitable for children."

"Based on its theme, not on its contents, I thought so."

Grammar regard, look upon, think of A as B의 **as B**를 보어로 여겨서 5형식으로 여기
기도 한다.

1 except[iksépt] [prep] (for) ～을 제외하고

♦ exception[iksépʃən] [c] 예외

♦ exceptional[iksépʃənəl] [a] 탁월한, 예외적인

2 regard[rigɑ́ːrd] A as B : A를 B로 여기다. (= look upon A as B)

3 be suitable for : ～에 적합하다.

♦ suit[suːt] [v] 어울리다. [n] 정장

♦ suit yourself : 맘대로 해라!

◇ well suited for/to : ～에 딱 맞는

4 children[tʃíldrən] ⓟ 아이들

◇ child[tʃaild] ⓒ 아이

5 based on : ～에 근거하여

◇ be based on : ～에 근거하다.

6 theme[θi:m] ⓒ 주제

7 contents ⓟ (구체적인) 내용, 목차

◇ content[kántent] ⓤ (주제관련, 웹사이트) 내용

◇ be content with : ～에 만족하다.

● "너를 제외한 어느 누구도 이 책이 아이들에게 적합하다고 생각하지 않아."
"내용이 아니라 주제에 근거해서 전 그렇게 생각했어요."

unit 02 시제

•모든 동사는 원형이 있지만 동작이나 상태가 발생한 시기를 표현하기 위해서 동사의 형태를 변형해서 사용한다.

•12시제

a 단순 현재

  i 주로 **지속적으로 발생**하는 일이나, 상태, 습관 등을 묘사하기 위해서 쓰인다.

  ◎ 상태동사는 진행형 불가 (know, want, have, belong to, hear, see, resemble 등)

  예시 He plays golf everyday.

  예시 Tom resembles his cousin.

  ii **일반적 사실**(과학적 사실, 격언, 속담)은 항상 현재형을 사용한다.

  예시 My teacher told us that birds of a feather flock together.

b 현재 진행형

  i 진행 중인 동작, 상태 등을 묘사하기 위해서 주로 사용되며 형태는 'be ~ing'이다.

  예시 She is singing a song now.

  ii **always, constantly, forever**와 함께 **습관적인 행위**에 대해 **불평**할 때 쓰이기도 한다.

  예시 Charley is constantly having bad influence on the other kids.

c 현재 완료형 : 과거에 일어난 일이 현재에 영향을 미치는 경우 사용 : **'have + 과거분사'**

  i 경험 (ever, never, once, twice, ~times, before)

  예시 I have never flown in a helicopter before.

  ii 계속 (since + 시점, for + 기간)

  예시 I have studied English for 5 years.

  iii 완료 (just, already, yet : 부정, 의문)

  예시 The celebrity hasn't revealed her income yet.

  iv 결과

  예시 Three teeth have decayed, so I need to see the dentist.

d 현재 완료 진행형

i 과거에 시작된 동작이 현재까지 계속 되는 경우에 사용 : **'have been ~ing'**

[예시] They have been sleeping for 12 hours.

ii 과거의 동작이 **현재까지** **영향**을 미치는 경우

[예시] Tom is out of breath because he has been running.

e 단순 과거

i 과거의 동작, 상태, 습관 등을 표현할 때 사용한다.

[예시] They asked me many questions.

ii **역사적 사실**은 항상 과거형 사용

[예시] I didn't know that Hanguel was invented in 1443 and released in 1446.

f **과거 진행형**

i 과거의 일시적 동작을 묘사하기 위해 쓰이며 어떤 **사건의 배경**으로 많이 사용된다. 형태는 **'was/were ~ing'**이다.

[예시] When I saw her, she was sitting on the chair.

g **과거 완료형**

i 과거 어느 시점을 기준으로 그 이전부터 그때까지 발생한 일을 묘사하기 위해서 사용된다. 형태는 **'had 과거분사'** 이다.

[예시] The guard noticed that someone had attempted to change the password.

ii 경험, 계속, 완료, 결과의 의미를 지니기도 한다.

[예시] I had already finished my homework when he came back.

h **과거 완료 진행형**

i 과거 어느 시점부터 과거까지 동작이 지속된 경우에 사용 : **'had been ~ing'**

[예시] The artist had been carving a statue for 5 hours when his friend called him.

i **단순 미래** : 미래 사건에 대한 추측과 화자의 **의지**를 표현할 때 사용한다.

i **단순미래 (추측)** : will, be going to (근거가 있는 경우)

예시 It will rain tomorrow.

예시 You have a lot of talent. You will become a great musician one day.

ii 의지미래 : will(지금결정), be going to(이미 결정), be ~ing(미리 계획된 일)

예시 I am so tired that I will not work on the farm today.

예시 I should pay off debts so I am going to sell my car.

예시 I have 2 movie tickets. I am watching a movie with Anne tonight.

j 미래 진행형 : 주로 미래 어느 시점에 진행 중인 동작을 묘사할 때 사용된다.

예시 I will be sleeping at 7 a.m. tomorrow.

k 미래 완료형 : 미래 어느 시점까지 지속된 동작이나 상태를 묘사할 때 사용된다.

예시 We will have lived here for ten years next year.

l 미래 완료 진행형 : 미래 어느 시점까지 동작이 계속되는 경우에 사용된다.

예시 If he runs one more hour, he will have been running for 24 hours.

m 기타 미래 표현

i 시간표, 시간과 조건의 부사절 : 현재가 미래 대신

예시 The zoo opens at 9 in the morning tomorrow.

예시 If you neglect your promises, you will lose your credibility.

31

> • "Alex usually goes to bed late." "No, it's the other way around. He goes to sleep too early. At dawn." "It sounds ironic."

Grammar 습관적인 행동을 묘사하기 위해서 **단순 현재형**을 사용하고 있다.

주어가 **3인칭 단수**이기 때문에 go > goes(불규칙)로 형태가 바뀌었다.

감각동사(sound,smell..)뒤에 **형용사**가 오면 감각동사는 **진행형 불가.**

1   usually[júːʒluəli] [ad] 보통, 대개

  ◇ usual[júːʒuəl] [a] 보통의

  ◇ unusual[ʌnjúːʒuəl] [a] 특이한

2   go to bed : 잠자리에 들다. (= go to sleep)

3   late[leit] [ad] 늦게 [a] 늦은, 고인이 된

  ◇ lately[léitli] [ad] 최근에

  ◇ latest[léitist] [a] 최신의

4   the other way around : 정반대인

  ◇ other[ʌ́ðər] [a] 다른

5   early[ə́ːrli] [a]/[ad] 일찍

  ◇ an early bird [c] 아침에 일찍 일어나는 사람 (반 : a night owl)

6   dawn[dɔːn] [n] 새벽 [vi] 동이 트다. (반 : dusk 황혼)

  ◇ it dawns on A that ~ : A가 ~을 깨달다.

7   ironic[airánik] [a] 반어적인, 아이러니한

  ◇ ironically[airánikəli] [ad] 아이러니하게도 (생각과는 달라서 웃긴)

  ◇ irony[áirəni] [U] 반어법

> • "알렉스는 평소에 늦게 잠자리에 듭니다."
> "아니요, 정반대예요. 그는 너무 일찍 잠자러 가요. 동틀 무렵에." "아이러니하네요."

32

• "In Korea, it is very dry in winter, so a lot of people have chapped lips." "No offense but I am grateful not to be born in your country."

Grammar **일반적 사실**을 묘사하기 위해서 **단순 현재형**을 사용하고 있다.

비인칭 주어 it은 '계절, 거리, 명암, 날씨, 날짜, 시간, 요일'을 말하고자 할 때 주어로 사용하며 해석은 하지 않는다.

1 Korea[kərí:ə] Ⓤ 한국

  ◇ Korean[kərí:ən] ⓐ 한국(인)의, Ⓒ 한국인 Ⓤ 한국말

2 dry[drai] ⓐ 건조한, 마른 Ⓥ ~을 말리다.

  ◇ run dry : (강, 호수) 마르다.

3 a lot of ⓐ 많은

  ◇ a lot[lɑt] ⓐⓓ 많이

4 lip[lip] Ⓒ 입술, (컵 등의) 가장자리(= rim)

  ◇ my lips are sealed : 비밀을 지킬게

5 chap[tʃæp] Ⓥ ~을 트게 하다. ~이 트다.

6 no offense (구어체) 기분 나쁘게 받아들이지 마.

  ◇ offense[əféns] Ⓒ 위법행위 Ⓤ 불쾌감을 줌, (스포츠) 공격

  ◇ offensive[əfénsiv] ⓐ 불쾌한, (스포츠) 공격의

  ◇ offend[əfénd] Ⓥ (~을) 기분 상하게 하다. 위반하다.

7 grateful[gréitfəl] ⓐ 감사해하는

  ◇ be grateful to do : ~에 감사하다.

• "한국에선 겨울에 매우 건조해서 많은 사람들의 입술이 터요."
"기분나빠하진 마세요. 저는 당신의 나라에서 태어나지 않은 것에 감사해요."

33

> * The earth rotates on its axis and revolves around the sun. In like manner, all the planets in our solar system spin on their own axis and orbit the sun.

Grammar 불변의 법칙, 격언, 습관 등은 **현재형**을 사용한다.

1   earth[əːrθ] Ⓤ 지구, 흙

2   rotate[róuteit] Ⓥ (축을 중심으로) 돌다. 돌리다. (= revolve)

   ◇ rotation[routéiʃ-ən] Ⓝ 회전, 공전, 순환근무

3   axis[æksis] Ⓒ 축, 대칭선

   ◇ on one's axis : ∼의 축을 중심으로

4   revolve (a)round : ∼의 주변을 공전하다.

   ◇ around[əráund] Ⓐⓓ 주위에 (= round)

   ◇ revolve[riválv] Ⓥ 회전하다.

   ◇ revolution[rèvəlúːʃ-ən] Ⓝ 혁명

5   in like manner Ⓐⓓ 마찬가지로 (= in like fashion)

   ◇ manner[mǽnəːr] Ⓒ 방식

6   planet[plǽnit] Ⓒ 행성

7   solar system Ⓝ 태양계

   ◇ solar[sóulər] Ⓐ 태양의, 양력의

   ◇ lunar[lúːnər] Ⓐ 달의, 음력의

   ◇ system[sístəm] Ⓒ 체계

8   spin[spin] − spun[spʌn] − spun Ⓥ 빙글빙글 돌다. 돌리다.

   ◇ spin a tale(yarn) : 이야기를 꾸며내다.

   ◇ spin off : 부산물

9   orbit[ɔːrbit] Ⓥ (∼의) 주변에 궤도를 그리며 돌다.

   ◇ orbit Ⓒ 궤도

> * 지구는 그것의 축을 중심으로 자전하고 태양의 주변을 공전한다.
> 마찬가지로, 태양계의 모든 행성들은 각자의 축을 중심으로 자전을 하고 태양의 주변을 궤도를 그리며 돈다.

34

* My plane <u>lands</u> at 10 o'clock in the morning and the conference <u>starts</u> at 11 o'clock. Thus, I have one extra hour.

Grammar 정해진 **시간표**가 있는 경우 **미래시제 대신 현재시제**를 사용한다.

1   plane[plein] ⓒ 비행기 (=airplane)

  ◇ plain[plein] ⓐ 분명한, 쉬운 ⓝ 평야, 평지

2   land[lænd] ⓥⁱ 착륙하다. 도착하다. ⓤ 땅

3   o'clock[əklάk] ⓐd ~시 정각에

4   conference[kάnfərəns] ⓒ (대규모) 회의, 학술대회

  ◇ conference call ⓒ 전화 회의

5   start[stɑːrt] ⓥⁱ 시작되다. 출발하다. ⓥ ~을 시작하다. (= begin)

  ◇ to start with : 우선 (= to begin with)

  ◇ start-up ⓐ 신생의, 초기의 ⓐ 신생 기업

6   thus[ðʌs] ⓐd 그래서

7   extra[ékstrə] ⓐ 여분의, ⓐd 여분으로

  ◇ at no extra cost : 별도의 비용 없이

8   hour[áuər] ⓒ 시간

  ◇ minute[mínit] ⓒ 분

  ◇ second[sék-ənd] ⓒ 초

* 비행기는 아침 10시에 도착하고 학회는 11시에 시작합니다. 그래서 1시간의 여유시간이 있습니다.

35

* "<u>Am I late?</u>" "<u>No, you aren't.</u> You <u>are just in time.</u>" "What a relief! Before the ceremony, I'd like to go to the bathroom." "Be my guest."

Grammar **be 동사의 현재 시제**는 주어에 따라 **'am, are, is'**가 쓰이며 be 동사를 이용하여 의문문과 부정문을 만든다.

1   late[leit] ⓐ 늦은 ⓐⓓ 늦게

2   in time[taim] : 시간에 맞춰, 늦지 않게

    ◇ on time[taim] : 정시에

3   just[dʒʌst] ⓐⓓ 정확히, 딱 ⓐ 올바른

    ◇ justice[dʒʌ́stis] Ⓤ 정의, 사법

4   what a relief! : 안심이 된다!

    ◇ relief[rilíːf] Ⓒ 안심

    ◇ relieve[rilíːv] Ⓥ ∼을 완화하다.

    ◇ relieve A of B : A에게 B를 덜어주다.

5   ceremony[sérəmòuni] Ⓒ 의식

6   would like to do : ∼하기를 원하다.

7   bathroom[bǽθrù(ː)m] Ⓒ 화장실 (= restroom)

8   be my guest : 그렇게 하세요.

* 비행기는 아침 10시에 도착하고 학회는 11시에 시작합니다. 그래서 1시간의 여유시간이 있습니다.

36

* "Don't you want to reconcile with me, Kacey?" "No, I don't. I am tired of your whims. Leave me alone." "So be it."

Grammar **현재 시제 일반 동사의 부정의문문**은 'don't/doesn't'를 사용하며 **대답은 긍정으로 물어본 것과 똑같이** 대답한다.

want는 **상태 동사**여서 **진행형으로 쓸 수 없다.**

1   want[wɔ(ː)nt] to do : ∼ 하기를 원하다. (= would like to do)

    ◇ for want of : ∼의 부족으로 (= lack)

◇ wants ⑰ 필요로 하는 것

2 reconcile[rékənsàil] ⓥ (~with) (~와) 화해하다. ⓥ ~을 조화시키다.

◇ reconcile yourself to ~ : (힘들게) ~을 받아들이다. (= resign oneself to)

3 tired[taiə:rd] ⓐ 피곤한, 질린

◇ tire[táiər] ⓥ ~을 피곤하게 하다.

◇ be tired of : ~에 질리다.

◇ be tired from : ~에 지치다. (= be exhausted from)

4 whim[hwim] ⓒ 변덕

◇ whimsical[hwímzik-əl] ⓐ 변덕스러운

5 leave A alone : A를 내버려 두다.

6 so be it : 그렇게 해 (= suit yourself)

• "나랑 화해하고 싶지 않니. 케이시?" "아니. 너의 변덕에 질렸어. 내버려둬!" "그렇게 해."

37

• "Do you have an umbrella?" "why?" "It's drizzling outside at the moment."

Grammar 현재진행 **be ~ing**(is drizzling)를 사용하고 있다.

have(가지다)는 **상태 동사**로 진행형을 사용하면 안 된다.

1 have[hæv] – had – had ⓥ ~을 가지다. ~을 먹다. (진행 가능)

◇ have A over : ~을 집으로 초대하다.

2 umbrella[ʌmbrélə] ⓒ 우산 (부정관사 an 사용) ⓐ 상위의

◇ parasol[pǽrəsɔ̀:l] ⓒ 양산, 파라솔

3 outside[áutsáid] ⓐⓓ 밖에서(= outdoors), ⓐ 외부의(= outdoor)

◇ inside[ínsáid] ⓐⓓ 안에서 (= indoors)

4 drizzle[drízl] ⓥ 이슬비가 내리다. ⓤ 이슬비

◇ sleet[sli:t] ⓥ 진눈깨비가 내리다. ⓤ 진눈깨비

5 at the moment : 지금

• "우산 가지고 있니?" "왜?" "지금 밖에 이슬비가 내리고 있어."

38

• "Joan is leaving Korea for Australia the day after tomorrow." "I envy her."

"So I have reserved two seats for us." "How sweet!"

Grammar 현재진행형은 **가까운 미래의 계획**을 말하는 데도 사용된다.

현재완료 '<u>결과</u>'로 '**여행을 갈 수 있음**'을 암시하고 있다.

1 leave A for B : A를 떠나서 B로 가다.

  ◇ leave[liːv] – left[left] – left Ⓥ ~을 떠나다. ~을 남겨두다.

  ◇ on leave : 휴가 중인

2 Australia[ɔːstréiljə] Ⓝ 호주

  ◇ Australian[ɔːstréiljən] Ⓐ 호주의 Ⓝ 호주인

3 the day after tomorrow : 모레

4 envy[énvi] Ⓥ ~을 부러워하다. (= be envious of)

  ◇ envious[énviəs] Ⓐ ~을 부러워하는

  ◇ jealous[dʒéləs] Ⓐ ~을 시샘하는 (~ of)

5 reserve[rizə́ːrv] Ⓥ ~을 예약하다. (= book) ~을 남겨두다.

  ◇ reserves Ⓟ 비축

  ◇ reserved[rizə́ːrvd] Ⓐ 내성적인

  ◇ in reserve : 예비로

6 seat[siːt] Ⓒ 자리 Ⓥ ~의 자리를 배정하다.

  ◇ be seated Ⓥ 앉다.

  ◇ aisle[ail] seat Ⓒ 통로 좌석 (⊕ : window seat 창가 자리)

7 sweet[swiːt] Ⓐ 달콤한, 좋은

• "조안은 모레 한국을 떠나 호주로 가요." "부럽군요." "그래서 우리를 위해서 두 자리 예약했지." "멋있어요!"

39

• "Is Sandra good at speaking English?" "No, she isn't. Now that she knows only a few basic words, she is looking for a tutor."

Grammar **know**는 **상태 동사**로 진행형 불가하지만 **look**이 '~을 보다/~을 찾다'의 의미로 쓰일 때는 **동작동사**로 진행형이 가능하다.

1 be good at : ~을 잘하다. (砂 : be poor at)

2 speak + 언어 : ~로 말하다.

   ◇ speak[spiːk] – spoke[spouk] – spoken[spóukən] ⓥ 이야기하다.

3 know[nou] – knew[njuː] – known[noun] ⓥ ~을 알다.

   ◇ know A by sight/name : ~의 얼굴/이름 정도를 알다.

4 now (that) ~ ⓒⓞⓝ 지금 ~이기 때문에

5 a few ⓐ 몇몇 (뒤에 셀 수 있는 명사만 옴)

   ◇ few[fjuː] ⓐ 거의 없는 (뒤에 셀 수 있는 명사만 옴)

6 basic[béisik] ⓐ 기본적인, 기초적인

   ◇ basically[béisikəli] ⓐⓓ 한마디로, 기본적으로

7 look for : ~을 찾다.

   ◇ look at : ~을 보다.

8 tutor[tjúːtər] ⓒ 개인 교사

   ◇ tuition[tjuːíʃ-ən] ⓤ 수업료, (소규모) 교습

• "산드라는 영어회화에 능통하니?" "아니. 그녀는 지금 몇 가지 기본적인 단어들만 알고 있어서 개인교사를 찾고 있어."

40

• "I am so worried that Dennis left home at around 7 o'clock but he hasn't arrived at school yet." "No worries! And take it easy!"

Grammar 정확한 **과거 시점**(at 7) 있는 경우 **과거형**을 써야 한다.

haven't pp와 **yet**이 결합하여 **현재 완료(완료)** 문장을 형성했다.

1 be worried that 주어 + 동사 : ∼에 대해 걱정하다.

  ◇ be worried about 명사/~ing : ∼에 대해 걱정하다.

  ◇ No worries : 걱정하지 마! (= Don't worry)

2 home[houm] ⓝ 집, 가정 ⓐⓓ 집으로

  ◇ feel at home : 편안하게 느끼다.

  ◇ hit/strike home : 정곡을 찌르다.

3 around[əráund] ⓐ 대략 (= about) ⓟⓡⓔⓟ ∼ 주위에

4 arrive at(in) ⓥⓘ ∼에 도착하다.

  ◇ arrival[əráivəl] ⓝ 도착

5 yet[jet] ⓐⓓ (부정문) 아직, (의문문) 이미, 벌써

  ◇ have(be) yet to do ∼ : 아직 ∼하지 못 하다.

  ◇ as (of) yet : 아직 까지

6 take it easy : 진정해라! (= chill out)

• "일곱 시에 집을 나선 데니스가 아직도 학교에 도착하지 않아서 매우 걱정돼요." "걱정 마세요! 그리고 진정하세요!"

41

• "He <u>has painted</u> his own portraits every other month ever <u>since he turned</u> 20 years old." "Really? He is 50 years old now. Then, he <u>has painted</u> them <u>for 30 years</u>? Wow!"

Grammar **have/has pp**가 **since + 시점, for + 기간**과 결합하여 '**계속**'의 의미를 가진 **현재 완료** 문장을 형성하고 있다.

1 paint[peint] ⓥ (∼을) 그리다. ⓤ 페인트 ⓟⓛ 물감

  ◇ painting[péintiŋ] ⓒ 그림 ⓤ 그림 기법

2 portrait[pɔ́:rtrit] ⓒ 초상화

　　◇ still life[stíl láif] ⓒ 정물화

3 every other month : 2개월에 한번

　　◇ every + other + 단수명사 : 두 번에 한번

　　◇ every + 기수 + 복수명사 : ～에 한번 (= every + 서수 + 단수명사)

4 since + 시점 : ～이래로

　　◇ (ever) since ⓐd 그때 이후로

5 turn + 나이 : ～살이 되다.

6 really[rí:-əli] ⓐd 정말로

　　◇ real[rí:-əl] ⓐ 실제의, 현실의

　　◇ reality[ri:ǽləti] ⓝ 현실

7 then[ðen] ⓐd 그러면, 그 이후에

• "그는 스무 살이 된 이후로 두 달에 한 번 자신의 초상화를 그렸어."
　"정말? 그는 지금 쉰 살이잖아. 그럼 30년째 그려오고 있다고? 와!"

42

• "Have you ever met any celebrities?" "Yeah, As a representative of the martial arts association, I have shaken hands with the Pope once. It was such an honor."

Grammar **have/has pp가 ever(once, twice, ~times)와 함께 쓰여서 현재 완료 '경험'의 의미를 가진 문장을 형성한다.**

1 meet[mi:t] − met[met] − met ⓥ ～을 만나다.

　　◇ meet needs/standards : 필요/기준을 충족시키다.

　　◇ meet a deadline : 마감기한을 맞추다.

2 celebrity[səlébrəti] ⓒ 유명인

　　◇ celebrate[séləbrèit] ⓥ (기념일)을 축하하다.

3 representative[rèprizéntətiv] ⓒ 대표자 ⓐ 전형적인

◇ represent[rèprizént] ⓥ ~을 대표하다. ~을 나타내다.

◇ representation[rèprizentéiʃən] ⓝ 대표, 묘사

◇ sales representative ⓒ 판매원

4 martial art ⓒ 무술

◇ martial[mɑ́ːrʃəl] ⓐ 군대의

5 association[əsòusiéiʃən] ⓒ 협회, 관계

◇ associate A with B : A와 B를 연관 짓다.

◇ associate with : ~와 교제하다.

6 shake hands with : ~와 악수하다. (항상 복수 명사를 사용한다.)

◇ shake[ʃeik] – shook[ʃuk] – shaken[ʃéikən] ⓥ 떨다. ~을 흔들다.

◇ shake off : (두려움, 문제 등) ~을 떨쳐버리다.

7 once[wʌns] ⓐⓓ 한번, 한때 ⓒⓞⓝ 일단 ~하면

◇ all at once : 갑자기

◇ once and for all : 완전히, 마지막으로

8 Pope[poup] ⓝ 교황

◇ cardinal[kɑ́ːrdənl] ⓒ 추기경

◇ bishop[bíʃəp] ⓒ 주교

9 honor[ɑ́nər] ⓝ 영광스러운 일

◇ honor ⓥⓣ ~에게 경의를 표하다.

◇ honorable[ɑ́nərəbəl] ⓐ 도덕적인

◇ honorary degree : 명예 학위

* "유명한 사람 만나 본 적 있니?" "응. 나는 무술협회 대표로 교황과 악수를 한 적이 한번 있어. 너무 영광스러운 일이었어."

43

* "Oh, the clock works again." "I have fixed it." "I have never heard of such a funny joke." "Ha ha! I will take it as a compliment."

Grammar '고쳐서 지금 작동된다.'는 **현재완료 '결과'**의 의미를 가진다.

have pp와 never가 같이 사용 돼서 현재완료 '경험'의 의미를 가진다.

1 clock[klɑk] ⓒ 벽걸이 시계

  ◇ watch[wɑtʃ] ⓒ 손목시계

2 work[wəːrk] ⓥ 작동되다. 일하다. ⓝ 일, 작품

3 fix[fiks] ⓥ (~을) 고치다. (= repair), ~을 정하다. ⓒ 해결책

  ◇ fix A up with B : A에게 B를 소개팅 시켜주다.

4 hear of : ~에 대해 조금 듣다.

  ◇ hear about : ~에 대해 자세히 듣다.

  ◇ hear from : ~로부터 소식을 듣다.

5 funny[fʌ́ni] ⓐ 웃기는, 이상한

  ◇ fun[fʌn] ⓐ 즐거운 ⓤ 재미

  ◇ make fun of : ~을

6 compliment[kɑ́mpləmənt] ⓒ 칭찬 ⓥ ~을 칭찬하다.

  ◇ complimentary[kɑ̀mpləméntəri] ⓐ 칭찬의, 무료의

  ◇ take A as a compliment : A를 칭찬으로 받아들이다.

  ◇ complement[kɑ́mpləmənt] ⓒ 보완하는 것 ⓥ ~을 돋보이게 하다.

• "오. 시계가 다시 작동하네." "내가 고쳤어." "그렇게 웃긴 농담은 들어 본 적이 없다." "하하하! 칭찬으로 받아들이지."

44

• "I have been to Washington several times but I still know little about the capital city." "I've resided here for a decade, yet I know just a few landmarks."

Grammar **have been to**는 항상 현재 완료 '경험'의 의미를 가진다.

  have pp가 뒤에 **for a decade**와 같이 쓰여서 **'계속'의 의미를 가진다.**

1 have been to : ~에 간 적 있다.

2 several[sév-ərəl] ⓐ 몇몇 (항상 셀 수 있는 복수 명사와 함께 쓰임)

3 ~ times ⓒ ~번, 시기

4 little[lítl] prep 거의 없음

5 capital[kǽpitl] ⓒ 수도, 대문자 ⓤ 자본(금) ⓐ 대문자의, 사형감인

◇ capital punishment ⓒ 사형 (= death penalty)

◇ capitalize on : ~을 이용하다.

◇ capitalism[kǽpətəlizm] ⓤ 자본주의

6 reside[rizáid] vi ~에 거주하다.

◇ reside in : (권한이) ~에게 있다.

◇ resident[rézid-ənt] ⓒ 거주자, 주민

◇ residence[rézid-əns] ⓝ 사저, 거주허가

7 decade[dékeid] ⓒ 십 년

◇ decadent[dékədənt] ⓐ 타락한

8 yet[jet] con 그러나

9 landmark[lǽndmɑ̀ːrk] ⓒ 주요 지형지물, 획기적 사건

• "저는 워싱턴을 몇 번 간 적 있지만, 여전히 그 수도에 대해 아는 것이 거의 없어요."
"저는 이곳에 10년을 거주했는데도 몇몇 유명한 곳만 알아요."

45

• "My great grandfather founded this school to help the independence movement a century ago." "Will you take responsibility for the consequences of your remarks?"

Grammar 정확한 과거 시점 '~ **ago**'와 함께 **과거형**이 사용된다.

의지미래에서 will을 사용하면 **지금 결정**하는 것을 의미한다.

1 great grandfather ⓒ 증조부

2 found[faund] − founded − founded vt ~을 설립하다.

◇ find[faind] − found − found v (~을) 찾다.

◇ foundation[faundéiʃ-ən] ⓒ 기초, 재단

◇ founder[fáundər] ⓒ 설립자

3 century[séntʃuri] ⓒ 세기, 백 년

4 independence[indipéndəns] ⓤ 독립

◇ independent of : ∼로부터 독립적인

5 movement[mú:vmənt] ⓝ (사회, 정치적) 운동, (신체) 움직임

◇ move[mu:v] ⓥ 움직이다. 이사하다. ⓝ 행동

6 take responsibility for : ∼에 대한 책임을 지다. (= be responsible for)

◇ responsibility[rispánsəbiləti] ⓒ 책임

◇ responsible[rispánsəb-əl] ⓐ 책임이 있는 (⑪ : irresponsible)

7 consequence[kánsikwèns] ⓒ (주로 부정적인) 결과 (= outcome)

◇ as a consequence : 결과적으로

◇ of little consequence : 별로 중요하지 않은

8 remark[rimá:rk] ⓒ 발언 ⓥ ∼라고 말하다.

◇ remarkable[rimá:rkəb-əl] ⓐ 놀랄만한

* "저희 증조부께서 100년 전에 독립운동을 돕기 위해 이 학교를 설립하셨습니다."
"당신의 발언이 불러올 결과에 책임지겠습니까?"

46

* "You seemed angry with Jenny. What's wrong?" "Yeah, she was lying to me."
"Again? She is always telling lies. Nobody has faith in her."

Grammar 과거진행 : '**was lying**'으로 과거 동작의 진행을 묘사

현재진행 : **always/forever/constantly**와 함께 진행형을 쓰면 '항상 ∼한다'는 불평을 표시할 수 있다.

1 seem (to be) + 형용사 : ∼ 인 것 같다. (= **appear**)

2 angry[ǽŋgri] ⓐ 화난

◇ angry with(at) sb : ~에게 화나다.

◇ angry about sth : ~에 대해 화나다.

◇ anger[ǽŋgər] Ⓤ 분노, 화

3   what's wrong? : 무슨 일이야?

4   be lying : 거짓말하고 있다. 누워 있다. (lie의 현재분사형)

◇ lie[lai] – lied[laid] – lied Ⓥ 거짓말하다.

◇ lie[lai] – lay[lei] – lain[lein] Ⓥ 눕다. 놓여있다.

◇ lay[lei] – laid[leid] – laid Ⓥ 눕히다. 두다. (알을) 낳다.

5   tell a lie : 거짓말하다.

◇ lie[lai] Ⓒ 거짓말

6   have faith in : ~에 대한 믿음을 가지다. (ⓗ : lose faith in)

◇ faith[feiθ] Ⓤ 신념, 믿음

◇ faithful[féiθfəl] ⓐ (~to) 충실한 (= loyal)

* "너 제니에게 화난 것 같던데, 무슨 일이야?" "응, 그녀가 나에게 거짓말을 하고 있었어."
"또? 그녀는 항상 거짓말을 해. 그녀를 믿는 사람은 아무도 없어"

47

* A few passersby <u>recognized</u> the well-known professor at once because they <u>had seen</u> her on TV. She confirmed a hypothesis about the function of dreams.

Grammar 과거보다 그 이전의 사건을 얘기하기 위해 **'had seen'(과거완료)**을 사용함.

1   passerby[pǽsərbái] Ⓒ 행인 (복수 : passersby s의 위치 주의)

2   recognize[rékəgnàiz] Ⓥ ~을 알아차리다. ~을 인정하다.

◇ recognition[rèkəgníʃ-ən] ⓝ 인식, 인정

◇ recognizable[rékəgnàizəb-əl] ⓐ 쉽게 알아볼 수 있는

3   well-known[wélnóun] ⓐ 유명한, 잘 알려진 (= famous)

◇ be well-known for : ~로 유명하다. (= be famous for)

◇ be well-known to : ∼에게 잘 알려져 있다.

4　professor[prəfésər] ⓒ 교수

5　at once ⓐd 즉시, 한 번에

　　◇ once[wʌns] ⓐd 한번, 한때

6　on TV : TV에서

　　◇ on the radio : 라디오에서 (관사 the와 함께 쓰인다.)

7　confirm[kənfɔ́:rm] ⓥt ∼을 입증하다. (예약) 을 확인하다.

　　◇ confirmation[kὰnfərméiʃən] ⓤ 확증, 확인(서)

　　◇ conform[kənfɔ́:rm] ⓥt (∼to/with) ∼에 따르다. (= comply with)

8　hypothesis[haipάθəsis] ⓒ 가설 (복수 : hypotheses)

9　function[fʌ́ŋkʃən] ⓒ 기능 ⓥt 작동하다.

　　◇ be a function of ∼ : ∼와 상관관계에 있는

* 그녀를 TV에서 본 적이 있어서 몇몇 행인들은 그 유명한 교수를 즉시 알아보았습니다. 그녀는 꿈의 기능에 대한 가설을 입증하였습니다.

48

* By the end of last year, Christine had been struggling to solve the difficult math problem for years. In the end, even the gifted girl also gave up.

Grammar 과거완료진행 : had been ∼ing를 써서 과거 어느 시점까지 그전부터 행위가 지속 됨을 나타낸다.

1　by the end of∼ : ∼ 말까지

　　◇ by ⓟrep ∼까지 (그 시점까지 완료를 나타냄)

　　◇ end[end] ⓝ 끝 ⓥ 끝나다. ∼을 끝내다

2　struggle to do : ∼ 하려고 애쓰다.

　　◇ struggle[strʌ́g-əl] ⓝ 분투, 투쟁

3　solve[salv] ⓥt ∼을 풀다. 해결하다.

◇ solution[səlúːʃ-ən] ⓒ 해결책

4 difficult[dífikʌ̀lt] ⓐ 어려운 (= tough)

◇ difficulty[dífikʌ̀lti] ⓝ 어려움

5 math[mæθ] ⓤ 수학 (= mathematics)

6 in the end : 결국 (= at last)

◇ at the end of ~ : ~ 끝에

◇ end up ~ ing : 결국 ~하게 되다. (= wind up ~ing)

7 gifted[gíftid] ⓐ (타고난) 재능 있는 (= talented)

◇ gift[gift] ⓒ 선물 (= present), 재능 (= talent)

8 give up : ~을 포기하다.

* 작년 말까지 크리스틴은 그 어려운 수학 문제를 풀려고 몇 년간 매달렸었어요. 결국 그런 영재소녀도 포기했어요.

49

* "John is going to graduate from college tomorrow." "He will throw a party, won't he?" "No, he should pay back his loans, so he is going to lead a thrifty life."

Grammar 단순미래 : 'be going to'는 미래 (확실한) 추측을 나타낸다.

단순미래 : 'will'은 단순한 추측을 나타낸다.

부가의문문 : 조동사가(will) 있는 경우 **조동사부정(won't)** + 대명사를 써서 의문문을 만듦.

의지미래 : 이미 결정한 경우 **'be going to'**를 사용한다.

1 graduate from ⓥⓘ ~로부터 졸업하다.

◇ graduate[grǽdʒueit] ⓝ 졸업생 ⓥⓘ 졸업하다.

◇ graduate school ⓝ 대학원

◇ undergraduate[ʌ̀ndərgrǽdʒuit] ⓒ 대학생

2 college[kálidʒ] ⓒ 단과 대학, 대학 (미국 영어에선 모든 대학을 지칭한다.)

◇ university[jùːnəvə́ːrsəti] ⓒ 대학교, 종합 대학

3 throw a party : 파티를 열다.

　　◇ throw[θrou] − threw[θruː] − thrown[θroun] ⓥ (~을) 던지다.

　　◇ throw away : ~을 버리다.

　　◇ throw up : 토하다.

4 pay ~ back : (빚)을 갚다.

　　◇ pay raise ⓒ 임금 인상 (⑪ : pay cut 임금 삭감)

5 loan[loun] ⓒ 대출금 ⓥ 대출해 주다.

　　◇ take out a loan : 대출을 받다.

6 lead a ~ life : ~한 삶을 살다. (= live a ~ life)

7 thrifty[θrífti] ⓐ 검소한 (⑪ : extravagant 사치스러운)

* "존은 내일 대학을 졸업할 거야." "그는 파티를 열 거야, 그렇지 않니?"
"아니, 그는 대출금을 갚아야해. 그래서 검소한 삶을 살 거야."

50

* "Tom is forever buying silly electronic appliances." "Needless to say, he will have spent all the money by next year." "Then, he will buy another lottery ticket."

Grammar **forever**와 **진행형**을 함께 써서 **불평**을 나타낸다.

　　미래완료 : will have pp로 미래 어느 시점까지 동작/상태의 완료를 표시

　　미래추측 : 단순한 미래 추측의 경우 **will**을 사용한다.

1 forever[fərévəːr] ⓐ𝖽 영원히, 계속

2 electronic[ilektránik] ⓐ 전자의

　　◇ electric[iléktrik] ⓐ 전기로 작동되는

　　◇ electrical[iléktrikəl] ⓐ 전기와 관련된

3 appliance[əpláiəns] ⓒ 전자기기

◇ application[ӕpləkéiʃən] ⓝ 적용, 지원

4 needless to say : 말할 필요도 없이

5 spend[spend] − spent[spent] − spent ⓥ : ～을 사용하다.

　　◇ spend (시간/돈/에너지) ~ing : ～하는데 (시간/돈/에너지)를 사용하다.

6 by[bai] ⓟⓡⓔⓟ ～까지 (완료시점)

　　◇ until[əntíl] ⓒⓞⓝ/ⓟⓡⓔⓟ ～까지 계속

7 then[ðen] ⓐⓓ 그리고 나면, 그러면

8 another[ənʌ́ðər] ⓐ 또 다른 하나

　　◇ one another ⓐⓓ 서로

9 lottery[lɑ́təri] ⓒ 복권, 제비뽑기

　　◇ lottery ticket ⓒ 복권

---

* "톰은 계속 이상한 전자제품들을 사들이고 있어." "두말할 필요 없이. 그는 내년까지 돈을 전부 다 써버릴 거야."
"그리고 나면 그는 또다시 복권을 사겠지."

unit 03 조동사

- be, **have**, **do**와 같은 조동사는 의문문, 부정문, 진행형, 수동태, 완료형을 만들기 위해 사용한다.

  [예시] Do you have enough money?

- can, will, may와 같은 조동사는 명확한 어휘적 의미를 지니고 있다.

a can

  i 능력 (= be able to do) (~ 할 수 있다.)

  [예시] She can(= am able to) speak 5 languages.

  ii 허가 (~해도 된다.)

  [예시] Can I go home now?

  iii 추측 (~일 것이다. 부정 : ~ 일리가 없다.)

  [예시] It can be true. It can't be true. (강한 부정적 추측)

  iv 약한 추측 could (아마 ~ 일 것이다.) 과거형 : could have pp

  [예시] He could be sentenced to death.

b must

  i 의무(필요) (=have to) (~해야 한다.) 과거형 : had to

  [예시] You must take the medicine. (~해야 한다.)

  You must not take the medicine. (~해서는 안 된다.)

  You don't have to take the medicine. (~할 필요 없다.)

  ii 추측 (~임에 틀림없다.) 과거형 : must have pp

  ◎ 부정은 주로 can't를 사용한다. (~일 리가 없다.) 과거형 : can't have pp

  ◎ must not/must not have pp는 확실한 물증이 없는 경우에 사용가능하다.

  [예시] They must be Americans.

  She must have known his secret. (과거)

  It can't be true. (사실 일리가 없다.)

c may/might

i 추측 (아마 ~ 일 것이다.) 과거형 : **may/might have pp**

예시 She may/might come late.

They may/might have closed the door. (과거)

ii 허락 (~ 해도 된다.)

예시 May I use this pen?

You may have the book.

d will/would

i will : 주어의 **의지나 미래 추측**

예시 It's dirty here. I will clean it now.

ii would : **will의 과거형/과거 습관**(동작동사만 가능)

◎ **used to do** : 한때 ~ 였다. (**동작/상태 동사** 가능)

예시 They would chat on the grass during the day.

She used to be fit.

◎ **be used to do** : ~에 사용되다.

◎ **be used to ~ ing** : ~에 익숙하다.

예시 This soap is used to wash hands.

He is not used to handling problems by himself.

e should (ought to) (부정 : ought **not** to)

i 충고

예시 You should make a good plan first.

ii 후회 : should have pp (~했어야 했는데(안 했다/못 했다))

예시 I should have trusted him.

iii 강한 추측 : 당연히 ~ 일 것이다.

예시 They study hard. They should get good grades.

f need/dare

i 긍정문 : **조동사로 쓰이지 않음**

예시 You need to reserve a table for dinner.

◎ 예외 : **dare (to) say ~**

ii 부정/의문문 : 조동사로 쓰일 수 있다.

예시 Do I need to reserve a table for dinner? (일반 동사)

　　(= Need I reserve a talbe for dinner?) (조동사)

　　You don't need to reserve a table for dinner. (일반 동사)

　　(= You need not reserve a talbe for dinner.) (조동사)

g　숙어

　i **had better** : ～ 하는 게 낫다. (부정 : **had better not**)

　예시 You had better not have the interview.

　ii **may as well do** : ～하는 게 상책이다.

　예시 I may as well park my car here.

　iii **can't help ~ ing** : ～하지 않을 수 없다. (= can't (help) but do)

　예시 I couldn't help falling asleep.

　iiii **can't ~ too** : 아무리 ～해도 지나치지 않다. (= can't ~ enough)

　예시 You can't respect your parents too much.

51

> • "Hello? <u>Can I speak to Alice?</u>" "<u>This is she</u> speaking. Who is this?" "My lord!
> Your wish is my command." "I am sick of prank calls."

Grammar can : 허락을 요청하는 전화상 표현

전화상에선 I am ~이 아니라 this is he/she ~ 를 쓴다.

1   hello?[heló] : (전화상) 여보세요?

  ◇ say hello/hi to ~ : ~에게 인사하다. ~에게 안부 전하다.

2   can I speak to ~ ? : ~와 통화할 수 있을까요?

3   This is ~ (speaking) : 저는 ~입니다. (전화상)

4   Who is this? : (전화상) 누구세요?

5   lord[lɔːrd] ⓒ 주인님, 주님

6   Your wish is my command : 분부만 내리세요. (알라딘에서 지니가 한 말)

  ◇ wish[wiʃ] ⓒ 소망, 바람

  ◇ command[kəmǽnd] ⓒ 명령 ⓥ (~에게) 명령을 내리다.

  ◇ a good command of 언어: ~의 좋은 구사력

7   be sick(and tired) of : ~에 질리다. (= be fed up with)

  ◇ sick[sik] ⓐ 아픈, 토 나오는 (영국영어)

  ◇ sick leave ⓝ 병가

8   prank call ⓒ 장난전화

  ◇ prank[præŋk] ⓒ 짓궂은 장난

> • "안녕하세요? 엘리스와 통화할 수 있나요?" "엘리스입니다. 누구세요?"
> "주인님, 분부만 내려 주세요." "장난전화 정말 지긋지긋하다."

52

• "Don't be so upset. You <u>can do better</u> next time." "Thanks. Next time, I <u>will</u> <u>double</u> my efforts to articulate why I want to be an architect."

Grammar can : '~할 수 있다.'는 **가능**의 의미를 지니고 있다.

will : **의지미래**에서 지금 결정하는 경우 사용.

1   upset[ʌpsét] ⓐ 속상한 ⓥ ~을 속상하게 하다.

    ◇ have an upset stomach : 배탈이 나다.

2   next time : 다음번에

3   double[dʌ́bəl] ⓥ ~을 두 배로 늘리다. 두 배가 되다. ⓝ 두 배

    ◇ double the size : 두 배의 크기 (the의 위치에 주의)

    ◇ triple[tríp-əl] ⓝ 세 배

4   effort[éfərt] ⓝ 노력

    ◇ make an effort to do : ~하려고 시도하다.

5   articulate[ɑːrtíkjəlèit] ⓥ ~을 명료하게 표현하다. ⓐ 명료한

6   architect[ɑːrkitèkt] ⓒ 건축가

    ◇ architecture[ɑːrkətèktʃər] ⓤ 건축양식, 건축학

• "너무 속상해하지 마. 다음엔 더 잘할 거야." "고마워. 다음엔 내가 왜 건축가가 되고 싶은지 명료하게 말하는 데 노력을 두 배로 더 기울여야겠어."

53

• "What a horrible accident it was!" "It can happen again. We should always be careful." "You should have reported it to the police on the spot."

Grammar **감탄문** : what + a + 형용사 + 명사 (주어/동사) (= how 형/부)

조동사 : **can 가능, should 충고**

should have pp는 **과거 잘못된 일을 지적할 때** 사용한다.

1 what a horrible ~ : (감탄문) 정말로 끔찍한 ~ 였다.

　◇ horrible[hɔ́:rəbəl] ⓐ 끔찍한

　◇ horrify[hɔ́:rəfài] ⓥ ~을 소름 끼치게 하다.

2 accident[ǽksidənt] ⓒ 사고

　◇ by accident ⓐd 우연히 (ⓐ : on purpose)

　◇ accidental[æ̀ksidəntal] ⓐ 우연한, 사고의

3 happen[hǽpən] ⓥ 발생하다. (= occur) (수동태 불가)

　◇ happen to do : 우연히 ~ 하다.

4 careful[kέərfəl] ⓐ 조심하는, 신중한 (ⓐ : careless 부주의한)

5 should have pp : 했어야 했는데(안 했다.)

6 report A to B : A를 B에게 신고하다.

7 on the spot : 즉시, 현장에서

　◇ spot[spɑt] ⓒ 장소, 얼룩 ⓥ ~을 발견하다.

* "정말로 끔찍한 사고였어." "또 일어날 수도 있어. 우리 항상 조심해야 해." "넌 경찰에 즉시 신고했어야지."

54

* "Alex <u>was able to</u> master English in two months." "It <u>can't</u> be true. Nobody <u>can</u> do it." "You <u>will end</u> up believing it. He is exceptionally intelligent by nature."

Grammar **be able to do** (= can) : **능력** '~할 수 있다.'

　　　can't 동사원형 : **강한 추측** ' ~일 리가 없다.'의 의미를 지니는 경우가 있음.

　　　will : **미래 추측**

1 be able to do : ~ 할 수 있다.

　◇ able[éibəl] ⓐ 유능한

2 can't be : ~ 일리가 없다.

3   master[mǽstər] ⓥ ~을 통달하다. ⓒ 주인

    ◇ master's degree ⓒ 석사학위

4   month[mʌnθ] ⓒ 월, 달

    ◇ monthly[mʌ́nθli] ⓐ/ⓐⓓ 한 달에 한 번, 매달

5   end up ~ing : 결국 ~ 하게 되다. (= wind up ~ing)

6   believe[bilíːv] ⓥ (~을) 믿다.

    ◇ believe in ~ : ~의 존재/가치를 믿다.

    ◇ believe it or not : 믿기 힘들겠지만

7   exceptionally[iksépʃənəli] ⓐⓓ 전에 없이, 예외적으로

    ◇ exceptional[iksépʃənəl] ⓐ 탁월한

8   intelligent[intélədʒənt] ⓐ 지적인, 똑똑한

    ◇ intelligence[intélədʒəns] ⓤ 지능

    ◇ intellectual[intəléktʃuəl] ⓐ 지식적인, 지적인 (교양 있는)

    ◇ intelligible[intélədʒəbəl] ⓐ 이해하기 쉬운

9   by nature ⓐⓓ 선천적으로

• "알렉스는 2달 만에 영어를 마스터할 수 있었어." "그건 사실일 리가 없어. 누구도 그런 일은 못해."
"넌 결국 그걸 믿게 될 거야. 그는 선천적으로 엄청나게 똑똑해."

55

• "We have a tight budget, so we <u>must reduce</u> unnecessary expenses." "I <u>can get</u> by on the minimum but you have a weakness for online shopping."

Grammar **must** : 의무/필요 '~해야 한다.' **can** : 가능

1   a tight budget ⓝ 빠듯한 예산

    ◇ tight[tait] ⓐ 꽉 끼는, 엄격한

    ◇ budget[bʌ́dʒit] ⓒ 예산

2   reduce[ridjúːs] ⓥ (~을) 줄이다. (= cut)

◇ reduction[ridʌkʃ-ən] ⋂ 삭감

3 unnecessary[ʌnnésəsèri] ⓐ 불필요한

◇ necessary[nésəsèri] ⓐ 필요한

◇ necessity[nisésəti] Ⓤ 필요(성) (= need) ⓒ 필수품

4 expense[ikspéns] ⓒ 비용

◇ expend[ikspénd] ⓥ (시간, 자원)을 소비하다.

◇ expenditure[ikspéndityər] ⋂ 지출 (= spending)

5 must[mʌst] (m) (의무) ~ 해야 한다.

◇ a must (have) ⓒ 필수품

6 get by on(with) : ~로 그럭저럭 살아가다.

7 minimum[mínəməm] ⓐ 최소의 ⓒ 최소한도 (⑪ : maximum)

◇ minimum wage Ⓤ 최저 임금

8 have a weakness for : ~라면 사족을 못 쓰다.

◇ weakness[wíːknis] Ⓤ 약함 ⓒ 약점 (= strength)

• "우리의 예산이 빠듯하기 때문에 불필요한 비용을 줄여야만 해."
"나는 최소한으로 살아갈 수 있지만 넌 온라인 쇼핑에 사족을 못 쓰잖아."

56

• "You have lost a lot of weight. What happened?" "I had to go on a diet due to some health problems." "It's a blessing in disguise."

Grammar **have to** : have to (의무)의 과거형 **had to**

1 lose weight : 살을 빼다.

◇ lose[luːz] – lost[lɔ(ː)st] – lost ⓥ ~을 잃다.

◇ be lost : 길을 잃다.

2 weight[weit] ⋂ 무게

◇ weigh[wei] ⓥ 무게를 재다. 무게가 ~ 이다. **~을 비교 검토하다.**

3 **go** on a diet : 다이어트를 시작하다.

◇ **be** on a diet : 다이어트를 하는 중이다.

◇ diet[dáiət] Ⓝ 다이어트, 식단

4 due to Ⓟ ~ 때문에 (= because of)

◇ due[djuː] @ ~할 예정인, 기한이 다 된

◇ due date Ⓒ 출산예정일, 마감일

5 health[helθ] Ⓤ 건강

◇ healthy[hélθi] @ 건강한, 건강에 좋은

6 a blessing in disguise : 전화위복

7 bless[bles] Ⓥ ~을 축복하다.

◇ blessing[blésiŋ] Ⓒ 축복

8 disguise[disgáiz] Ⓥ ~을 변장시키다. Ⓝ 변장

• "너 살이 많이 빠졌구나. 무슨 일 있었어?" "건강상 문제가 좀 있어서 다이어트를 시작해야 했어." "전화위복이로군."

57

• "He <u>must have been</u> very fat when he was young." "<u>What tells you that?</u>"

"The loose skin under his chin proves my words."

Grammar must가 추측의 의미를 가질 때 과거형은 **must have pp**

사물주어 구문 : 때, 이유, 원인 등 부사구처럼 해석하면 자연스럽다.

1 must have pp (m) ~ 이었음이 틀림없다.

2 fat[fæt] @ 살찐 Ⓤ 지방

◇ fatty[fǽti] @ 지방이 많은

3 young[jʌŋ] @ 어린, 젊은

◇ youth[juːθ] Ⓝ 젊음 Ⓒ 젊은이

4 tell A B Ⓥ A에게 B를 말해주다. (4형식)

◇ tell A from B : A와 B를 구분하다. (= distinguish A from B)

5 loose[luːs] @ 느슨한 Ⓥ ~을 풀어놓다.

◇ loosen[lúːsn] ⒱ 느슨하게 하다. (⑪ : tighten)

6 skin[skin] ⓝ 피부, 가죽

7 chin[tʃin] ⓒ 턱 (비교 : jaw 옆 턱)

◇ chin up : 힘내라 (= cheer up)

8 prove[pruːv] ⒱ (〜을) 증명하다.

◇ prove to be 〜 : 〜 로 판명되다. (= turn out)

◇ proof[pruːf] ⓤ 증거 (= evidence) (접미어) 〜을 막는

◇ bulletproof[búlitprùːf] ⓐ 방탄의

• "그는 어렸을 때 매우 뚱뚱했음이 틀림없어." "무슨 근거로 그렇게 말하니?" "턱밑에 늘어진 피부가 내 말을 증명해 줘."

58

• "I will do anything for you. Please forgive me." "You should have said that last week. Sorry. We are over for good." "You are cold-blooded."

Grammar **will** (의지 미래) 지금 결정한 의지를 나타낸다.

should : 과거 일에 대한 후회를 표현할 때 **should have pp**를 사용.

1 please[pliːz] ⓐⓓ 부탁합니다. ⒱ (〜을) 기쁘게 하다.

◇ as much/many as sb pleases : 맘껏

◇ pleasant[pléznt] ⓐ 기분 좋은, 즐거운

2 forgive[fəːrgív] − forgave[-géiv] − forgiven[-gívən] ⒱ 〜을 용서하다.

◇ forgive A for B : A가 B한 것에 대해 용서하다.

3 should have pp : 〜 해야 했다. (하지 않았다.)

4 last week : 지난주

◇ week[wiːk] ⓒ 주

◇ weekend[wíːkènd] ⓒ 주말

5 say[sei] − said[sed] − said ⒱ (〜을) 말하다.

◇ saying[séiiŋ] ⓒ 격언, 속담 (= proverb, maxim)

◇ say grace : 식전에 감사 기도를 드리다.

6　be over : 끝나다. (= be done)

◇ be done with : ~을 끝내다. (= be finished with)

7　for good [ad] 영원히 (=forever)

8　cold-blooded [a] 냉혈한의

◇ blood[blʌd] [U] 피

◇ bloody[blʌ́di] [a] 유혈의

◇ bleed[bliːd] [a] 피를 흘리다.

* "너를 위해서 무엇이든 할게. 제발 용서해 줘."
"지난주에 그렇게 말했어야지. 미안, 우리는 영원히 끝났어." "피도 눈물도 없는 인간."

59

* I grew up in the country. Every summer, I would lie on the beach and take pleasure in swimming in the ocean with friends.

Grammar **would**는 **동작동사**와 함께 쓰여서 **과거의 습관을** 표현할 때 사용.

1　grow up : 자라다.

◇ grow[grou] − grew[gruː] − grown[groun] [vi] 자라다. [vt] (동물/식물) ~을 기르다.

◇ grown-up[gróunʌ̀p] [a] 성인이 된 [n] 성인 (= adult)

2　the country [U] 시골

◇ country[kʌ́ntri] [C] 나라

3　every + 단수명사 : 모든 ~

4　would do : ~ 하곤 했다.

5　lie[lai] − lay[lei] − lain[lein] [vi] 눕다. 놓여 있다.

◇ lay[lei] − laid[leid] − laid [vt] ~을 눕히다. ~을 두다.

◇ lie[lai] − lied[laid] − lied [vi] 거짓말하다.

6　on [prep] (표면) 위에

◇ on ~ing : ~ 하자마자

◇ on the verge of ~ ing : 막 ~하려는 참이다. (= be about to do)

7   pleasure[pléʒər] ⓝ 기쁨

◇ for pleasure ⓐⒹ 재미로

◇ take pleasure in : ~을 즐기다.

8   ocean[óuʃən] ⓒ 대양, 바다

◇ the Pacific Ocean : 태평양

* 나는 시골에서 자랐어. 여름마다 해변에 누워있기도 하고 친구들과 바다에서 수영하는 걸 즐기곤 했어.

60

* "Hey, Alex! Let's cheat on the test, <u>shall we?</u>" "<u>I'd rather flunk than cheat</u> on the test." "You <u>have responded</u> as I predicted."

Grammar 숙어 **would rather do A than do B : B하느니 A하겠다.**

have pp (have responded)는 현재적인 의미를 내포한 **현재완료 결과.**

let's ~ 로 시작하는 문장의 부가의문문에는 'shall we'를 사용한다.

1   cheat[tʃiːt] (on) ⓥ (시험)에서 부정행위(컨닝)을 하다.

2   let's do : ~ 하자

3   would rather do A than do B : B하느니 A하겠다.

◇ rather[rǽðər] ⓐⒹ 상당히 ⓒⓞⓝ 오히려

4   flunk[flʌŋk] ⓥ (~에서) 낙제하다.

5   respond[rispánd] ⓥ (~ to) 대답하다. 대응하다.

◇ responsive[rispánsiv] ⓐ 반응이 빠른

◇ response[rispáns] ⓝ 반응, 응답

◇ in response to : ~에 응해서

6   as ⓒⓞⓝ ~대로

◇ as usual : 평소처럼

7　predict[pridíkt] ⊽ (〜을) 예상하다. (= foretell)

　　◇ prediction[pridíkʃən] ⋒ 예상, 예언

* "야 알렉스! 시험 볼 때 컨닝하지 않을래?" "부정행위를 할 바에 차라리 낙제를 하겠어." "내가 예상한 대로 대답을 하는군."

61

* "Is Joan there?" "I am afraid she is out now." "Then, may I leave a message for her?" "Sorry, my hands are tied right now. Call back later."

Grammar 주어를 **I**로 삼아서 **허락을 요청**할 때 **may**를 사용한다.

1　Is ~ there? : (전화상) 〜 있나요? (= May I speak to ~)

2　be afraid (that) 주어 동사 : 〜을 유감스럽게 여기다. (= I am sorry ~)

3　be out : 외출하다.

4　may I ~ : 〜해도 될까요?

5　leave a message : 메시지를 남기다.

　　◇ leave[liːv] – left[left] – left ⊽ : 〜을 남기다. 〜을 떠나다.

　　◇ message[mésidʒ] ⓒ 메시지 (참고 : massage[məsáːʒ] ⋒ 마사지)

　　◇ take a message : 메시지를 받다.

6　hands are tied : 너무 바쁘다.

　　◇ (close) at hand : 가까이에

　　◇ on the one hand ~ on the other hand : 한편으로는 〜 다른 한편으로는

7　right now : 지금 당장 (= at the moment)

8　call back ⊽ 다시 전화하다.

　　◇ call collect ⊽ 수신자 부담으로 전화하다. (= make a collect call)

9　later[léɪtə(r)] ⒶⒹ 나중에

　　◇ late[leɪt] Ⓐ 늦은 ⒶⒹ 늦게

* "조안이랑 통화 할 수 있나요?" "유감스럽게도 그녀는 지금 외출했어요."
"그렇다면, 그녀에게 메시지를 남길 수 있을까요?" "지금 제가 너무 바빠요. 나중에 전화해 주세요."

62

* "Who will be attending his funeral?" "Mr. Walters was a respected public figure, so many people should come to offer their condolences."

Grammar 미래 진행 : **will be ~ing로 미래 추측의 의미를 가진다.**

should : 당위성 혹은 **미래 강한 추측을 표시한다.**

1 attend[əténd] Ⅴ ~에 참석하다.

  ◇ attend to Ⅴ (일/문제) ~을 처리하다. (환자) ~을 돌보다.

2 funeral[fjúː-ərəl] © 장례식

3 respect[rispékt] Ⅴ ~을 존경하다. (= look up to)

  ◇ respectable[rispéktəb-əl] ⓐ 존경 받을 만한

  ◇ respectful[rispéktfəl] ⓐ 예의 바른

  ◇ respective[rispéktiv] ⓐ 각각의

4 public figure © 공인

  ◇ figure[fígjər] © 인물, 숫자, 모양 Ⅴ 알아내다.

5 should[ʃud] (m) 당연히 ~ 할 것이다.

6 people[píːpl] ℗ 사람들 (= persons), ⓢ 민족

  ◇ person[pə́ːrsən] ⓢ 사람

7 offer one's condolences : ~의 조의를 표하다.

  ◇ offer[ɔ́(ː)fər] Ⅴ ~을 제공하다. © 제안

  ◇ condolence[kəndóuləns] © 조의

* "그의 장례식에 누가 참석할까?"
"월터스씨는 존경받는 공인이셨습니다. 그래서 당연히 많은 사람들이 조문을 하기위해 올 것입니다."

63

• "What should we order for her?" "She might like the subtle flavors of fish and chips of this cozy diner."

Grammar should는 **권유/조언**의 의미로 '~하는 편이 좋다.'는 의미를 가진다.

might는 **매우 약한 추측**의 의미로 '아마도 ~ 일 것이다.'

1   order[ɔ́ːrdər] ⓥ ~을 주문하다.

  ◇ order ⓝ 명령, 질서, 주문

  ◇ out of order : 고장 난

  ◇ in ~ order : ~ 순으로 (= in order of ~)

2   should[ʃud] (m) ~ 해야 하다.

3   might[mait] (m) 아마 ~ 일 것이다.

4   subtle[sʌ́tl] ⓐ 섬세한, 미묘한

5   flavor[fléivər] ⓒ 맛 ⓥ ~에 맛을 내다.

  ◇ artificial flavor ⓒ 인공 조미료

6   fish and chips : 피시앤칩스 (생선튀김과 감자 칩으로 이루어진 영국 음식)

  ◇ chip[tʃip] ⓒ 깨진 부분, 파편

7   cozy[kóuzi] ⓐ 아늑한 ⓥ ~의 비위를 맞추다.

8   diner[dáinər] ⓒ 작은 간이식당, 식당손님

  ◇ dine[dain] ⓥ 저녁 식사를 하다.

  ◇ dinner[dínər] ⓝ 저녁 식사 (= supper)

• "우리가 그녀를 위해서 뭘 주문해야 하나?" "그녀는 아마도 이 아늑한 식당의 피시앤칩스의 미묘한 맛을 좋아할 거야."

64

• "Why was he late for work?" "I am not sure but he might have been stuck in traffic." "He could fail to make a good first impression on his boss."

Grammar 추측 may/might의 과거형 : **may/might have pp** 이다.

약한 추측의 could는 현재형으로 '아마 ~일 수도 있다.'는 의미를 가진다.

1   be late (for) : ~에 지각하다. (= be tardy for)

◇ late[leit] ⓐ 늦은 ⓐⓓ 늦게

2   sure[ʃuər] ⓐ 확실한

◇ surely[ʃúərli] ⓐⓓ 확실히

3   might/may have pp : 아마 ~ 이었을 것이다.

4   be stuck in traffic : 교통 체증에 걸리다.

◇ stick[stik] ⓥ 찌르다. 붙이다. (= adhere)

◇ stick to : (신념, 계획 등)을 고수하다.

◇ traffic[trǽfik] ⓤ 교통, 밀매매 ⓥ (~을) 밀매하다.

5   could[kud] (m) 아마 ~ 일수도 있다. (현재형)

6   fail[feil] ⓥ 실패하다. 낙제하다.

◇ failure[féiljər] ⓤ 실패 ⓒ 실패자, 실패작

7   make an impression on ~ : ~에게 인상을 남기다.

◇ impress A with B : A에게 B로 깊은 인상을 남기다.

◇ impressive[imprésiv] ⓐ 인상적인

◇ first impression ⓒ 첫인상

8   boss[bɔ(:)s] ⓒ 상사, 사장

◇ bossy[bɔ(:)si] ⓐ 대장 행세하는

* "그는 왜 늦게 출근했나요?" "확실하진 않지만 아마도 교통 체증에 걸렸던 것 같아요."
"사장님에게 좋은 첫인상을 남기지 못할 수도 있겠네요."

65

* "Oh, my! It was such a close call. You'd better observe traffic regulations."

"Don't you mind being late?" "Sorry, suit yourself!"

Grammar 조동사 had better : **강한 충고를 보여주는 '~하는 게 낫다.'**

1   such a + 형용사 + 명사 : 매우 ~한

2   a close call : 위기일발의 상황

    ◇ close[klouz] @ 가까운 @d 가까이

    ◇ closely[klóusli] @d 자세히

    ◇ come close to ~ing : 하마터면 ~ 할 뻔하다.

    ◇ come to a close (an end) : ~이 끝나다.

3   had better do : ~ 하는 게 낫다.

4   observe[əbzə́:rv] @ (법규 등)을 준수하다. 관찰하다.

    ◇ observance[əbzə́:rvəns] @ 준수

    ◇ observation[àbzərvéiʃən] @ 관찰

5   traffic regulation © 교통 법규

    ◇ regulation[règjəléiʃ-ən] © 규칙, 조절

    ◇ regulate[régjəlèit] @ ~을 규제하다. ~을 조절하다.

6   mind[maind] @ ~을 꺼리다 @ 마음

    ◇ mind-set[máindsèt] © 사고방식

    ◇ Mind your own business : 자신의 일이나 신경 써!

7   suit yourself : 맘대로 해

• "오, 이런! 완전 큰일 날 뻔했다. 교통 법규를 지켜야지." "늦어도 괜찮아?" "미안, 맘대로 해"

66

• "There is no bus running." "Then we may as well take a taxi." "It will cost us a fortune as they will charge way more after midnight."

Grammar 관용표현 **may as well do** : 더 나은 선택 사항이 없다고 생각할 때 사용.
앞에 will은 추측이고 **뒤의 will**은 성향을 나타내는 조동사이다.

1 run[rʌn] ⓥ (버스) 운행하다. 달리다.

2 may as well do : ～ 하는 게 상책이다.

  ◇ may well do : ～인 것은 당연하다.

3 take a taxi : 택시를 타다. (= take a cab)

4 cost A B : A에게 B의 비용이 들다.

  ◇ cost[kɔːst] ⓝ 비용, 대가

  ◇ at all costs : 어떤 희생을 치르더라도 (= at any cost)

  ◇ at the cost of : ～의 대가를 치르고

5 fortune[fɔ́ːrtʃ-ən] ⓒ 많은 돈, 재산 ⓤ 운

  ◇ fortune teller ⓒ 점쟁이

6 charge[tʃɑːrdʒ] ⓥⓣ ～을 청구하다. ⓥⓘ 돌진하다. 충전하다.

  ◇ charge A with B : A를 B의 혐의로 기소하다. 비난하다.

  ◇ charge ⓝ 청구, 기소, 책임

  ◇ be in charge of : ～을 담당하다.

7 way[wei] ⓐⓓ 아주 (구어체에서 형용사나 부사를 수식한다.)

8 midnight[mídnàit] ⓝ/ⓐⓓ 자정

• "버스 운행은 끊겼어." "그럼 우리 택시 타는 게 상책이겠다."
"자정이 지나면 요금청구를 아주 많이 하니깐 비용이 엄청나게 많이 들 거야."

67

• I used to have a cell phone but I determined to remove it from my life without any specific reasons. Now I am used to living as a free spirit.

Grammar **used to do** : 상태동사/동작동사와 함께 '한때 ～였다'로 쓰임 **부정표현은 didn't use(d) to do**로 특이하므로 숙지해야 한다.

  be used to 명사/~ing : '～에 익숙하다'는 의미로 위 표현과 비교해서 숙지해야 한다.

1 used to do : 한때 ～ 했다.

◇ be used to do : 〜에 사용되다.

◇ be used to 명사/〜ing : 〜에 익숙하다.

2 cell phone ⓒ 휴대폰 (= cellular phone)

◇ cell[sel] : 세포, 작은 방

3 determine[ditə́ːrmin] ⓥ (〜 to do) 〜하기로 결정하다. 〜을 확정하다.

◇ be determined to do : 〜하기로 굳게 결심하다.

◇ determination[ditə̀ːrmənéiʃən] ⓝ 결의, 확정

◇ determinant[ditə́ːrmənənt] ⓐ 결정 요소

4 remove A from B : A에게서 B를 제거하다.

◇ removal[rimúːv-əl] ⓝ 제거

5 specific[spisífik] ⓐ 구체적인 (= particular)

◇ specifics ⓟ 상세내역

◇ specifically[spisífikəli] ⓐⓓ 특정하게

6 reason[ríːz-ən] ⓒ 이유 ⓥ (사실을 바탕으로) 〜라고 판단하다.

◇ reasonable[ríːz-ənəb-əl] ⓐ 합리적인, 이성적인

◇ reasoning[ríːz-əniŋ] ⓤ 추론, 논리

7 a free spirit ⓒ 자유로운 영혼

◇ spirit[spírit] ⓒ 정신, 영혼

◇ spiritual[spíritʃu-əl] ⓐ 영적인, 정신적인

◇ be in good spirits : 기분이 좋다.

* 저는 한때 핸드폰을 가지고 있었지만 별 이유 없이 그걸 제 삶에서 없애버리기로 결정했어요.
지금은 자유로운 영혼으로 살아가는 것에 익숙해요.

68

* "Why did you lend Kim money?" "She couldn't help borrowing some from me,
for she had lost her wallet." "You are so naive. It's a downright lie."

Grammar 관용표현 **can't help ~ing** : '〜 하지 않을 수 없다.' 같은 의미를 가진 can't help but do, have no choice(alternative) but to do도 숙지할 것

등위 접속사 for : for + 주어 + 동사는 '～ 때문에'가 된다.

1 lend[lend] − lent[lent] − lent ⓥ (～에게) ～을 빌려주다.

◇ lend A a hand : A를 도와주다.

2 can't help 명사/~ing : ～하지 않을 수 없다. (= can't (help) but 동사원형)

3 borrow[bɔ́(:)rou] ⓥ ～을 빌리다.

◇ borrower[bɑ́rouər] ⓒ 대출자 (⑭ : lender)

4 for + 주어 + 동사 : ～ 때문에 (= because)

5 wallet[wɑ́lit] ⓒ 지갑

◇ purse[pə:rs] ⓒ 동전 지갑

6 naive[nɑːíːv] ⓐ 세상 물정 모르는

7 downright[daúnràit] ⓐ/ⓐⓓ 순전한, 순전히 (부정어 강조)

◇ downright lie ⓒ 새빨간 거짓말

• "왜 킴에게 돈을 빌려주었니?" "그녀는 지갑을 잃어버렸기 때문에 나에게 좀 빌리지 않을 수 없었어."
"순진하기는. 그건 새빨간 거짓말이야."

69

• "You can't be too cautious when it comes to dealing with weapons." "It sounds valid but I am a veteran."

Grammar 관용표현 **can't ~ too** : '아무리 ～해도 지나치지 않다.'로 비슷한 표현인 **can't ~ enough** (아무리 ～해도 충분하지 않다) 도 숙지 할 것.

1 can't ~ too ~ : 아무리 ～해도 지나치지 않다.

2 cautious[kɔ́:ʃəs] ⓐ 신중한 (= careful)

◇ caution[kɔ́:ʃən] ⓝ 주의 ⓥ (～에게) 주의를 주다.

◇ with caution : 주의 깊게

3   when it comes to 명사/~ing : ~의 경우에

4   deal with : ~을 다루다. (=handle)

    ◇ deal[diːl] − dealt[delt] − dealt Ⓥ 거래하다 Ⓒ 거래

    ◇ get a good deal on : ~을 싸게 구입하다.

    ◇ make a deal with : ~와 거래하다.

5   weapon[wépən] Ⓒ 무기 (= arms 무기)

    ◇ lethal weapon[líːθ-əl wépən] Ⓒ 치명적인 무기

    ◇ WMD (= Weapons of Mass Destruction) : 대량 살상 무기

6   valid[vǽlid] ⓐ 타당한, 유효한

    ◇ validate[vǽlədèit] Ⓥ ~을 증명하다. 인정하다.

    ◇ validity[vəlídəti] Ⓤ 타당성

7   veteran[vétərən] Ⓒ 베테랑, 참전 용사

* "무기를 다루는 데 있어서 아무리 조심해도 지나치지 않습니다." "타당한 말이지만 난 베테랑이야."

70

* Your pronunciation is wrong. You <u>need not bend</u> your tongue to pronounce vowels. You <u>need to</u> when you pronounce 'R' correctly.

(= You <u>don't need to bend</u> your tongue to pronounce vowels.)

Grammar 조동사 **need** : need는 긍정 평서문에서는 뒤에 **to do**가 오는 **일반 동사**이지만 <u>의</u> <u>문문과 부정문</u>에서 **조동사**로 쓰일 수 있다. 이 경우 뒤에 동사 원형이 온다. **dare**(감히 ~ 하다.)도 비슷하게 쓰인다.

1   need not do (m) ~할 필요 없다. (= don't need to do)

    ◇ need[niːd] Ⓒ 필요, 욕구 (= necessity)

    ◇ in need : 가난한, 궁핍한 (= needy)

2   pronounce[prənáuns] Ⓥ (~을) 발음하다.

    ◇ pronunciation[prənʌnsiéiʃən] ⓝ 발음

3 wrong[rɔːŋ] ⓐ 틀린, 잘못된

　◇ wrongfully[rɔ́ːŋfəli] ⓐⓓ 부당하게

4 bend[bend] − bent[bent] − bent ⓥ (~를) 구부리다.

　◇ bend the rules : 융통성을 발휘하다.

　◇ bend over backward to do : ~하려고 기를 쓰고 노력하다.

5 vowel[váuəl] ⓒ 모음

　◇ consonant[kɑ́nsənənt] ⓒ 자음

6 correctly[kərɛ́ktli] ⓐⓓ 올바르게

　◇ correct[kərɛ́kt] ⓐ 올바른 ⓥ (~을) 고치다.

　◇ correction[kərɛ́kʃən] ⓝ 수정

　＊ 여러분의 발음은 잘못됐어요. 모음을 발음하기 위해서 혀를 구부릴 필요는 없어요.
　　'R'을 올바르게 발음할 때 그럴 필요가 있어요.

unit 04 수동태

• 능동태와 수동태

a 주어가 행위자인 경우 **능동태**라 하고 **주어가 행위를 당하는 경우 수동태**라 하며 수동태는 주로 행위의 대상을 중히 여기는 경우에 주로 사용한다.

• **수동태를 주로 사용**하는 경우

a 행위자가 **불분명**한 경우이거나 **일반인**인 경우

    ◎ 이 경우 **행위자를 주로 생략**한다.

    [예시] The tower was built in 1901.

b 행위의 대상을 **강조**하고 싶은 경우

    [예시] Many jewels were buried there.

c 행위의 대상을 **수수께끼**처럼 나중에 밝히고 싶은 경우.

    [예시] This abstract painting was painted by my father.

• 수동태의 형태

a 3형식 문장의 수동태 (완전 타동사)

    [예시] He took the photo.

        › The photo was taken by him.

b 4형식 문장의 수동태 (수여동사)

    [예시] John gave her a $100 bill.

    (간목 주어) › She was given a $100 bill by John.

    (직목 주어) › A $100 bill was given to her by John.

c 5형식 문장의 수동태 (불완전 타동사) : 목보는 수동태의 주어가 되지 못한다.

    [예시] They call her Cinderella.

        › She is called Cinderella (by them).

d **that 절**이 목적어인 경우. (say, believe, report, find, think...)

예시 They say that she writes many books.

(› That she writes many books is said.)

› It is said that she writes many books.

› She is said to write many books.

e **구동사**의 수동태

i 2어 동사 : **하나의 묶음**으로 취급한다.

− laugh at, run over, turn on, put off...

예시 He laughed at his brother.

› His brother was laughed at by him.

ii 3어 동사 : **하나의 묶음**으로 취급한다.

− take care of, pay attention to, get rid of, do away with....

예시 The citizens got rid of all the garbage.

› All the garbage was gotten rid of by the citizens.

• 수동태의 **시제는 be 동사**로 표시한다.

a 현재 : **am/are/is** + pp

예시 Less rice is produced recently in Korea.

b 과거 : **was/were** + pp

예시 The money was stolen yesterday.

c 미래 : **will/be going to** + pp

예시 The store will be closed for three months.

d 조동사가 있는 경우 : **can/may/must...** + pp

예시 They may be punished by their teacher.

e 진행형 : be동사 + being + pp

[예시] The soldiers are being attacked by enemies.

f 완료형 : have/has/had + been + pp

[예시] My computer has been fixed by the electrician.

• 명령문/의문문

a 명령문 : let 주어 be pp/Don't let 주어 be pp/Let 주어 not be pp

[예시] Do it

 › Let it be done.

 Don't do it

 › Let it not be done./Don't let it be done.

b 의문문 :

i be + 주어 + pp

[예시] Did she break the door?

 › Was the door broken by her?

ii 의문사가 주어인 경우 : By 의문사 + be + 주어 + pp

[예시] Who recommended the hotel?

 › By whom was the hotel recommended?

iii 의문사가 목적어나/부사어 : 의문사 + be +주어 + pp

[예시] Where did you find the key?

 › Where was the key found?

71

> • "You should drive carefully. Many accidents are caused by careless driving."
>
> "Stop being a backseat driver. Instead, demonstrate it yourself."

Grammar 수동태 현재형 : **am/are/is + pp** 사용

should : 강한 충고

1   drive[draiv] Ⓥ 운전하다. Ⓝ 운전, 욕구, 추진력

   ◇ driver's license Ⓒ 운전 면허증

   ◇ driveway[dráivwèi] Ⓒ 차고 진입로 (= drive)

2   accident[ǽksidənt] Ⓒ 사고

   ◇ by accident ㉮ 우연히 (= accidentally)

   ◇ incident[ínsədənt] Ⓒ 사건

3   cause[kɔːz] Ⓥ ~을 발생 시키다.

   ◇ cause Ⓒ 원인

   ◇ cause and effect : 원인과 결과

4   careless[kέərlis] ⓐ 부주의한 (㉕ : careful)

   ◇ carefully[kέərfəli] ㉮ 조심스럽게

5   backseat driver Ⓒ 참견하는 사람

6   instead[instéd] ㉮ 대신에

   ◇ instead of ~ ㉣ ~ 대신에

7   demonstrate[démənstrèit] Ⓥ ~을 직접 보여주다. ~을 증명하다.

   ◇ demonstration[dèmənstréiʃən] Ⓒ 직접 보여줌(실연), 시위

• "조심히 운전해야 해. 많은 사고들이 부주의한 운전 때문에 발생하고 있어." "참견 좀 그만하고 대신 직접 보여줘 봐."

72

> • The roof of the church <u>was damaged</u> by a typhoon a few days ago. To make matters worse, the antique closet there <u>was ruined</u> by leaking water.

Grammar 수동태 과거형 : **was/were + pp** 사용

1 roof[ru:f] ⓒ 지붕

 ◇ ceiling[síːliŋ] ⓒ 천장

 ◇ hit the ceiling(roof) : 몹시 화가 나다.

2 church[ʧəːrʧ] ⓒ 교회

 ◇ cathedral[kəθíːdrəl] ⓒ 성당 (= catholic church)

3 damage[dǽmidʒ] ⓥ ～을 손상시키다.

 ◇ damage ⓤ 피해, 상처

 ◇ damages[dǽmidʒs] ⓟ (손해) 배상금

 ◇ do(cause) damage to : ～에 피해를 입히다.

4 typhoon[taifúːn] ⓒ 태풍 (= hurricane, cyclone)

5 to make matters worse : 설상가상으로 (= what is worse)

6 antique[æntíːk] ⓒ 골동품의 ⓒ 골동품

7 closet[klázit] ⓒ 옷장 (= wardrobe)

 ◇ come out (of the closet) : 동성연애자임을 밝히다.

8 ruin[rúːin] ⓥ ～을 망치다. ⓝ 파산

 ◇ ruins ⓟ 폐허, 잔해

9 leak[liːk] ⓥ (기체, 액체) 새다. 누설하다.

 ◇ leakage[líːkidʒ] ⓝ 유출

> • 교회 지붕은 며칠 전 태풍이 불었을 때 손해를 입었습니다. 설상가상으로 누수로 인해 그곳에 있던 골동품 옷장도 망가졌습니다.

73

• Our society needs structural reform. The slaves <u>should be set</u> free and all of their rights <u>should be protected</u> by the Constitution.

Grammar 조동사 + 수동태 : 조동사 + be + pp 사용

1 society[səsáiəti] ⓝ 사회

   ◇ social[sóuʃ-əl] ⓐ 사회의

   ◇ sociable[sóuʃəb-əl] ⓐ 사교적인

2 structural[strʌ́ktʃ-ərəl] ⓐ 구조적인

   ◇ structure[strʌ́ktʃəːr] ⓝ 구조

3 reform[riːfɔ́ːrm] ⓝ (제도, 조직) 개혁 ⓥ (〜을) 개혁하다.

   ◇ reformation[rèfəːrméiʃ-ən] ⓝ 개혁, 교정

   ◇ a radical reform : 급진적인 개혁

4 slave[sleiv] ⓒ 노예

   ◇ slavery[sléivəri] ⓤ 노예제도

5 set A free : A를 자유롭게 풀어주다.

   ◇ set ~ aside : 〜을 따로 두다. 〜을 치워 두다. (= put aside)

   ◇ offset[ɔ́ːfsèt] ⓥ (손실, 이득 등) 을 상쇄하다.

6 free[friː] ⓐ 자유로운, 공짜의 ⓥ 〜을 풀어주다.

   ◇ freedom[fríːdəm] ⓤ 자유

   ◇ for free : 공짜로

7 right[rait] ⓒ 권리, 오른쪽 ⓐ 올바른

   ◇ duty[djúːti] ⓒ 의무

8 protect[prətékt] ⓥ 〜을 보호하다.

   ◇ protection[prətékʃən] ⓝ 보호

9 the Constitution ⓤ 헌법

   ◇ constitution[kɑ̀nstətjúːʃən] ⓝ 구성

   ◇ constitute[kɑ́nstətjùːt] ⓥ 〜을 구성하다. (= compose)

◇ be constituted of : ∼로 구성되다. (= be composed of)

* 우리 사회는 구조적 개혁이 필요합니다. 노예들은 해방되어야 하고 그들의 모든 권리는 헌법에 의해 보호되어야 합니다.

74

* "We are being followed." "I've already noticed that. Just keep walking."

  "Our mission must be accomplished at any cost."

Grammar 진행형 수동태 : **be 동사 + being + pp** 사용

조동사 + 수동태 : 조동사 + be + pp 사용

1   follow[fάlou] ⒱ ∼을 뒤따르다.

◇ be as follows : ∼은 다음과 같다.

◇ follow ∼ up : ∼을 사후조치하다.

2   notice[nóutis] ⒱ ∼을 알아차리다. ⒰ 주목, 통지

◇ without notice : 예고 없이

3   keep ∼ing (kept-kept) ⒱ 계속해서 ∼하다. (= keep on)

◇ keep away from : ∼에 가까이 가지 않다.

4   just[dʒʌst] ⒜ 그냥, 단지 ⒜ 정당한

◇ justify[dʒʌ́stəfài] ⒱ ∼을 정당화 하다.

◇ justifiable[dʒʌ́stəfàiəbəl] ⒜ 정당화할 수 있는

5   mission[míʃ-ən] ⒞ 임무

◇ missionary[míʃ-ənèri] ⒞ 선교사

◇ manned mission ⒞ 유인 우주 탐사 (⑲ : unmanned mission)

6   accomplish[əkάmpliʃ] ⒱ ∼을 달성하다. (= achieve)

◇ accomplishment[əkάmpliʃmənt] ⒞ 성취

7   at any cost : 어떤 대가를 치르더라도 (= at all costs)

* "우리 미행당하고 있어." "이미 눈치채고 있었어. 그냥 계속 걸어." "어떤 대가를 치르더라도 우리의 임무를 달성해야 해."

75

• "The disabled have been treated poorly." "Not just that, their political rights also have been neglected." "Their well-being must be guaranteed by law."

Grammar 완료형 수동태 : **have been pp** 사용

1   the disabled pl 장애인들 (= disabled people)

 ◇ disabled[diséibəld] a 장애가 있는

2   treat[triːt] vt ~을 다루다, ~을 치료하다.

 ◇ treat C 선물, 별미

 ◇ my treat : 내가 낼게

3   poorly[púərli] ad 형편없이 (= badly)

 ◇ poor[puər] a 가난한, 좋지 않은

 ◇ poverty[pávərti] n 가난

4   not just that : 그뿐 아니라 (= not only that)

5   political[pəlítikəl] a 정치적인

 ◇ politics[pálitiks] U 정치, 정치학

 ◇ politician[pàlətíʃən] C 정치인

6   neglect[niglékt] vt ~을 소홀히 하다, ~을 방치하다.

 ◇ negligent[néglidʒənt] a 태만한 (~ in)

 ◇ negligible[néglidʒəbəl] a 대수롭지 않은

7   well-being[wélbíːiŋ] a (정신적 육체적) 안녕, 복지

8   guarantee[gærəntíː] vt ~을 보장하다 (= ensure), 보증하다. n 보장, 보증

• "장애인들은 매우 형편없이 대접받아왔지요." "그뿐만 아니라 그들의 정치적 권리 또한 등한시되어 왔어요."
"그들의 안녕은 법으로 보장되어야 해요."

76

> • Annie was given a mysterious map and a needle by a witch. She was puzzled.
>
> (= A mysterious map and a needle were given to Joan by a witch.)

Grammar 4형식 수동태 : 동사가 **give, teach, send, lend, show** 등의 경우 두 가지 형태의
수동태가 가능하다.

> a. 주어(간목) + be 동사 + pp + 직접 목적어
> b. 주어(직목) + be 동사 + pp **to 간접 목적어**

1 map[mæp] ⓒ 지도

2 needle[níːdl] ⓒ 바늘

    ◇ a needle and thread ⓒ 실을 꿴 바늘

3 mysterious[mistí-əriəs] ⓐ 신비한, 불가사의한

    ◇ mystery[míst-əri] ⓒ 수수께끼, 기이한 일

    ◇ mystic[místik] ⓐ 신비한 (= mystical)

4 witch[witʃ] ⓒ 마녀

    ◇ wizard[wízəːrd] ⓒ 마법사

    ◇ witch-hunt[witʃhʌnt] ⓒ 마녀사냥

5 puzzled ⓟ 어리둥절한 (= bewildered)

    ◇ puzzle[pʌzl] ⓥ ~을 어리둥절하게 만들다. (= bewilder) ⓒ 퍼즐, 수수께끼

> • 애니는 마녀로부터 신비한 지도 한 장과 바늘 한 개를 받았습니다. 그녀는 어리둥절했다.

77

> • A fashionable coat and a pair of rain boots were bought for Alice by her uncle.
>
> (능동 : Her uncle bought Alice a fashionable coat and a pair of rain boots.)

Grammar 4형식 수동태 : 동사가 **buy, cook, find, get, make**의 경우 직목만 주어로 삼아서

수동태가 가능하다.

1 fashionable[fǽʃənəbəl] ⓐ 유행하는, 고급의

   ◇ fashion[fǽʃən] ⓝ 유행

   ◇ in a ~ fashion : ~한 방식으로

2 coat[kout] ⓒ 코트 ⓥ ~을 코팅하다.

3 rain boots[rein buːts] ⓒ 장화

   ◇ boot[buːt] ⓒ 부츠 한쪽

4 a pair of : 한 켤레의, 한 쌍의

5 buy[bai] − bought[bɔːt] − bought ⓥ ~에게 ~을 사 주다.

   ◇ buy in bulk : 대량으로 구매하다

   ◇ buy time : 시간을 벌다.

   ◇ buyer[báiər] ⓒ 구매자

6 uncle[ʌ́ŋkəl] ⓒ 삼촌

   ◇ aunt[ænt] ⓒ 고모, 숙모

* 엘리스에게 그녀의 삼촌은 유행하는 코트와 장화 한 켤레를 사주셨다.

78

* Kepler aspired to comprehend the universe better and was made famous by his discoveries in astronomy.

(능동 : His discoveries in astronomy made Kepler famous.)

Grammar 5형식 수동태 : **be made** + 목적격 보어(형용사)

학문 분야는 주로 전치사 **in**과 함께 쓴다.

1 aspire[əspáiər]to do ⓥ ~을 갈망하다.

   ◇ aspiration[æspəréiʃən] ⓝ 포부, 열망

   ◇ inspire[inspáiər] ⓥ ~하도록 자극하다.

◇ inspiration[inspəréiʃən] n 영감, 동기

2 comprehend[kàmprihénd] v ~을 이해하다.

◇ comprehensible[kàmprihénsəbl] a 이해할 수 있는

◇ comprehensive[kàmprihénsiv] a 종합적인

◇ apprehend[æprihénd] v ~을 체포하다. ~을 이해하다.

3 universe[júːnəvəːrs] n 우주

◇ universal[jùːnəvəːrsəl] a 보편적인

4 famous[féiməs] a 유명한 (= well-known)

◇ be famous for : ~로 유명하다. (= be well-known for)

5 discovery[diskʌ́vəri] c 발견

◇ discover[diskʌ́vər] v ~을 발견하다.

◇ disclose[disklóuz] v ~을 밝히다. (= reveal)

6 astronomy[əstránəmi] u 천문학

◇ astronomical[əstránəmikal] a 천문학적인

◇ astrology[əstrálədʒi] u 점성술

◇ astrophysics[æ̀stroufíziks] u 천체 물리학

* 케플러는 우주를 더 잘 이해하길 갈망했고 천문학에서 그의 발견들로 유명해졌다.

79

* "Levi was requested to wear a suit and a tie at the wedding but he showed up in jeans and a shirt." "What a shame! He should brush up on his manners."

Grammar 5형식 수동태 : **be requested** + 목적격 보어**(to do)**
전치사 **at**은 사건이나 행사 앞에 쓰인다.

1 request A to do : A가 ~하기를 요청하다.

◇ request[rikwést] c 요청 v ~을 요청하다. (= demand)

◇ require[rikwáiəːr] v ~을 필요로 하다. (= need)

2   suit[suːt] ⓒ 정장, 소송 ⓥ ~에게 어울리다.

3   tie[tai] ⓒ 넥타이, (스포츠) 동점 ⓥ ~을 묶다.

  ◇ be tied up : 스케줄이 꽉 차 있다.

4   wedding[wédiŋ] ⓒ 결혼식

  ◇ wed[wed] ⓥ (~와) 결혼하다.

5   show up : 나타나다. (= turn up)

  ◇ show[ʃou] ⓥ ~을 보여주다. ⓒ 쇼, 프로그램

6   jeans[dʒíːnz] ⓟ 청바지

  ◇ shirt[ʃəːrt] ⓒ 셔츠

7   what a shame : 참 부끄럽다. 안타깝다. 유감스럽다.

  ◇ shame[ʃeim] ⓝ 부끄러움, ⓥ ~을 부끄럽게 만들다.

8   brush up (on) ~ : ~을 다시 연마하다.

  ◇ brush[brʌʃ] ⓥ ~을 빗다. (이를) 닦다. ⓒ 빗

9   manners ⓟ 예절

* "리바이는 정장에 넥타이를 매고 결혼식에 참석하라고 요청받았지만, 청바지와 셔츠차림으로 나타났어."
"황당하군! 걔는 예절을 다시 배워야해."

80

* The patients <u>were looked after</u> by skilled nurses, so they <u>were highly satisfied</u> <u>with</u> the treatment.

Grammar **구동사의 수동태** : look after와 같은 구동사는 **하나의 묶음**으로 생각하고 '<u>be</u> <u>looked after by sb</u>' 형태로 바꾼다.

be satisfied <u>with</u>와 같이 <u>감정동사</u>의 수동태의 경우 **by** 이외에도 **다양한 전치사**를 사용한다.

1   patient[péiʃənt] ⓒ 환자 ⓐ 참을성 있는 (~ with)

  ◇ patience[péiʃəns] ⓤ 인내심

2 look after : ～을 돌보다 (= take care of)

3 skilled[skild] ⓐ 숙련된

  ◇ skillful[skilfəl] ⓐ 능숙한, 교묘한

  ◇ skill[skil] ⓝ 기량, 기술

4 nurse[nəːrs] ⓒ 간호사

5 highly[háili] ⓐⓓ 매우, (추상적으로) 높게

6 be satisfied with :～에 만족하다. (= be content with)

  ◇ satisfy[sǽtisfài] ⓥ ～을 만족 시키다.

7 treatment[tríːtmənt] ⓤ 치료

  ◇ treat[triːt] ⓥ ～을 치료하다. ～을 다루다.

*환자들은 숙련된 간호사들에게 치료를 받아서 치료에 매우 만족해했다.

81

* It is said that **a space project** is carried out in secret by the government.

(= **A space project** is said to be carried out in secret by the government.)

Grammar **that 절이 목적어** : say, believe, report, think 등과 같은 경우 that 절이 목적어로 올 수 있는데 이 경우 **It is said that**~의 형태로 수동태를 만든다.
  '**주어 is said to do**' 형태로 **변형**도 가능하다.

1 space[speis] ⓤ 우주, 공간 ⓒ 빈자리

2 project[prədʒékt] ⓒ 계획 ⓥ 예측하다. 영사하다

  ◇ projection[prədʒékʃən] ⓒ 예상, 돌출

3 carry out : ～을 실행하다. (= perform)

  ◇ carry[kǽri] ⓥ ～을 나르다.

  ◇ carrier[kǽriər] ⓒ 보균자, 운송회사, 보험회사

4 in secret : 비밀리에

  ◇ secret[síːkrit] ⓒ 비밀

◇ secrete[sikríːt] ⓥ (호르몬 등)을 분비하다.

5 government[gʌ́vərnmənt] ⓒ 정부

◇ govern[gʌ́vərn] ⓥ ~을 통치하다. (= rule)

◇ governor[gʌ́vərnər] ⓒ 주지사

* 우주 프로젝트가 정부에 의해서 비밀리에 실행되고 있다고 한다.

82

* **Evil spirits** were believed to lead to deadly diseases such as cancer.

(= It was believed that **evil spirits** led to deadly diseases such as cancer.)

Grammar '주어 **be believed to do**' 형태의 수동태

1 believe[bilíːv] ⓥ ~을 믿다.

◇ believe in : ~의 (존재/가치)를 믿다.

◇ belief[bilíːf] ⓒ 믿음, 신념 (ⓟ : beliefs)

2 evil spirit : 악령

◇ evil[íːvəl] ⓐ 사악한

◇ spirit[spírit] ⓝ 영혼, 정신

3 lead to 명사/~ing : ~을 초래하다.

◇ lead[liːd] − led[led] − led ⓥ ~을 이끌다.

◇ lead[led] ⓒ 연필심, ⓤ 납

◇ leading[líːdiŋ] ⓐ 선도적인

4 deadly[dédli] ⓐ 치명적인 (= lethal)

◇ dead[ded] ⓐ 죽은

◇ dead end : 막다른 골목

5 disease[dizíːz] ⓒ 질병

6 such as : ~와 같은, 예를 들면 (= for example, for instance)

7 cancer[kǽnsər] ⓤ 암

* 악령이 암과 같은 치명적인 질병을 유발시켰다고 여기어졌다.

83

* The walls of the old theater <u>were covered with</u> posters and advertisements. The once graceful building <u>appeared</u> scary and shabby.

Grammar **'be covered with'**와 같이 **by 이외의 전치사**로 수동태의 행위자를 나타내는 경우도 많이 있다. 그런 경우엔 관용구로 숙지해 두어야 한다.

appear, disappear, seem, happen, occur, consist of는 **수동태 불가**이다.

1 wall[wɔːl] ⓒ 벽, 담

2 theater[θí(ː)ətəːr] ⓒ (연극) 극장 (= theatre)

   ◇ movie theater : 영화 극장 (= cinema)

3 be covered with : ~로 덮여 있다.

   ◇ cover[kʌ́vər] ⓥ ~을 덮다. (책, 이야기 등) ~을 다루다. ⓒ 표지

   ◇ cover ~ up : ~을 비밀로 하다.

   ◇ coverage[kʌ́vəridʒ] ⓤ 보도, 취재, (보험) 보장

4 poster[póustər] ⓒ 포스터

   ◇ post[poust] ⓥ ~을 게시하다. ~을 우편으로 보내다. ⓝ 기둥

5 advertisement[æ̀dvərtáizmənt] ⓒ 광고 (= ad, commercial)

   ◇ advertise[ǽdvərtaiz] ⓥ ~을 광고하다.

6 graceful[gréisfəl] ⓐ 우아한

   ◇ gracious[gréiʃəs] ⓐ 자애로운

   ◇ grace[greis] ⓝ 우아

7 appear (to be) ~ ⓥ ~처럼 보이다. (= seem)

   ◇ appear[əpíər] ⓥ 나타나다. (반 : disappear)

   ◇ appearance[əpíərəns] ⓝ 외모

8 scary[skɛ́-əri] ⓐ 무서운

9 shabby[ʃǽbi] ⓐ 초라한, 낡은

* 그 오래된 극장의 벽들은 포스터와 광고들로 덮여 있었다. 한때 고급스러웠던 그 건물은 무섭고 낡아 보였다.

84

• It is thought that tropical rainforests <u>were</u> harmed by tourists.

(= Tropical rainforests <u>are thought to</u> **have been** harmed by tourists.)

Grammar 주절과 that 절의 **시제가** 다른 경우에 **'to have pp'** 형태로 변형 시킨다.

1 think[θiŋk] − thought[θɔːt] − thought ☑ 생각하다.

◇ thought[θɔːt] ⓝ 생각, 사고

◇ on second thought : 다시 생각해 보니

2 tropical rainforest : 열대 우림

◇ forest[fɔ(ː)rist] ⓒ 숲

3 tropical[trάpik-əl] ⓐ 열대의

◇ the tropic[trάpik] ⓤ 열대 지방

◇ temperate[témpərət] ⓐ 온대의, 온화한

4 harm[hɑːrm] ☑ ～을 손상시키다. ⓝ 손해 (= damage)

◇ harmful[hάːrmfəl] ⓐ 해로운 (ⓐⓝ : harmless 무해한)

◇ do(cause) harm to : ～에 해를 입히다.

5 tourist[túːərist] ⓒ 관광객

◇ tour[tuəːr] ⓒ 관광, 순회공연 ☑ 관광하다.

◇ tourism[túːəriz-əm] ⓤ 관광산업

• 열대 우림이 관광객들에 의해 피해를 입었다고 여겨진다.

85

• "I <u>was born and raised</u> in Chile." "Is French <u>spoken</u> there?"

"As a matter of fact, <u>Spanish is spoken</u>."

Grammar 동작을 행한 **주체가 명확**한 경우 **행위자를 생략**할 수 있다.

수동태의 **의문문** : **be + 주어 + pp**? 형태를 사용

1 be born : 태어나다. ('낳다'라는 의미를 가질 때만 born 사용)

　◇ bear[bɛər] − bore − borne ⓥ (애를) 낳다. 견디다. ⓝ 곰

2 raise[reiz] ⓥ ~을 기르다. ~을 올리다.

　◇ raise funds : 기금을 마련하다.

　◇ raise awareness : 의식을 고취시키다.

　◇ raise a question/issue : 문제를 제기하다.

3 Chile[ʧíli] ⓤ 칠레

4 French[frenʧ] ⓤ 프랑스어 ⓐ 프랑스의

5 as a matter of fact : 사실 (= actually)

　◇ fact[fækt] ⓝ 사실 (반 : fiction 허구)

　◇ matter[mǽtər] ⓝ 일, 사건, 물질 ⓥ 중요하다.

6 Spanish[spǽniʃ] ⓤ 스페인어 ⓐ 스페인의

> • "저는 칠레에서 태어나고 자랐어요." "거기에선 불어가 쓰이나요?" "사실, 스페인어가 쓰이고 있어요."

86

> • "Why was Alice made to do the laundry and (to)clean the house?" "To put it simply, she didn't comply with the rules that my mom set."

Grammar 사역동사 make 수동태 : 목적격 보어가 동사 원형일 때 to 부정사로 바꿔서 'be made to do' 형태를 사용한다.

　　수동태 의문문 : '**의문사 + be 동사 + 주어 + pp**' 형태 사용

1 do the laundry : 빨래하다.

　◇ laundry[lɔ́ːndri] ⓤ 세탁, 세탁물

　◇ washing machine ⓒ 세탁기

2 clean[kliːn] ⓥ ~을 청소하다. ⓐ 깨끗한

3 house[haus] ⓒ 집

  ◇ house ⓥ ~을 수용하다. ~을 보관하다.

  ◇ housing[háuziŋ] ⓤ 주택, 주택 공급

4 to put it simply : 간단히 말하면 (= simply put)

5 comply[kəmplái] ⓥ (~with) (규칙) (~을) 따르다. (= conform to)

  ◇ compliance[kəmpláiəns] ⓤ (규칙, 결정) 준수, 따름

  ◇ compliant[kəmpláiənt] ⓐ 고분고분한

> • "왜 앨리스에게 빨래하고 집 청소 하는 일이 맡겨졌지?" "간단히 말하면, 엄마가 정한 규칙을 따르지 않았어."

87

> • "Are judges allowed to wear casual clothes at the court?" "I don't think so. Just as students wear school uniforms, so they should also wear gowns."

Grammar 수동태의 의문문 : **be + 주어 + pp** 형태 사용.

  let의 수동태는 be allowed to do를 사용.

  (just) as ~ so ~ : ~하듯이 ~하다.

1 judge[dʒʌdʒ] ⓒ 판사

  ◇ judge ⓥ ~을 판단하다.

  ◇ judging from(by) : ~로 판단하건대

2 allow A to do : A가 ~하도록 허락하다. A가 ~하는 것을 가능케 하다.

  ◇ allowance[əláuəns] ⓒ 용돈, 수당

3 casual clothes[kǽʒuəl klouðz] : 평상복

  ◇ casual[kǽʒuəl] ⓐ 격식을 차리지 않은

  ◇ clothes[klouðz] ⓟ 옷, 의상 (= attire)

4 court[kɔːrt] ⓝ 법정, (테니스, 농구) 경기장, 궁정 ⓥ 구애하다.

5 I don't think so : 그렇게 생각하지 않는다. (= I think not)

  ◇ think better of it : 그것을 하지 않기로 하다.

6 (just) as ~ so ~ : ~와 같이 ~하다.

 ◇ as you sow so will you reap : 뿌린 대로 거둘 것이다.

7 school uniform : 교복

 ◇ uniform[júːnəfɔ̀ːrm] : 제복

8 gown[gaun] ⓒ 가운 (= robe)

* "법정에서 판사들이 사복 입어도 되나요?" "그렇지 않아요. 학생들이 교복을 입듯이 판사들 또한 가운을 입어야 해요."

88

* "By whom was he seen tearing the letter?" "By his secretary. According to her, he seemed to be getting stressed and having a guilty conscience."

Grammar who가 주어인 능동 문장의 수동태 : **by whom** + be + 주어 + pp ?

지각동사 수동태 : 목적격 보어가 분사이면 그대로 분사를 사용한다.

to 부정사 수동태 진행형 : to be ~ ing를 사용한다.

1 tear[tɛəːr] ⓥ ~을 찢다. (발음 주의)

 ◇ tear[tiəːr] ⓥ 눈물을 흘리다. ⓒ 눈물

 ◇ tear gas ⓤ 최루탄

2 letter[létəːr] ⓒ 편지, 글자

3 secretary[sékrətèri] ⓒ 비서, (미국 영어) 장관

4 according to A : A에 따르면

 ◇ accordingly[əkɔ́ːrdiŋli] ⓐⓓ 그에 따라

 ◇ in accord with ~ : ~와 일치하는

 ◇ of one's own accord : 자발적으로

5 seem like ~ : (명사/~ing) ~처럼 보이다.

6 get stressed : 스트레스를 받다.

 ◇ stress[stres] ⓥ ~을 강조하다. (= emphasize) ⓝ 강조, 스트레스

7 guilty[gilti] ⓐ 죄책감을 느끼는 (ⓔ : innocent)

8 conscience[kάnʃəns] ⓒ 양심

◇ conscientious[kὰnʃiénʃəs] ⓐ 근면 성실한

• "그가 편지 찢는 모습이 누구에게 목격되었지?"
"그의 비서한테요. 그녀에 따르면 그는 스트레스받고 양심의 가책을 느끼는 것처럼 보였대요."

89

• This device, which <u>was designed to bake</u> a lot of bread at a time, is energy-efficient. It <u>is composed of</u> three parts, but never take it apart.

Grammar 주격 관계사절의 경우 **선행사와의 관계**를 고려해 수동태를 사용한다.

by 이외의 전치사를 쓰는 수동태 : be composed of

1 device[divάis] ⓒ 장치, 장비

◇ devise[divάiz] ⓥ ∼을 고안해내다. (= design)

2 design[dizάin] ⓥ ∼을 설계하다. ⓝ 설계, 디자인

◇ be designed to do : ∼하도록 고안되다.

◇ have designs on A : A에 눈독을 들이다.

3 bake[beik] ⓥ (빵 등) ∼을 굽다.

◇ baker[béikər] ⓒ 제빵사

◇ bakery[béikəri] ⓒ 제과점

4 bread[bred] ⓤ 빵 (셀 수 없는 명사라는 것에 주의)

◇ bread-and-butter ⓐ 생계 수단의

5 at a time : 한꺼번에, 한번에 (= at once)

6 energy-efficient ⓐ 에너지 효율이 좋은

◇ efficient[ifíʃənt] ⓐ 효율적인

7 be composed of : ∼로 구성되다. (= consist of)

◇ compose[kəmpóuz] ⓥ ∼을 작곡하다. 작성하다.

◇ compose yourself : 진정하다.

◇ composed[kəmpóuzd] ⓐ 차분한

◇ composition[kàmpəzíʃən] ⓝ 구성, 작곡

8 part[pɑ:rt] ⓒ 부분, 부품 ⓥ 갈라지다. 헤어지다.

9 take ~ apart : (기계를) 분해하다. (ⓐ : assemble 조립하다.)

* 많은 빵을 한꺼번에 굽도록 고안된 이 기기는 에너지 효율이 좋습니다. 이것은 세부분으로 구성되어 있습니다. 그러나 절대 분해하지 마세요.

90

* I got paid on an hourly basis before, but these days I am paid by the week.

Grammar **get pp** : **상태의 변화**를 표시하고자 할 때 'be동사 대신 주로 'get'을 쓴다.

be pp : **상태의 지속**을 묘사할 때 'be'동사를 주로 사용한다.

1 pay[pei] − paid[peid] − paid ⓥ ~에게 돈을 지급하다. ⓤ 보수

◇ pay for ~ : ~의 값을 지불하다.

◇ payment[péimənt] ⓝ 지불

2 on a (형용사) basis : ~ 기준으로

◇ on the basis of : ~을 근거로

3 hourly[áuərli] ⓐ 매시간의 ⓐⓓ 매시간 마다

◇ daily[déili] ⓐ 매일의 ⓐⓓ 날마다

4 these days ⓐⓓ 요즘에는

◇ those days ⓐⓓ 옛날에는

5 by the week : 주급으로, 주당으로

* 전엔 시급으로 돈을 받았지만 요즘에는 주급으로 받습니다.

unit 05 준동사 I (부정사)

• 부정사는 인칭, 수의 영향을 받지 않고 동사의 원형을 유지하는 것으로 'to + 동사원형'의 'to 부정사'와 '동사원형'의 '원형부정사'가 있다.

• to 부정사는 문장 내에서 **명사, 형용사, 부사**의 역할을 한다.

a **명사적 용법 : 주어, 목적어, 보어의 역할을 한다.**

　i 주어

　예시 To get up early in the morning is not easy.

　ii 목적어 : agree, offer, want, hope, learn, plan.... 뒤

　예시 I am planning to go on a trip this weekend.

　iii 보어 : be, seem, appear 뒤

　예시 His dream is to become a popular singer.

　iv 의문사 **to do** : where, when, how, what, who to do

　예시 She learned how to handle tigers.

b **형용사적 용법 : 명사수식, 보어**

　i 명사수식

　예시 The suspect exercised his right to remain silent.

　ii 전치사가 필요한 경우

　예시 I have some letters to reply to.

　iii 보어 (**be to 용법** : 예정, 가능, 운명, 의무, 의도)

　예시 Jane is to visit me tonight. (**예정**)

　　　Not a person was to be seen in the room. (**가능**)

　　　He was never to return to his hometown. (**운명**)

　　　She is to finish her homework first before watching TV. (**의무**)

　　　If you are to pass the test, you should study hard. (**의도**)

c 부사 역할 : 목적, 감정의 원인, 판단의 근거, 조건, 결과, 형용사 수식

  i 목적 (= in order to/ so as to)

  예시 I went to the cafe to drink coffee.

  ii 감정의 원인 (항상 감정 형용사 뒤)

  예시 I was happy to hear from her.

  iii 판단의 근거

  예시 He must be smart to solve the difficult physics problem.

  iv 조건

  예시 To see her, you would be shocked.

  v 결과

  예시 He grew up to be an emperor.

  vi 형용사 수식

  예시 This water is good to drink.

• to 부정사의 부정, 의미상 주어, 시제, 태

a 부정 : **not to** do

  예시 John begged her not to leave him alone.

b 의미상 주어

  i for + sb : 대부분의 to 부정사 앞

  예시 The man caught some fish for his family to eat.

  ii of + sb : 사람의 **성향을 나타내는 형용사** 뒤

  ◎ kind, rude, polite, generous, strange… 등

  예시 It is **rude** of you to say such a thing in front of your parents.

c 시제 : 본동사보다 **시제가 앞서는 경우**에 '**to have pp**'를 쓴다.

  예시 He claims to have seen the monster 10 years ago.

d 태 : 수동의 의미를 가지는 경우엔 '**to be pp**'

  예시 He refused to be sent back to his own country.

• 가주어/가목적어 'it'

a 가주어

예시 **It** is not easy <u>to get up early in the morning</u>.

b. **가목적어** : find, think, consider, believe, make 등 뒤에 **목적격 보어**가 오는 경우.

예시 I found **it** easy <u>to trick her</u>.

• **원형 부정사는 지각동사**와 **사역동사**의 **목적격 보어**로 쓰이곤 한다.

예시 I felt someone <u>touch</u> my hair.

91

> • "To stretch yourself while you are eating is considered impolite in Korea."
>
> "I am sorry. I often do it out of habit."

Grammar 명사적 용법 : 문장의 주어 역할을 하고 있으며, 가주어 'it'을 문두에 두는 문장도 가능하다.

1 stretch oneself : 기지개 켜다

   ◇ stretch[streʧ] ⓥ ～을 쭉 펴다. 기지개 켜다

2 while + 주어 + 동사 [con] ～하는 동안에, ～하는 반면에

3 consider[kənsídər] A (to be) B : A가 B라고 여기다.

   ◇ consider 명사/~ing : ～을 고려하다.

   ◇ considering ~ : ～을 고려해 볼 때 (독립 분사구문)

4 impolite[impəláit] ⓐ 무례한 (= rude)

   ◇ polite[pəláit] ⓐ 예의바른

5 habit[hǽbit] ⓒ 습관

   ◇ get into the habit of ~ ing : ～하는 습관을 들이다.

   ◇ break a habit : 습관을 고치다.

   ◇ out of habit : 습관적으로

• "한국에선 먹는 중에 기지개를 켜는 것은 실례되는 행위로 여겨요." "죄송합니다. 종종 습관적으로 하고 있어요."

92

> • "Alex deserves to win the first prize. The committee consented to give him the
>
> award unanimously." "I assure you that he will get promoted soon."

Grammar 명사적 용법 : to 부정사가 deserve와 consent의 목적어 역할을 하고 있다.

1 deserve[dizə́:rv] to do ⓥ ~을 받을 만하다.

  ◇ deserve better : 더 나은 대우를 받아 마땅하다.

2 win[win] − won − won ⓥ ~을 획득하다. (~에서) 이기다. ⓒ 승리

  ◇ win or lose : 이기든 지든

3 the first prize : 최고상, 1등상

  ◇ prize[praiz] ⓒ 상, 상품 ⓥ ~을 소중히 여기다.

  ◇ the first place : 1등

4 committee[kəmíti] ⓒ 위원회

5 consent to do ⓥ ~하기로 동의하다.

  ◇ consent[kənsént] ⓤ 승낙, 합의

  ◇ by mutual consent : 쌍방의 합의에 따라

6 award[əwɔ́:rd] ⓒ 상, 상금

  ◇ reward[riwɔ́:rd] ⓒ 보상, 상금

7 unanimously[ju:nǽnəməsli] ⓐⓓ 만장일치로

  ◇ unanimous[ju:nǽnəməs] ⓐ 만장일치의

  ◇ anonymous[ənǽnəməs] ⓐ 익명의

8 assure[əʃúər] A that ~ : A에게 ~를 장담하다.

  ◇ assurance[əʃúərəns] ⓝ 장담, 보험 (= insurance)

9 promote[prəmóut] ⓥ ~을 승진 시키다. ~을 판촉(광고)하다.

  ◇ promotion[prəmóuʃən] ⓝ 승진, 판촉

• "알렉스는 1등상을 받을만해요. 위원회의 모든 구성원들이 그에게 상을 주는 것에 동의했거든요."
그가 곧 승진할 것을 장담할 수 있어요."

93

• "The businessman's current goal is to set up several branches overseas."

"If so, he should make the most of the recently flourishing economy."

Grammar 명사적 용법 : 주어가 목표, 꿈 등과 같은 **미래 지향적**인 경우 **to 부정사**가 주로 보

어 역할을 하고 있다.

1 businessman[bíznismæ̀n] ⓒ 사업가

　　◇ business[bíznis] ⓤ 사업, ⓒ 회사

2 current[kə́:rənt] ⓐ 현재의 ⓝ 물살

　　◇ currency[kə́:rənsi] ⓝ 통화, 화폐

3 goal[goul] ⓒ 목표, 골 (= objective)

4 set up : 설립하다. (= establish)

　　◇ set[set] − set − set ⓥ ∼을 두다, (해, 달이) 지다.

5 branch[bræntʃ] ⓒ 지점, (나무)가지

　　◇ twig[twig] ⓒ 작은 나뭇가지

6 overseas[óuvərsí:z] ⓐ𝖽 해외에 ⓐ 해외의 (= abroad)

7 if so : 만약 그렇다면 (⑮ : if not 만약 그렇지 않다면)

8 make the most of : ∼을 최대한 활용하다.

　　◇ make the best of : (좋지 않은 여건)을 최대한 잘 활용하다.

9 flourishing economy : 경제 호황 (= economic boom)

　　◇ flourish[flə́:riʃ] ⓥ 번창하다. (= thrive)

　　◇ economy[ikánəmi] ⓝ 경제

• "그 사업가의 현재 목표는 몇 개의 지점을 해외에 설립하는 것입니다."
  "만약 그렇다면, 그는 최근의 경제 활황을 최대한 활용해야 될 겁니다."

94

• "What made you decide to become an actress?"

"I just thought it cool to play different roles in movies."

Grammar 가목적어 'it' : **think it + 목보 + to do**

　　　　명사적 용법 : **decide**의 목적어 역할을 하고 있다.

　　　　사역동사 **make** 목적어 동사원형(목보)

107

1 make A do : A가 ∼하도록 시키다.

　◇ make it : 성공하다. 도착하다.

2 decide to do ☑ : ∼하기로 결정하다.

　◇ decision[disíʒən] ⓝ 결정

　◇ make a decision : 결정을 내리다.

　◇ decisive[disáisiv] ⓐ 결정적인

3 actress[ǽktris] ⓒ 여배우

　◇ actor[ǽktər] ⓒ 배우 (요즘에 남녀 가리지 않고 일반적으로 사용)

4 think A B : A가 B라고 생각하다.

　◇ think of A as B : A를 B라고 간주하다. (= look upon A as B)

5 cool[ku:l] ⓐ 좋은, 시원한 ☑ 식다. 식히다.

6 play a role in : ∼에서 역할을 하다.

　◇ role[roul] ⓒ 역할

7 different[dífərənt] (from) : (∼와) 다른

　◇ difference[dífərəns] ⓝ 차이(점)

　◇ make a difference to/in : ∼에 큰 변화를 가져오다.

　◇ make no difference to : ∼에 아무 효과가 없다.

8 movie[mú:vi] ⓒ 영화

　◇ the movies ⓟ 극장 (= a movie theater)

• "배우가 되기로 결심하게 된 계기가 무엇입니까?" "저는 단지 영화에서 다른 역할을 연기해보는 것이 마음에 들었어요."

95

• "Do you know how to use this online coupon?" "No. But I was told what to purchase." "You know better than to expose your identity on the web, don't you?"

Grammar 의문사 to do : 명사 역할을 하며 위 문장에서는 둘 다 목적어 역할을 하고 있다. '의문사 + 주어 + should/can + do'로 변형 가능하다.

know better than to do는 '~하지 않을 만큼 분별력 있다.'는 숙어다.

일반 동사가 있는 경우 'don't + 대명사'를 사용해 부가의문문을 만든다.

1 online[ánláin] ⓐ 인터넷 상의, ⓐⓓ 인터넷으로 (= on the internet(web))

2 coupon[kjúːpɑn] ⓒ 쿠폰

3 purchase[pə́ːrtʃəs] ⓥ ~을 구매하다. ⓝ 구매

   ◇ purchasing power ⓤ 구매력

4 know better to do : (옳지 않은 일을 안 할 정도로) 분별력이 있다.

5 expose[ikspóuz] ⓥ ~을 노출시키다.

   ◇ exposure[ikspóuʒər] ⓝ 노출

6 identity[aidéntəti] ⓝ 신분, 정체성

   ◇ identity theft[θeft] ⓤ 개인 정보 도용

   ◇ identify A (as B) : A를 (B라고) 알아보다.

   ◇ identify with : ~와 공감하다.

   ◇ identical to(with) : ~와 동일한

   ◇ identification[aidèntəfikéiʃən] : 신분증 (= ID)

• "너는 이 온라인 쿠폰을 사용하는 방법을 아니?" "아니, 하지만 무엇을 살 수 있는지는 들었어."
"인터넷상에서 신분을 노출 시키지 않는 것 정도는 알지, 그렇지?"

96

• "There are some dangerous obstacles to overcome in the race, aren't there?"
"Yes. The purpose of this competition is to test the participants' strength and wisdom."

Grammar 형용사적 용법 : 'to overcome'이 앞 명사 **obstacles**를 수식하고 있다.

　　　　명사적 용법 : 'to test~'가 be 동사의 **보어 역할**을 하고 있다.

　　　　부가의문 : 'there are ~ , aren't there?'

1 dangerous[déindʒərəs] ⓐ 위험한 (= hazardous)

  ◇ danger[déindʒər] ⓝ 위험 (= hazard)

  ◇ in danger : 위험에 처한

  ◇ pose a danger to : ～에게 위협이 되다.

2 obstacle[ɑ́bstəkəl] ⓒ 장애물

3 overcome[òuvərkʌ́m] − overcame[-kéim] − overcome ⓥ ～을 극복하다.

4 race[reis] ⓒ 경주, 인종

  ◇ racism[réisiz-əm] ⓤ 인종차별

5 purpose[pə́ːrpəs] ⓒ 목적

  ◇ on purpose : 고의로 (⑪ : by chance 우연히)

6 competition[kɑ̀mpətíʃən] ⓒ 대회 ⓤ 경쟁

  ◇ compete[kəmpíːt] ⓥ (～with/for) (～와/～을 위해) 경쟁하다.

  ◇ competitive[kəmpétətiv] ⓐ 경쟁적인

7 participant[pɑːrtísəpənt] ⓒ 참가자

  ◇ participate in : ～에 참가하다. (= take part in)

8 strength[streŋkθ] ⓤ 힘, 강인함 ⓒ 장점 (⑪ : weakness 약점)

9 wisdom[wízdəm] ⓤ 지혜

  ◇ wise[waiz] ⓐ 현명한

• "경주에서 극복해야 할 위험한 장애물들이 있지요, 그렇죠?"
"예, 있습니다. 대회의 목적이 참가자들의 힘과 지혜를 시험하는 것이거든요."

97

• "You know what, Dad? To enhance their creativity, children require quality toys to play with." "Well, there are a number of books to read." "Can't you distinguish study from fun?"

Grammar 형용사적 용법 : 자동사의 경우 뒤에 '전치사'를 붙여준다. 'toys to play with', 'books to read'

1 You know what? : 그것 아세요? (말을 시작할 때 주로 사용한다.)

2 enhance[enhǽns] Ⓥ 강화하다.

   ◇ enhancement[enhǽnsmənt] Ⓝ 향상

3 creative[kriːéitiv] ⓐ 창의적인 (= original 독창적인)

   ◇ create[kriéit] Ⓥ (∼을) 만들어 내다.

   ◇ creature[kríːtʃər] Ⓒ 생명체

   ◇ creator[kriːéitər] Ⓒ 창조자

4 require[rikwáiə:r] Ⓥ ∼을 필요로 하다.

   ◇ requirement[rikwáiə:rmənt] Ⓒ 필요한 것, 요구조건

5 quality[kwάləti] ⓐ 우수한 Ⓤ (품)질, 자질, 특성

   ◇ quantity[kwántəti] Ⓝ 양

   ◇ quality over quantity : 양보다 질

6 a number of + 복수명사 : 수많은

   ◇ the number of + 복수명사 : ∼의 수

   ◇ a good deal of : 많은 양의

7 distinguish A from B : A와 B를 구분하다. (= tell A from B)

   ◇ distinguished[distíŋgwiʃt] ⓐ 빼어난

   ◇ distinction[distíŋkʃən] Ⓒ 차이

   ◇ distinct[distíŋkt] ⓐ 명확히 구별되는

• "아빠, 그거 아세요? 창의력을 향상시키기 위해서, 아이들은 가지고 놀 고품질 장난감이 필요해요."
"글쎄, 읽을 책들은 많이 있잖아." "놀이와 공부도 구분 못 하세요?"

98

• "Nick has worked for the museum for 29 years. He <u>is to retire</u> next year."

"Excellent! I will apply for his position. I am well qualified." "Clever boy!"

Grammar 형용사적 용법 : '**be to 용법**'이라고도 하며, to 부정사가 형용사로 **보어** 역할 을 하는 것이다. 여기에선 '**예정**'의 의미를 가지고 있다.

1 work for : (회사/기관) ~에서 일하다.

◇ work[wəːrk] ⓒ 작품 Ⓤ 일

2 museum[mjuːzíːəm] ⓒ 박물관

3 be to : ~할 예정이다.

4 retire[ritáiəːr] Ⓥ 은퇴하다.

◇ retirement[ritáiəːrmənt] Ⓤ 퇴직, 은퇴

◇ resign[rizáin] Ⓥ 사퇴하다. 물러나다.

5 Excellent[éksələnt] ⓐ 탁월한, (구어체) (만족, 찬성) 훌륭해 (= brilliant)

◇ be excellent at : ~을 매우 잘하다.

◇ excel[iksél] Ⓥⓘ (~at) (~에) 탁월하다.

◇ exceed[iksíːd] Ⓥⓣ ~을 초과하다.

6 apply[əplái] Ⓥⓘ (~for) (지위)에 지원하다. (~to) (장소)에 지원하다. 신청하다.

◇ apply Ⓥⓣ ~을 적용하다. ~을 바르다.

◇ application[æ̀plikéiʃən] ⓝ 지원(서), 신청(서), 적용

◇ appliance[əpláiəns] ⓒ (가정용) 전기제품

7 position[pəzíʃən] ⓒ 직위, 입장, 자세 Ⓥⓣ ~을 배치하다.

◇ in ~ position : ~의 입장에서

8 qualify[kwɑ́ləfài] Ⓥ 자격이 있다. 자격을 부여하다.

◇ qualified[kwɑ́ləfàid] ⓐ (~for) 자격을 갖춘

9 clever[klévər] ⓐ (부정, 긍정으로) 똑똑한

• "닉은 29년 동안 박물관에서 근무하셨습니다. 그분은 내년에 은퇴할 예정입니다."
"훌륭해! 내가 그의 자리에 지원해야겠어. 난 모든 자격을 다 갖추고 있어." "영리한 녀석!"

99

• If you are to major in economics, you should read many relevant books. The subject is notorious for being particularly demanding.

Grammar 형용사적 용법 : '**be to 용법**'이 if 절에 쓰이면 항상 '**의도**'의 의미로 쓰인다.

1 be to : ～ 하고자 하다

2 major in Ⓥ (～을) 전공하다. (비교 : minor in ～을 부전공하다.)

　◇ major[méidʒər] Ⓒ 전공 ⓐ 주요한, 과반의

　◇ minor[máinər] Ⓒ 부전공 ⓐ 덜 중요한

3 economics[iːkənámiks] Ⓤ 경제학

　◇ economic[iːkənámik] ⓐ 경제의

　◇ economical[iːkənámikəl] ⓐ 돈을 절약하는

4 relevant[réləvənt] (to) ⓐ (～와) 관련된 (= related to)

5 subject[sʌ́bdʒikt] Ⓒ 과목, 주제, 실험 대상, 국민

　◇ be subject to 명사/~ing : ～의 대상이 되다.

　◇ subject to Ⓥ ～을 겪게 하다.

　◇ subjective[səbdʒéktiv] ⓐ 주관적인 (⑫ : objective 객관적인)

6 be notorious for : ～로 악명 높다. (= be infamous for)

　◇ notorious[noutɔ́ːriəs] ⓐ 악명 높은 (= infamous)

7 particularly[pərtíkjələrli] ⓐⓓ 특히 (= especially)

8 demanding[dimǽndiŋ] ⓐ 힘든, 벅찬

　◇ demand[dimǽnd] Ⓥ ～을 요구하다. ⓝ 요구, 수요

＊ 경제학을 전공하고 싶다면 관련 서적들을 많이 읽어야 해요. 그 과목은 어렵기로 유명하거든요.

100

＊ Not a sound was to be heard and not a thing was to be seen. The cave was completely dark and quiet. I was desperately anxious to find the exit.

Grammar 형용사적 용법 : '**가능**'의 의미를 지닌 경우 거의 '**Not~ be동사 to be pp**'의 형태로 쓰인다.

1 thing[θiŋ] Ⓒ ～것, 사실

　◇ things ⓟ 상황, 용품

2 cave[keiv] ⓒ 동굴

3 completely[kəmplíːtli] ⓐⓓ 완전히 (= utterly)

◇ complete[kəmplíːt] ⓐ 완전한 ⓥⓣ ~을 완성하다.

4 quiet[kwáiət] ⓐ 조용한

◇ quietly[kwáiətli] ⓐⓓ 조용히

5 desperately[déspəritli] ⓐⓓ 절박하게 (= in desperation)

◇ desperate[déspərit] ⓐ 절박한, 절망적인

◇ despair[dispέər] ⓤ 절망 ⓥⓘ 체념하다.

6 be anxious to do : ~을 갈망하다.

◇ be anxious about : ~을 불안해하다. (= be nervous about)

◇ anxious[ǽŋkʃəs] ⓐ 초조한

◇ anxiety[æŋzáiəti] ⓝ 불안(요소) (= worry)

* 어떠한 소리도 들리지 않고 어떠한 것도 보이지 않았다. 그 동굴은 완전히 어둡고 조용했다.
나는 필사적으로 출구를 찾고자 했다.

101

* "How can I get to the immigration office?" "It is far from here. You'd better take a cab in order not to get lost." "Thanks!" "You're welcome."

Grammar 부사적 용법(목적) : **in order to do**는 '~하기 위해서'라는 의미로 쓰이고 'to 부정사'의 부정은 '**not to~**' 이다.

had better('d better) 동사원형 : ~하는 게 낫다.

1 get to : ~에 도착하다. (= reach, arrive at)

2 immigration[iməgréiʃən] ⓤ 이민, 입국 관리소

◇ immigrant[ímigrənt] ⓒ 이민자

◇ migrate[máigreit] ⓥⓘ 이주하다. (새, 동물) 이동하다.

◇ immigration office ⓒ 출입국 관리 사무소

3 far from here ⓐ 여기에서 거리가 먼

　　◇ so far : 지금까지

　　◇ far from ~ : 결코 ~은 아닌

4 in order to do : ~하기 위해서 (= so as to do)

5 get lost : 길을 잃다.

　　◇ lose[luːz] − lost[lɔ(ː)st] − lost ⓥ : ~을 잃다.

6 cab[kæb] ⓒ 택시 (= taxi)

　　◇ cap[kæp] ⓒ 모자

7 welcome[wélkəm] ⓥ ~을 환영하다. ⓐ 환영받는

• "어떻게 출입국 관리사무소에 갈 수 있나요?" "여기서 멀어요. 길을 잃어버리지 않으려면 택시를 타는 것이 나아요."
　　　　　　　　　　　　　　　　　　　　　　　　　　　　　　"감사합니다." "별말씀을요."

102

• "I was <u>excited to get</u> a discount for the dress." "Incredible! Department stores
seldom, if ever, cut their prices." "Yeah, in a flash, all the stuff was gone."

Grammar 부사적 용법(감정의원인) : 'to get'이 **감정형용사 'excited'**를 수식하고 있다.

1 excited[iksáitid] ⓐ 신난, 흥분한

　　◇ excite[iksáit] ⓥ 들뜨게 하다. 흥분되게 하다.

2 get a discount : 할인받다.

　　◇ discount[dískaunt] ⓒ 할인

3 dress[dres] ⓒ 드레스, 원피스 ⓥ 옷을 입다. (입히다.)

　　◇ dress up : 옷을 차려입다. (반 : dress down)

4 incredible[inkrédəbəl] ⓐ 믿을 수 없는 (= unbelievable)

5 department store ⓒ 백화점

　　◇ department[dipáːrtmənt] ⓒ (조직의) 부서

　　◇ store[stɔːr] ⓒ 가게 ⓥ ~을 저장하다.

6 seldom, if ever : 하더라도 극히 드물게

◇ little ~ , if any : 극히 적은

◇ seldom[séldəm] ad 좀처럼 ~ 않다. (= rarely)

7 cut one's price : 할인해 주다. (= reduce one's price)

8 in a flash ad 눈 깜짝할 사이에 (= in an instance)

◇ flash[flæʃ] ⓒ 섬광 ⓥ (빛) 번쩍이다. 확 나타나다.

9 stuff[stʌf] ⓤ 물건 vt ~을 가득 채우다. (셀 수 없는 명사이다.)

◇ stuffed ⓐ 꽉 찬

10 be gone : 사라지다.

• "드레스를 할인받아서 진짜 신 난다." "믿기 힘든 일이군! 백화점은 보통 가격을 할인해 주지 않는데."
"맞아, 순식간에 모든 물건들이 사라졌어."

103

• "I came to my senses to find that I was attacked and my house was robbed." "I am sorry to hear that." "I learned a lesson that nothing is more crucial than prevention."

Grammar 부사적 용법(**결과**) : 한 동작이 끝난 뒤 일어난 일을 묘사한다. '정신을 차려보니 ~을 발견하게 되었다.' 의 형식으로 앞에서부터 해석한다.

부사적 용법(**감정의원인**) : 'to hear'가 **감정형용사 'sorry'**를 수식한다.

1 come to one's senses : 의식을 회복하다. (= come around)

◇sense[sens] ⓝ 감각

◇sensitive[sénsətiv] ⓐ 민감한

◇sensible[sénsəbəl] ⓐ 지각 있는, 현명한

2 attack[ətǽk] ⓥ (~을) 공격하다 ⓒ 공격

◇defend[difénd] ⓥ 방어하다. ~을 변호하다.

◇defense[diféns] ⓝ 방어

3 rob[rɑb] 사람/장소 ⓥ ~을 털다. ~에게서 강탈하다.

　◇ rob A of B : A에게서 B를 강탈하다.

4 horrible[hɔ́ːrəbəl] ⓐ 끔찍한

　◇ horrify[hɔ́ːrəfài] ⓥ ~을 소름 끼치게 하다.

　◇ horror[hɔ́ːrər] ⓤ 공포 ⓒ 참사

5 sorry to do ⓐ ~하게 되어 유감인

6 learn a lesson : 교훈을 얻다.

　◇ lesson[lésn] ⓒ 교훈, 교습

7 crucial[krúːʃəl] ⓐ 결정적인, 중요한 (= vital)

8 prevention[privénʃən] ⓤ 예방

　◇ crime prevention ⓤ 범죄예방

　◇ prevent[privént] ⓥ (A from B) ~을 막다.

　◇ preventative[privéntətiv] ⓐ 예방의 (= preventive)

* "정신을 차리고 보니 저는 공격당했고 집은 도둑맞았다는 것을 알게 되었어요."
"이런 얘기를 듣게 돼서 참 안타깝네요." "예방이 무엇보다도 중요하다는 교훈을 얻었어요."

104

* Unfortunately, almost half of the students in universities spend four years studying <u>only to realize that it is hard to find decent jobs</u>.

Grammar 부사적 용법(예상외의 결과) : 'only to do'는 예상외 결과를 말할 때 쓴다.
　　　　　명사적 용법(주어) : 'to find jobs'가 그 문장의 주어 역할을 한다.

1 unfortunately[ʌ̀nfɔ́ːrtʃənitli] ⓐⓓ 불행히도

　◇ fortunately[fɔ́ːrtʃ-ənitli] ⓐⓓ 운 좋게도 (= luckily)

　◇ fortune[fɔ́ːrtʃən] ⓤ 운 ⓒ 재산

2 half[hæf] ⓟⓡⓔⓟ 절반 ⓐ 절반의

　◇ quarter[kwɔ́ːrtər] ⓒ 1/4, 15분, 분기

3 university[jùːnəvə́ːrsəti] ⓒ 대학교

◇ the universe[júːnəvəːrs] ⓝ 우주

◇ universal[jùːnəvə́ːrsəl] ⓐ 보편적인, 우주의

4 spend (시간/돈/에너지) ~ing : ~하는데 (시간/돈/에너지)를 쓰다.

◇ spend[spend] − spent[spent] − spent ⓥ ~을 쓰다.

◇ spending[spéndiŋ] ⓤ 지출(액)

5 only to do : 결국 ~하게 되다.

6 realize[ríːəlàiz] ⓥ ~을 깨닫다. ⓥ ~을 실현시키다. (= make ~ come true)

◇ realization[rìːələzéiʃ-ən] ⓤ 깨달음, 실현

7 hard[hɑːrd] ⓐ 힘든, 열심히 하는, 단단한 ⓐⓓ 열심히

◇ hardly[hɑ́ːrdli] ⓐⓓ 거의 ~ 않다.

8 find a job : 취직하다. (= get a job)

9 decent[díːsnt] ⓐ 괜찮은, 양식 있는

◇ decently[díːsntli] ⓐⓓ 상당히

* 불행히도, 대학생 중 절반가량이 공부에 4년을 바쳤지만 결국 괜찮은 직업은 구하기 어렵다는 것을 알게 된다.

105

* "Annie is literally a genius to come up with such original solutions." "Hold on!
Too much praise could have negative influence on her character."

Grammar 부사적 용법(판단의 근거) : 'to come up~'을 '~을 하는 것을 보니'로 해석하며
Annie가 천재라는 것의 근거가 되며, **앞의 절 전체를 수식하는 부사 역할을 한다.**

1 literally[lítərəli] ⓐⓓ 글자 그대로

◇ literal[lítərəl] ⓐ 글자 그대로의

◇ literate[lítərit] ⓐ 읽고 쓸 줄 아는 (⑲ : illiterate 문맹의)

◇ literary[lítərèri] ⓐ 문학의

2 genius[dʒíːnjəs] ⓒ 천재 ⓤ 천재성

3 come up with : ～을 생각해 내다.

    ◇ come down with : (병에) 걸리다.

4 original[ərídʒənəl] ⓐ 참신한, 원래의

    ◇ origin[ɔ́ːrədʒin] ⓝ 기원, 출신

    ◇ originally[ərídʒənəli] ⓐⓓ 본래

    ◇ originate[ərídʒənèit] ⓥ ～에서 기원하다.

5 solution[səlúːʃ-ən] ⓒ 해결책 (= resolution)

    ◇ solve[sɑlv] ⓥ (～을) 풀다. 해결하다. (= resolve)

6 hold on! (구어체) 잠깐만, (전화상) 끊지 마세요. (= hang on)

    ◇ hold on to : ～을 꼭 붙잡다.

    ◇ hold[hould] − held[held] − held (v) 붙잡다. 개최하다. ⓝ 붙잡음, 통제력

7 praise[preiz] ⓤ 칭찬 ⓥ ～을 찬사하다.

    ◇ praiseworthy[préizwə̀ːrði] ⓐ 칭찬할 만한

8 have ~ influence on A : A에게 ～한 영향을 미치다. (= have an effect on)

    ◇ influence[ínfluːəns] ⓤ 영향 ⓥ ～에 영향을 미치다. (= have an impact on)

    ◇ influential[influénʃəl] ⓐ 영향력 있는

9 character[kǽriktər] ⓤ 성격, 개성 ⓒ 등장인물, 문자

    ◇ characteristic[kæ̀riktərístik] ⓒ 특징

    ◇ characterize[kǽriktəràiz] ⓥ ～을 특징짓다.

• "그런 참신한 해결책을 생각해 내다니 애니는 말 그대로 천재다." "
잠깐만! 지나친 칭찬은 그녀의 성격에 부정적인 영향을 미칠 수도 있어."

106

• "The new copy machine is <u>convenient to use</u> and has many useful features." "It won't be long before it is designated as the most valuable asset in the office"

Grammar 부사적 용법(**형용사 수식**) : 'to use'가 'convenient'를 수식하고 있다.

1 copy machine : 복사기 (= photocopier)

　◇ copy[kάpi] ⓒ 복사본 ⓥ ～을 복사하다.

　◇ machine[məʃíːn] ⓒ 기계장치

2 convenient[kənvíːnjənt] ⓐ 편리한

　◇ convenience[kənvíːnjəns] ⓝ 편리

　◇ at your convenience : (당신이) 편한 시간에

　◇ comfortable[kʌ́mfərtəbəl] ⓐ 편안한

3 useful[júːsfəl] ⓐ 쓸모 있는 (ⓐ : useless)

　◇ there is no use of ～ ing : ～ 해봐야 소용없다.

4 feature[fíːtʃər] ⓒ 특징, 기능 (= function) ⓥ ～을 특징으로 하다.

　◇ feature film ⓒ 장편 영화

5 it won't be long before ～ : 머지않아 ～하다.

6 designate[dézignèit] ⓥ ～을 지정(임명)하다.

　◇ designate A as B : A를 B로 지정하다.

　◇ design[dizáin] ⓥ ～을 설계하다. ～을 고안하다. ⓝ 설계

7 valuable[vǽljuːəbəl] ⓐ 가치 있는

　◇ invaluable[invǽljuəbəl] ⓐ 매우 소중한 (= priceless)

　◇ valueless[vǽljuːlis] ⓐ 가치 없는

　◇ value[vǽljuː] ⓝ 가치 ⓥ ～을 중요하게 여기다.

8 asset[ǽset] ⓒ 자산

9 office[ɔ́(ː)fis] ⓒ 사무실

　◇ take office : (공직에) 취임하다.

● "이 새 복사기는 사용하기 편리한 데다가 많은 기능들을 가지고 있어요."
　"그게 머지않아 사무실 최고의 자산으로 지정될 거야."

107

* "This vehicle is <u>small enough to fit</u> in my garage. I like it." "Indeed. It's perfect
for you." "Its appropriate price and high gas mileage are the icing on the cake."

(= This car is so small that it can fit in my garage.)

Grammar 관용 표현(**형용사/부사 enough to do**) : '~하기에 충분하다.'라는 의미로 특히 **형
용사/부사 뒤**에 enough to do가 쓰이는 어순이 중요하다.

'~ enough to do'는 '**so ~ that 주어 can ~**'으로 전환 가능 하다.

1 vehicle[víːikəl] ⓒ 차량, 수단

2 ~ 형용사/ 부사 enough to do : ~ 하기에 충분하다.

  ◇ enough[inʌf] ⓐ/ⓐⓓ/ⓟⓡⓔⓟ 충분한, 충분히

3 fit in : ~에 들어맞다

  ◇ fit[fit] − fit − fit ⓥ ~에게 (크기가) 맞다. ⓐ 건강한

4 garage[gərάːʒ] ⓒ 차고

  ◇ garage sale : 차고 앞 중고 판매 (차고나 앞마당에서 하는 중고품 판매)

5 indeed[indíd] ⓐⓓ 정말로

6 perfect[pɔ́ːrfikt] ⓐ 완벽한

  ◇ perfection[pərfékʃən] ⓤ 완벽함 (to~)

7 appropriate[əpróuprièit] ⓐ 적절한 (= adequate, proper)

  ◇ appropriately[əpróuprièitli] ⓐⓓ 적절하게

8 gas mileage[gæs máilidʒ] ⓝ 연비

  ◇ milestone[máilstòun] ⓒ 이정표 (= milepost)

9 the icing on the cake : 금상첨화

  ◇ icing[áisiŋ] ⓤ 당의 (= frosting) (케이크에 입히는 설탕)

* "이 자동차는 내 차고에 들어갈 만큼 작네요. 맘에 들어요." "정말로 이건 당신에게 딱 맞는 것 같아요."
"적당한 가격과 좋은 연비는 금상첨화죠."

108

* Alice was carrying <u>enough water and food to cross</u> the Sahara Desert. <u>Otherwise</u>, she <u>could have starved</u> to death.

Grammar 관용표현(**enough 명사 to do**) : enough는 주로 **명사** 앞에 쓰인다.

otherwise는 '그렇지 않다면'의 의미로 **가정**의 의미를 지닌다. 과거 반대의 경우
woud/could have pp가 뒤따른다.

1 carry[kǽri] ⓥ ~을 지니다. ~을 나르다.

  ◇ carry out : ~을 수행하다.

2   enough[inʌ́f] ⓐ 충분한

3 water[wɔ́ːtəːr] ⓤ 물 ⓥ ~에게 물을 주다.

  ◇ watercolor[wɔ́ːtəːrkʌ̀ləːr] ⓒ 수채화 (물감)

4 food[fuːd] ⓤ 음식

  ◇ food chain : 먹이 사슬

  ◇ food poisoning ⓤ 식중독

5 cross[krɔːs] ⓥ ~을 건너다. ⓒ 십자가

  ◇ across[əkrɔ́ːs] prep ~ 건너편에

  ◇ across from : 맞은편에 (= opposite)

6 the Sahara Desert : 사하라 사막 (사막 이름에는 the를 사용한다.)

  ◇ desert[dézərt] ⓝ 사막

  ◇ dessert[dizə́ːrt] ⓝ 디저트, 후식

7 otherwise[ʌ́ðərwàiz] ⓐⓓ 그렇지 않다면(않았다면), 다르게, 그 외에

8 starve to death : 굶어 죽다.

  ◇ starve[staːrv] ⓥ 굶주리다.

  ◇ starvation[staːrvéiʃ-ən] ⓤ 굶주림

* 앨리스는 사하라 사막을 건너기에 충분한 물과 음식을 지니고 있었다. 그렇지 않았다면 굶어 죽었을 수도 있었다.

109

* The memories of his childhood are <u>too painful to eliminate</u>. They will last until his death.

(= The memories of his childhood are <u>so painful that he couldn't eliminate them</u>.)

Grammar 관용표현(**too ~ to do**) : '너무 ~해서 ~할 수 없다.'로 **'so ~ that 주어 can't ~**'로 전환 가능하다.

1 memories 🄿 추억

　◇ memory[méməri] 🄝 기억(력)

2 childhood[tʃáildhùd] 🄝 어린 시절, 유년기

3 painful[péinfəl] 🄐 고통스러운

　◇ pain[péin] 🄝 고통

　◇ a pain in the neck : 성가신 존재

　◇ take pains to do : ~하기 위해 애쓰다.

4 eliminate[ilímənèit] 🅅 ~을 없애다. ~을 제거하다.

　◇ elimination[ilìmənéiʃən] 🅤 제거

5 last[læst] 🅅 지속되다. 🄐 마지막의

　◇ lasting[læstiŋ] 🄐 오래 지속되는 (= long-lasting)

6 until[əntíl] prep/con ~까지 계속

7 death[deθ] 🅤 죽음

* 그의 어린 시절의 기억들은 너무 고통스러워서 잊히지 않았다. 그것들은 죽을 때까지 그의 머릿속에 남아 있을 것이다.

110

* It is natural <u>for the two guys to look alike</u> in every aspect. They are twins. Their personalities are also similar to each other.

Grammar to 부정사의 **의미상 주어** : 부정사의 행위자가 문장의 주어와 다른 경우 **'for + 목적격'**을 'to 부정사' 앞에 쓴다.

1 natural[nǽtʃərəl] ⓐ 당연한, 자연의

　　◇ nature[néitʃər] ⓝ 자연, 본성

2 guy[gai] ⓒ 남자, (남녀 구분 없이) 친구

3 alike[əláik] ⓐ 비슷한 (서술적으로만 쓰임) ⓐd 비슷하게

　　◇ A and B alike : A와 B 모두

4 in every aspect : 모든 면에서 (= in every respect)

　　◇ aspect[ǽspekt] ⓒ 측면

5 twins ⓟ 쌍둥이

　　◇ twin[twin] ⓐ 쌍둥이의

6 personality[pə̀ːrsənǽləti] ⓝ 성격, 인성

　　◇ personal[pə́ːrsənəl] ⓐ 개인의 (비교 : private 개인용의, 사립의)

　　◇ personally[pə́ːrsənəli] ⓐd 개인적으로, 직접 (= in person)

7 similar[símələːr] ⓐ 비슷한

　　◇ be similar to : ～와 비슷하다. (전치사 to를 사용한다.)

　　◇ similarity[sìmǝlǽrǝti] ⓒ 유사성

8 each other[iːʃ ʌðǝr] ⓐd 서로 (= one another)

　　◇ each + 단수명사 : 각각의 ～

　　* 저 두 사람이 비슷해 보이는 것은 당연한 일이에요. 그들은 쌍둥이이에요. 그들의 성격도 서로 비슷해요.

111

* "It is generous of him to donate a third of his yearly income." "How much does he earn a year?" "As far as I know, the philanthropist makes billions of dollars a year."

Grammar to 부정사의 **의미상 주어** : 사람의 **성질이나 태도**를 나타내는 **형용사** 뒤에 'to 부정

사'가 오는 경우엔 **'of + 목적격'**으로 의미상의 주어를 표시한다.

분수는 **'기수 + 서수'**로 표시한다. 예시 a fifth/three fifths…등

1 generous[ʤénərəs] ⓐ 관대한, 인심 좋은

  ◇ generosity[ʤènərásəti] Ⓤ 관대함

2 donate[dóuneit] Ⓥ (~을) 기부하다.

  ◇ donor[dóunər] Ⓒ 기부자

  ◇ donation[dounéiʃən] Ⓝ 기부(금)

  ◇ blood donation Ⓝ 헌혈

3 a third : 3분의 1

  ◇ two thirds : 3분의 2

4 yearly[jíəːrli] ⓐ 일 년간의

5 income[ínkʌm] Ⓒ 소득 (= earnings)

6 earn[əːrn] Ⓥ (~을) 벌다.

  ◇ earnings ⓟⅼ 소득

7 as far as I know : 내가 알기로는

  ◇ as far as A is concerned : A에 관한한

8 philanthropist[filǽnərəpist] Ⓒ 자선가 (= benefactor)

9 billions of : 수십억의

  ◇ billion[bíljən] Ⓝ 십억

• "그분은 연봉의 3분의 1을 기부하는 후한 분이십니다." "그분이 일 년에 얼마를 버시나요?"
"제가 아는 바로는 그 자선가는 일 년에 수십억 달러를 벌어들이고 있습니다."

112

• "Michael seems <u>to have been interested</u> in classical music before. He has a passion for classic books lately, <u>though</u>." "He has resolved to read a book a day."

Grammar to 부정사시제 : 본동사보다 시제가 앞서는 경우 **'to have pp'**를 사용한다.

tough (접속사/부사) : **접속부사**로 쓰이면 **'그러나'**의 의미를 가진다.

1 seem to do : ~ 인 것 같다. (= appear)

2 classical music : 고전 음악

  ◇ classical[klǽsikəl] ⓐ 고전 시대의

3 have a passion for ~ : ~을 몹시 좋아하다.

  ◇ passion[pǽʃən] ⓝ 열정

  ◇ passionate[pǽʃənət] ⓐ 열정적인, 열렬한

4 classic[klǽsik] ⓐ 걸작의, 고전 반열에 오른

5 though[ðou] ⓐⓓ 그러나 (= however) ⓒⓞⓝ ~에도 불구하고 (= although)

6 resolve to do ⓥⓘ ~하기로 결심하다.

  ◇ resolve[rizálv] ⓥⓘ ~을 해결하다.

  ◇ resolution[rèzəlúːʃ-ən] ⓝ 결의, 해결책

  ◇ a New Year's resolution : 새해 결심

  ◇ resolute[rézəlùːt] ⓐ 결연한 (= determined)

* "마이클은 전엔 고전음악에 흥미가 있었던 것 같아요. 그런데 최근에 고전도서에 열을 올리고 있어요."
"그는 하루에 한 권의 책을 읽기로 결심했어요."

113

* Even though Annie was upset to be treated like a baby, she pretended to be cheerful. That's because she makes it a rule not to show her negative emotions.

Grammar to 부정사의 수동태 : 부정사의 행위 주체가 당하는 경우 **'to be pp'** 형태를 사용한다.

  pretend 다음엔 목적어로 'to 부정사'나 'that절'을 사용한다.

  even though 주어 + 동사 : 양보절로 '비록 ~지만'의 의미를 가진다.

  make it a rule to do는 숙어처럼 쓰이며 **'it'**은 **가목적어**이다.

1 even though 주어 + 동사 ⓒⓞⓝ 비록 ~ 지만 (= although/though)

2 upset[ʌpsét] ⓐ 속상한

◇ upset − upset − upset ⓥ ~을 속상하게 하다. (계획)을 망치다.

3 treat[triːt] ⓥ ~을 다루다. ~을 치료하다.

◇ treatment[tríːtmənt] ⓝ 치료, 대우

4 pretend to do ⓥ ~ 인체 하다.

◇ pretense[priténs] ⓤ (거짓으로) 꾸밈 (= pretence)

◇ pretentious[priténʃəs] ⓐ 허세 부리는

5 cheerful[tʃíərfəl] ⓐ 명랑한, 유쾌한

◇ cheer[tʃíər] ⓥ 환호하다. ~을 응원하다.

◇ cheer for : ~을 응원하다. (= root for)

6 make it a rule to do : ~하는 것을 원칙으로 하다. (= make a point of ~ing)

◇ rule[ruːl] ⓒ 규칙 ⓤ 통치 ⓥ ~을 지배하다. 판결하다.

◇ as a (general) rule : 일반적으로

7 negative[négətiv] ⓐ 부정적인, (검사결과) 음성인

◇ positive[pázətiv] ⓐ 긍정적인, (검사결과) 양성인

8 emotion[imóuʃən] ⓝ 감정

◇ emotional[imóuʃənəl] ⓐ 감정적인, 감동적인

* 비록 애니는 어린아이취급을 받아서 화가 났지만 유쾌한 척했다.
그녀는 자신의 부정적인 감정을 보이지 않는 것을 원칙으로 삼고 있기 때문이다.

114

* Sera got her son to recycle used paper. In addition, she also taught him how to reduce garbage. From a social perspective, he is having a good upbringing.

Grammar 목적격 보어 : 'get 목적어 to do' 'teach 목적어 to do'에서 to 부정사는 목적격 보어 역할을 한다.

의문사 to do(명사적 용법) : 'how to do'가 목적격 보어 역할을 하고 있다.

1 get A to do : A가 ~하도록 시키다.

◇ get A pp : A가 ~ 되도록 시키다.

2 recycle[riːsáik-əl] ⩒ ~을 재활용하다.

3 in addition ⓐⓓ 게다가 (= furthermore, besides, moreover)

◇ in addition to 명사/~ing : ~뿐 아니라. (= besides)

4 reduce[ridjúːs] ⩒ ~을 줄이다.

◇ reduce A to 명사/~ing : A가 ~하는 처지에 놓이게 하다.

◇ reduction[ridʌ́kʃ-ən] ⓝ (가격) 인하, 감소 (= decrease)

5 garbage[gáːrbidʒ] ⓤ 쓰레기 (= trash, junk)

◇ garbage can ⓒ 쓰레기통

6 from one's perspective : ~의 관점에서

◇ perspective[pəːrspéktiv] ⓒ 관점 (= viewpoint) ⓤ 원근법

◇ keep A in perspective : A를 균형 잡힌 시각으로 보다. (= put A into perspective)

7 upbringing[ʌ́pbriŋiŋ] ⓤ 가정교육, 양육

• 세라는 그녀의 아들에게 사용한 종이를 재활용하게 시켰다. 그뿐만 아니라 쓰레기를 줄이는 방법도 가르쳤다. 사회적 관점에서 보면 그는 좋은 가정교육을 받고 있다.

115

• "To tell the truth, John had nothing to do with the crime." "Then, who helped the prisoners to escape from the facility." "You made a good point."

Grammar **help 목적어 (to) do** : help의 목적격 보어로 'to do' 혹은 '동사원형' 둘 다 올 수 있다.
'to tell the truth'와 **'have nothing to do with'**는 관용구로 외운다.

1 to tell the truth : 솔직히 말하면 (= to be honest)

◇ truth[truːθ] ⓤ 진실

2 have nothing to do with : ~와 아무런 관련이 없다.

◇ have something to do with : ~와 밀접한 관련이 있다.

3 crime[kraim] ⓒ 범죄

◇ criminal[krímənl] ⓒ 범죄자

4 prisoner[príznər] ⓒ 죄수

◇ prison[prízn] ⓒ 교도소

5 escape[iskéip] (from) ⓥ ∼로부터 도망치다.

6 facility[fəsíləti] ⓒ 시설(물)

7 a good point ⓒ 좋은 지적

◇ point[pɔint] ⓒ 요점, 지점 ⓥ (∼at/to) 가리키다. 지적하다.

• "솔직히 말하면, 존은 그 범죄와 아무런 관련이 없어요." "그렇다면, 누가 그 죄수들이 탈옥하는 걸 도왔나요?"
"좋은 지적이에요."

116

• "We are running out of gas. what should we do?" "First of all, we should slow down not to waste gas." "Gee! It's virtually impossible to get there in time."

Grammar **to 부정사의 부정** : '**not to do**'와 같이 'to 부정사' 앞에 not/never를 쓴다.

1 run out of : ∼을 다 써버리다.

◇ run into : ∼와 우연히 만나다. (= run across/come across)

◇ run an errand[érənd] : (잡다한) 볼일을 보다. 심부름을 하다.

2 gas[gæs] ⓤ 가솔린, 가스

3 first of all : 우선, 무엇보다 (= above all)

4 slow down : 속도를 늦추다.

◇ slow[slou] ⓐ 느린

◇ slowly[slóuli] ⓐⓓ 느리게

5 waste[weist] ⓥ ∼을 낭비하다. ⓤ 쓰레기, 낭비

◇ waist[weist] ⓒ 허리 (허리 통증은 backache를 쓴다.)

6 gee[dʒiː] (감탄사) 이런 (놀람, 짜증을 표현)

7 virtually[və́ːrtʃuəli] ⓐ 사실상 (= practically)

◇ virtual[vɔ́ːrtʃuəl] ⓐ 사실상의, (인터넷의) 가상의

◇ virtual reality ⓤ 가상현실

• "기름이 다 떨어져 간다. 어떻게 해야 하지?" "우선. 연료를 낭비하지 않기 위해 속도를 줄여야 해."
"이런! 거기에 제시간에 도착하는 것은 사실상 불가능하겠군."

117

• "The cliff is too steep for even experts to climb up." "Still, this is a golden opportunity to fulfill my dream." "You are as stubborn as a mule."
(= The cliff is so steep that even experts can't climb up it.)

Grammar for 의미상 주어 : Too ~ for 의미상 주어 to do

so ~ that ~ can't로 전환 시 **to 부정사의 목적어**가 **주어**와 같은 경우 다시 써야 한다.

to 부정사의 **형용사적 용법** : 'to fulfill'이 'opportunity'를 수식한다.

1 cliff[klif] ⓒ 절벽 (ⓟ : cliffs)

2 steep[stiːp] ⓐ 가파른

3 expert[ékspəːrt] ⓒ 전문가 ⓐ 정통한

   ◇ expertise[èkspəːrtíːz] ⓤ 전문지식

4 climb[klaim] ⓥ (〜을) 오르다.

   ◇ climb up ~ : 〜을 (기어서) 오르다.

5 still[stil] ⓐd 그럼에도, 여전히

6 a golden opportunity ⓒ 절호의 기회

   ◇ opportunity[àpərtjúːnəti] ⓒ 기회 (= chance)

7 fulfill one's dream : 꿈을 성취하다. (= achieve one's dream)

   ◇ fulfill[fulfíl] ⓥ 〜을 성취하다. 〜을 수행하다.

8 as stubborn as a mule : 고집이 무지 센

   ◇ as ~ as ~ : 〜만큼 〜하다.

   ◇ stubborn[stʌ́bərn] ⓐ 고집 센 (= obstinate)

◇ mule[mju:l] ⓒ 노새 (당나귀(donkey)같이 작은 말로 고집이 세다.)

• "그 절벽은 너무 가팔라서 심지어 전문 산악인들도 못 올라가."
"그렇지만 이건 내 꿈을 이룰 절호의 기회예요." "넌 너무 고집이 세서 탈이다."

118

• "The pond is <u>shallow enough for young kids to swim in.</u>" "Diverse endangered species are conserved there. Therefore, you can't go in."

(= The pond is **so** shallow that young kids **can** swim in it.)

Grammar **for** 의미상 주어 : 형용사 enough for 의미상 주어 to do

'so ~ that ~ can'으로 전환 시 **to 부정사**의 목적어가 주어와 같은 경우 다시 **써야 한다.**

1 pond[pɑnd] ⓒ 연못

2 shallow[ʃǽlou] ⓐ 얕은 (⑲ : deep)

3 diverse[divə́:rs] ⓐ 다양한 (= various, a variety of)

　◇ diversity[divə́:rsəti] ⓝ 다양성 (= variety)

4 endangered[endéindʒərd] ⓐ 멸종위기에 처한

　◇ endanger[endéindʒər] ⓥ ~을 위험에 처하게 하다.

　◇ extinct[ikstíŋkt] ⓐ 멸종한

5 species[spí:ʃi(:)z] ⓒ 종 (단/복수가 같다.)

6 conserve[kənsə́:rv] ⓥ ~을 보존하다.

　◇ conservation[kɑnsərvéiʃən] ⓤ 보호, 보존, 절약

　◇ conservative[kənsə́:rvətiv] ⓐ 보수적인 (⑲ : liberal 진보적인)

7 therefore[ðέə:rfɔ́:r] ⓐⓓ 그러므로 (= thus)

• "연못이 어린 아이들이 수영해도 될 만큼 얕아요."
"거기엔 멸종위기에 처한 다양한 종들이 보존되고 있어요. 그래서 들어가면 안 돼요."

119

* This pine tree is known to have been preserved for two thousand years.

(= It is known that this pine tree has been preserved for two thousand years.)

Grammar to 부정사의 시제 및 태 : 시제가 앞서고 수동태 일 때 **'to have been pp'**를 써서

의미를 추가한다.

일반적으로 숫자 단위에는 **s**가 붙지 않는다. 예시 three hundreds

1 pine tree[pain triː] : 소나무

◇ pine cone[pain koun] : 솔방울

2 be known to do : ~로 알려져 있다.

◇ be known to sb : ~에게 알려져 있다.

3 preservation[prèzərvéiʃən] ⓥⓣ ~을 보존하다.

◇ preservation[prèzərvéiʃən] ⓤ 보존

◇ preservative[prizə́ːrvətiv] ⓒ 방부제

4 thousand[θáuzənd] (수) 천

◇ thousands of : 수천의, 수많은 (이때는 숫자단위에 s가 붙는다.)

* 이 소나무는 2000년 동안 보존되어 온 것으로 알려져 있다.

120

* "Sir! Teach me what to do here." "To begin with, you need to learn where to send these processed dairy products. It won't take long to get the hang of it."

Grammar 관용적 표현 : **'to begin with'**는 관용구로 외운다.

의문사 to do는 항상 명사 역할을 한다.

need가 일반 동사로 쓰일 때 주로 'to 부정사'를 목적어로 취한다.

1 sir[sə́ːr] : 남자를 높여 부르는 말

◇ madam[mǽdəm]/ma'am[mǽm] : 여자를 높여 부르는 말

2 teach A to do (taught-taught) : A가 ~할 것을 가르치다.

3 to begin with : 우선

4 processed ⓐ 가공된

◇ process[práses] ⓥ ~을 가공하다. ~을 처리하다. ⓒ 과정, 공정

5 dairy[dɛ́əri] ⓝ 유제품

6 product[prɑ́dəkt] ⓒ 상품

◇ produce[prədjúːs] ⓥ (~을) 생산하다. ⓤ 농산물

◇ production[prədʌ́kʃən] ⓝ 생산

7 it take A to do ~ : ~ 하는데 A가 들다.

◇ it won't take long to do ~ : ~하는데 오래 거리지 않다.

8 get the hang of ~ : ~ 의 요령을 터득하다.

• "저기요! 여기에서 무엇을 해야 할지 알려주세요."
"우선, 이 가공된 유제품들을 어디에 보내야 하는지를 배워야 해요. 요령을 터득하는데 오랜 시간이 걸리진 않을 거예요."

unit 06 준동사 Ⅱ (동명사)

• 문장에서 **명사**처럼 쓰이면서 **주어, 목적어, 보어 역할**을 하고 다른 준동사 (분사, 부정사)
와 마찬가지로 **동사적 성향**도 지니고 있다.

• 주어, 목적어, 보어 역할을 한다.

a   주어

　　예시 <u>Jogging</u> in the morning is good for your health.

b   목적어 : enjoy, mind, admit, finish, postpone, give up... 등 뒤

　　예시 He <u>enjoys listening</u> to the radio at night.

c   보어

　　예시 My hobby is <u>playing</u> the guitar.

• 전치사 뒤에 동명사를 쓴다.

a   일반적인 전치사 : of, about, on, in...

　　예시 I am <u>interested in taking</u> yoga classes.

b   전치사 **to**

　　- look forward to ~ing, object to ~ing, dedicate/devote/commit oneself to ~ing,

　　lead to ~ing, when it comes to ~ing, with a view to ~ ing 등

　　예시 He <u>objected to talking</u> on the phone.

• **remember, forget, stop, try** 등은 뒤에 **to부정사**나 **동명사** 중 어느 것이 오느냐에 따라 의
미가 달라진다.

a   remember ~ing : ~한 것을 기억하다./~to do : ~ 할 것을 기억하다.

　　예시 I still <u>remember having</u> a great time with my friends last summer.

　　　　You should <u>remember to call</u> your parents before you leave.

b   forget ~ing : ~ 한 것을 잊다./~ to do : ~ 할 것을 잊다.

   예시 I will never forget making such a silly mistake.

   I forgot to lock the door. I should go back home.

c   stop ~ing : ~ 하는 것을 멈추다./~to do : ~ 하기 위해 멈추다. (부사적 용법)

   예시 Tom stopped complaining about her.

   Jane stopped to pick up a coin on the street.

d   try ~ing : ~을 시험 삼아 해보다./to do : ~하기 위해서 노력하다. (부사적 용법)

   예시 Jessie tried drinking a lot of water to lose weight.

   He tried to open the door but he couldn't open it.

• 동명사의 동사적 성향

a   동명사의 **의미상 주어** : 동명사 앞에 소유격이나 목적격 사용

   i 사람 : **소유격/목적격**

   예시 We were talking about his/him getting engaged to our sister.

   ii 사물 : **목적격**

   예시 No one likes war breaking out.

b   동명사의 **부정** : **not + 동명사**

   예시 Jason admitted not doing his homework.

c   동명사의 **수동태** : **being pp**

   예시 She was sick of being treated like a child.

d   동명사의 시제 : **having pp/having been pp**

   예시 I am sorry for not having gone to your party.

   예시 I am still angry about having been ignored by my friends yesterday.

• 동명사 관용표현

a　can't help ~ing (=can't (help) but do) : ~하지 않을 수 없다.

　　예시 They couldn't help laughing.

b　there is no ~ing : ~은 불가능하다.

　　예시 There is no stopping him.

c　It is no use(good) ~ing : ~해봐야 소용없다.

　　예시 It is no use making excuses.

d　go ~ ing : ~하러 가다.

　　예시 I went fishing and my sister went shopping.

e　be busy ~ing : ~하느라 바쁘다.

　　예시 He was busy cleaning the house.

f　on ~ing : ~ 하자마자

　　예시 On hearing the new, she fell on the floor.

121

• "Attracting viewers is one of your responsibilities as a producer."

"I see. I will do my best. You can rely on me." "That's the spirit."

Grammar 동명사의 **주어 역할** : 동명사가 주어인 경우 **항상 단수 취급** 한다.

one of 복수명사 + (단수동사)

1 attract[ətrǽkt] ⓥ ～을 끌어들이다. ～을 매료 시키다.

◇ attractive[ətrǽktiv] ⓐ 매력적인

2 viewer[vjúːər] ⓒ 시청자

◇ view[vjuː] ⓥ ～을 보다. ⓒ 관점

3 one of 복수명사 : ～ 중 하나

4 responsibility[rispὰnsəbíləti] ⓝ 책임

◇ be responsible for : ～에 대해 책임을 지다.

◇ hold A responsible : A에게 책임을 지우다.

5 producer[prədjúːsər] ⓒ (방송국) 피디, 생산자

6 I see ⓥ (모르던 사실을) 알았다.

7 do one's best : 최선을 다하다.

8 rely on : ～을 믿다. ～에 의존하다. (= depend on)

◇ reliable[riláiəb-əl] ⓐ 믿을 만한

9 that's the spirit : 바로 그런 자세야.

• "시청자들을 끌어오는 것은 프로듀서로서 당신의 책임 중 하나입니다."
"알겠습니다. 최선을 다하겠습니다. 믿어주세요." "바로 그런 자세예요!"

122

• "Do you mind keeping the window open?" "No, not at all. I'd also love to inhale some fresh air. It is stuffy in here, isn't it?"

Grammar 동명사의 목적어 역할 : **mind** 다음에 **목적어로 동명사**를 사용한다.

mind의 의미가 **'〜을 꺼리다'**이기 때문에 **긍정의 대답을 하기 위해선 부정적으로** (not at all) 대답을 해야 한다.

부가의문문: 본동사가 be동사(is)이기 때문에 'isn't it?'

1 mind ~ing : 〜하는 것이 싫습니까?

◇ mind[maind] ⓒ 생각

◇ keep A in mind : A를 명심하다.

2 keep A 형용사 : A를 〜한 상태로 두다.

◇ keep[kiːp] − kept[kept] − kept ⓥ 〜을 가지고 있다.

3 open[óupən] ⓐ 열려있는 ⓥ 〜을 열다. 열리다.

◇ be open to : 〜에게 열려 있는

4 not at all : 전혀 그렇지 않습니다.

5 would love to do : 〜 하기를 원하다.

6 inhale[inhéil] ⓥ (숨)을 들이마시다. (= breathe in)

◇ exhale[ekshéil] ⓥ (숨)을 내쉬다. (= breathe out)

7 fresh[freʃ] ⓐ 신선한

◇ flesh[fleʃ] ⓤ 살, 피부

8 stuffy[stʌfi] ⓐ 답답한

◇ stuffed ⓐ 막힌

• "창문을 열어두어도 괜찮겠습니까?"
"네, 괜찮아요. 저 또한 신선한 공기를 좀 마시고 싶어요. 여기 답답하죠. 그렇지 않나요?"

123

• "I'm not in favor of it." "What do you mean by 'it' here?" "I object to naming my nephew after me." "If memory serves me right, you took the initiative."

Grammar **전치사 to ~ing** : object는 자동사여서 목적어를 갖기 위해선 전치사가 필요하다.

object to ~ing

1   in favor of : ~에 찬성하는 (= be for, ⑪ : be against)

2   object to 명사/~ing : ~에 반대하다.

    ◇ object[əbdʒékt] ⓒ 물건, 목표

    ◇ objection[əbdʒékʃən] ⓝ 반대

    ◇ objective[əbdʒéktiv] ⓒ 목적, 목표 (a) 객관적인 (⑪ : subjective 주관적인)

3   what do you mean by ~ ? : ~은 무슨 뜻이야?

    ◇ mean[miːn] − meant[ment] − meant ⓥ (~을) 의도하다. 의미하다.

    ◇ means[miːnz] ⓒ 수단, 재산

    ◇ mean ⓐ 심술궂은, 인색한

4   name A after B : B를 따서 A를 이름 짓다.

    ◇ name A (as) B : A를 B로 선정하다.

    ◇ you name it : 뭐든지 말만 해요.

5   nephew[néfjuː] ⓒ 남 조카 (비교 : niece 여 조카)

    ◇ cousin[kʌ́zn] ⓒ 사촌

6   if memory serves me right(correctly) : 내 기억이 맞으면

    ◇ serve[səːrv] ⓥ (~을) 제공하다. 복역하다.

    ◇ serve A right : 당해도 싸다.

7   initiative[iníʃətiv] ⓝ 자발성, 주도권

    ◇ take the initiative : 주도권을 쥐다.

    ◇ initiate[iníʃièit] ⓥ ~을 시작하다.

    ◇ initial[iníʃəl] ⓐ 최초의, 초기의

●"나는 그것에 반대해요." "여기서 '그것'이 뭘 의미하는 거야?"
"나는 내 이름을 따서 조카 이름을 짓는 것에 반대해요." "내 기억이 맞으면, 네가 주도적으로 시작했잖아."

124

• "My hobby is collecting old coins and stamps and my job is collecting taxes."

"In other words, you always collect priceless materials, don't you?"

Grammar 동명사의 **보어 역할** : **취미나, 직업** 등이 주어일 때 이를 설명하기 위해서 to 부정사

보다 **동명사**를 사용한다.

부가의문문 : 앞에 일반동사가 있는 경우 'don't 주어?' 형식을 사용.

---

1 hobby[hábi] ⓒ 취미

2 collect[kəlékt] ⓥ ~을 모으다.

　　◇ collection[kəlékʃən] ⓒ 수집물, 모은 것

3 coin[kɔin] ⓒ 동전 ⓥ 신조어를 만들다.

4 stamp[stæmp] ⓒ 우표, 도장 ⓥ 발을 구르다.

5 tax[tæks] ⓒ 세금

　　◇ taxation[tækséiʃ-ən] ⓤ 과세

6 in other words : 바꿔 말하면 (= that is to say)

7 priceless[práislis] ⓐ (가격을 따질 수 없을 만큼) 매우 소중한 (= invaluable)

　　◇ pricy[práisi] ⓐ 값비싼 (= costly)

8 material[mətí-əriəl] ⓝ 물질, 자료

> • "저의 취미는 오래된 동전과 우표를 모으는 것이고 저의 직업은 세금을 걷는 것입니다."
> "바꿔 말하면, 항상 무지 가치 있는 물건들을 모으고 있군요. 그렇죠?"

125

• "The snake in my sleeping bag belongs to that sleeping boy ."

"This time, firm discipline will be imposed on the troublemaker."

Grammar **동명사와 분사 구분** : 같은 sleeping이지만 '자고 있는 소년'과 같이 뒤에 오는 **명사**

의 행동을 설명하는 것은 **분사**이고 '침낭'과 같이 뒤에 오는 명사의 '**용도, 목적**'을 설명하는 것은 '**동명사**'이다.

1 sleeping bag ⓒ 침낭

　◇ sleep[sliːp] − slept[slept] − slept ⓥ 잠자다. ⓝ 잠

　◇ sleeping pill ⓒ 수면제

2 belong[bilɔ́(ː)ŋ] to ~ ⓥ ~에게 속하다. ~의 것이다.

　◇ belongings[bilɔ́ːŋiŋz] ⓟ 소지품 (= possessions)

3 snake[sneik] ⓒ 뱀, 독사

4 firm[fəːrm] ⓐ 엄격한, 확고한 ⓒ 회사

　◇ firmly[fə́ːrmli] ⓐⓓ 확고하게

5 impose discipline : 규율을 강요하다.

　◇ discipline[dísəplin] ⓝ 훈육, 규율 ⓒ (학문) 분야 ⓥ 징계하다.

　◇ impose[impóuz] ⓥ ~을 부과하다. 강요하다.

　◇ imposing[impóuziŋ] ⓐ 장엄한

6 troublemaker[trʌ́b-əlmèikəːr] ⓒ 말썽꾸러기

• "제 침낭 속에 있는 뱀은 저기 자고 있는 애 것이에요." "이번엔, 저 말썽꾸러기를 엄격한 규율로 다스리겠어요."

126

• The principal was strongly opposed to him(his) transferring to another school, but some faculty members claimed that it would benefit the rest of the students.

Grammar 동명사의 **의미상 주어** : 의미상의 주어가 **사람**인 경우 **소유격이나 목적격** 명사(혹은 대명사)를 동명사 앞에 둔다.

1 principal[prínsəpəl] ⓒ 교장 선생님 ⓐ 주요한

　◇ principle[prínsəpəl] ⓒ 원리, 원칙

2 oppose[əpóuz] ⓥ ~에 반대하다

◇ be opposed to 명사/~ing : ~에 반대하다. (= object to)

3 transfer[trænsfɔ́ːr] (to) Ⓥ ~로 전학 가다. ~을 옮기다. ⓝ 이동

4 another[ənʌ́ðər] ⓐ 다른, 또 다른 하나 prep 다른 것

5 faculty[fǽkəlti] ⓝ 교수진, 능력

6 claim[kleim] Ⓥ (~을) 주장하다. ~을 청구하다. ⓒ 청구, 주장

　　◇ claim a life : 희생자를 내다.

　　◇ an insurance claim : 보험 청구

7 benefit[bénəfit] Ⓥ ~에게 이익을 주다. ⓒ 이익

　　◇ benefit from Ⓥ ~로부터 이익을 얻다.

　　◇ beneficial[bènəfíʃəl] ⓐ 유익한

8 the rest of ~ : 나머지 ~

　　◇ rest[rest] Ⓥ 휴식을 하다. ⓒ 휴식, 나머지

　　◇ take a rest : 휴식을 취하다.

　　　　　　　　　• 교장 선생님은 그가 다른 학교로 전학하는 것을 강력하게 반대했지만
　　　　　　몇몇 선생님들은 그것이 나머지 학생들에게 이익이 될 것이라고 주장했다.

127

• "Executive has fired his secretary again?" "Yup! At present, he is considering not hiring employees any more." "He seems really weird, doesn't he?"

Grammar 동명사 부정 : '**not ~ing**'의 형태로 동명사 앞에 not을 붙인다.

　　　　일반 동사의 부가의문문은 뒤에 'don't + 대명사'를 붙인다.

1 fire[faiər] Ⓥ ~을 해고하다.

　　◇ fire Ⓤ 불 ⓒ 화재

2 executive[igzékjutiv] ⓒ 임원, 중역 ⓐ 임원의, 행정부의

　　◇ the executive : (정부의) 행정부

　　◇ execute[éksikjùːt] Ⓥ ~을 처형하다. (계획 등)을 실행하다.

3 consider[kənsídər] 명사/~ing : ~을 고려하다.

　◇ consider A (to be) B : A를 B라고 간주하다.

4 at present : 현재(로서는)

　◇ present[prézənt] Ⓤ 현재 Ⓒ 선물 ⓐ 참석한, 현재의

　◇ present[prizént] Ⓥ ~을 수여하다. ~을 보여주다.

　◇ presentation[prèzəntéiʃən] ⋂ 수여, 발표

5 hire[haiər] Ⓥ ~을 고용하다.

6 employee[implɔ́iiː] Ⓒ 고용인

　◇ employer[emplɔ́iər] Ⓒ 고용주

　◇ employ[emplɔ́i] Ⓥ ~을 고용하다. ~을 이용하다.

7 not ~ any more : 더 이상 ~ 않다.

8 seem[siːm] (to be) ~ : ~처럼 보이다. (= appear)

　◇ seemingly[síːmiŋli] ⓐⓓ 겉보기에

9 weird[wiərd] ⓐ 이상한, 기묘한 (= strange, eerie)

• "그 임원이 자기 비서를 또 해고했어?" "응! 그는 이제 더 이상 직원을 고용하지 않을 생각이더군."
"그는 진짜 이상해. 그렇지 않아?"

128

• The President blamed the chemical company for not having taken immediate action against the water contamination.

Grammar 동명사의 시제 : 본동사보다 **시제가 앞서는** 경우 '**having pp**'를 사용한다.

　　　　동명사의 부정 : **동명사 앞에 not**을 붙인다.

1 the President ⋂ 대통령

　◇ president[prézidənt] ⋂ 사장, 총장

2 blame[bleim] A for B : B에 대해 A를 비난하다.

　◇ blame B on A : B에 대해 A를 비난하다.

◇ A is to blame : A는 비난받아 마땅하다.

3 chemical[kémikəl] ⓐ 화학의 ⓒ 화학물질

　　◇ chemist[kémist] ⓒ 화학자, 약사 (= pharmacist)

　　◇ chemistry[kéməstri] ⓤ 화학, (이성간) 끌림

4 take action against : ～에 대해 조치를 취하다. (= take measures)

　　◇ action[ǽkʃən] ⓝ 행위, 조치

　　◇ act[ǽkt] ⓥ 행동하다. 연기하다.

5 immediate[imíːdiit] ⓐ 즉각적인

　　◇ immediately[imíːdiitli] ⓐⓓ 즉시

6 water contamination : 수질 오염

　　◇ contamination[kəntæmənéiʃən] ⓤ 오염

　　◇ contaminate[kəntǽmənèit] ⓥ ～을 오염시키다.

* 대통령은 수질오염에 대한 즉각적인 조치를 취하지 않은 것에 대해 그 화학 회사를 비난했다.

129

* "Levi appeared irritated at the board meeting. What was bothering him?" "That's because he expressed his opinions several times but kept being ignored."

Grammar 동명사 **수동태** : 동명사의 주어가 당하는 경우 '**being pp**' 사용

That is because + 원인, That is why + 결과

1 irritate[írətèit] ⓥ ～을 짜증 나게 하다. ～에 염증을 일으키다.

　　◇ irritation[irətéiʃən] ⓝ 짜증, (신체) 따끔거림

2 board meeting ⓒ 중역 회의

　　◇ board[bɔːrd] ⓒ 위원회, 게시판, 판 ⓥ (～에) 탑승하다.

　　◇ board of directors : 이사회

　　◇ meeting[míːtiŋ] ⓒ 회의

3 what is bothering A : A에게 무슨 안 좋은 일 있어?

◇ bother[bάðə:r] ⅴ ~을 괴롭히다. (= annoy)

4 That is because + 원인 : 그것은 ~ 때문이다.

  ◇ that is why + 결과 : 그래서 ~ 이다.

5 opinion[əpínjən] ⓒ 의견

  ◇ public opinion : 여론

6 express[iksprés] ⅴ ~을 표현하다.

  ◇ expression[ikspréʃən] ⓝ 표현

7 keep (on) ~ing : 계속해서 ~ 하다.

  ◇ keep A from ~ ing : A가 ~ 못하게 하다. (= prevent/stop A from ~ing)

8 ignore[ignɔ́:r] ⅴ ~을 무시하다.

  ◇ ignorance[ígnərəns] ⓤ 무지

● "리바이는 중역회의에서 짜증 난 것처럼 보였어요. 무슨 일 있나요?"
"자신의 의견을 여러 번 피력했지만 계속 무시당해서 그래요."

130

● "The alcoholic reluctantly admitted <u>having been abused</u> by his father as a teenager." "The congress should enact tougher laws <u>to deter domestic violence</u>."

Grammar 동명사 **완료 수동태** : 수동태이며 시제가 앞선 경우 '**having been pp**' 사용.
        간혹 to 부정사의 **부사(목적)적 용법**과 **형용사적 용법** 둘 다로 해석되는 경우도 있다.

1 alcoholic[ǽlkəhɔ́(:)lik] ⓒ 알코올중독자 ⓐ 알코올중독의

2 reluctantly[rilʌ́ktəntli] ⓐⓓ 마지못해

  ◇ be reluctant to do : ~하기를 꺼려하다.

3 admit[ædmít] ⅴ ~을 받아들이다.

  ◇ admission[ædmíʃən] ⓝ 입장료, 입장, 인정

4 abuse[əbjú:z] ⅴ ~을 학대하다. ~을 남용하다.

  ◇ verbal abuse ⓝ 언어폭력

5 as a teenager : 십대 때

　◇ teenager[tíːnèidʒər] ⓒ 십대

6 Congress[káŋgris] ⓒ (여러 단체의) 회의, 국회 (비교 : 한국은 National Assembly)

　◇ congressional[kəŋgréʃənl] ⓐ 국회의

7 enact[enǽkt] ⓥ (법)을 제정하다.

　◇ enforce[enfɔ́ːrs] ⓥ (법)을 집행하다.

8 deter[ditə́ːr] ⓥ ～을 억제하다. ～을 단념시키다.

　◇ deterrent[ditə́ːrənt] ⓒ 억제책 ⓐ 억제하는

　◇ deterrence[ditə́ːrəns] ⓤ 억제

9 domestic violence ⓤ 가정폭력

　◇ domestic[douméstik] ⓐ 국내의, 가정의

　◇ violent[váiələnt] ⓐ 폭력적인

* "그 알코올 중독자는 십대 때 아버지에게 학대받았던 것을 마지못해 인정했어요."
"국회에서 가정폭력을 억제하기 위한 더 강력한 법안을 제정해야 해요."

131

* Jane saw an innocent-looking deer narrowly avoid being hit by a truck. She breathed a sigh of relief.

Grammar avoid, finish, mind, suggest, recommend, practice, consider, delay 등의 동사들은 **동명사를 목적어**로 취한다.

동명사의 **수동태 : being pp** 사용.

합성 분사를 만들 때 **꾸밈을 받는 명사(deer)와의 관계(능동)**를 보고 결정한다. 즉 the deer **looks innocent**이므로 **innocent-looking** deer이다.

1 avoid[əvɔ́id] ~ ing : ～을 피하다.

2 innocent-looking ⓐ 순수해 보이는

　◇ innocent[ínəsnt] ⓐ 순수한, 무죄의

3 deer[diər] ⓒ 사슴 (단/복수 형태가 같음)

4 see A do : A가 ~하는 것을 보다. (지각동사)

5 hit[hit] – hit – hit ⓥ ~을 치다. (= run over) ⓒ 대성공

  ◇ hit the nail on the head : 정곡을 찌르다.

  ◇ hit-and-run[hítənrʌ́n] : 뺑소니, 치고 빠지기

6 narrowly[nǽrouli] ⓐⓓ 간신히

  ◇ narrow[nǽrou] ⓐ 좁은

  ◇ narrow ~ down : ~의 범위를 좁히다.

7 breathe[bri:ð] ⓥ 숨을 쉬다.

  ◇ breath[breθ] ⓝ 호흡

8 a sigh of relief ⓒ 안도의 한숨

  ◇ sigh[sai] ⓝ 한숨 ⓥ 한숨 쉬다.

  ◇ relief[rilí:f] ⓤ 안심, 안도

* 제인은 순수해 보이는 사슴 한 마리가 트럭에 치일 뻔한 위기를 간신히 모면하는 것을 봤어요.
그녀는 안도의 한숨을 내쉬었어요.

132

* The two giants began plowing the field in order to plant seeds. They knew that
no one would supply them with free food.

Grammar begin, start, love, hate, continue 등의 동사들은 **동명사와 to 부정사** 둘 다 목적
어로 취할 수 있다.

  in order to do : to 부정사의 목적 (= so as to do)

1 giant[dʒáiənt] ⓒ 거인

2 begin to do/~ing ⓥ (began – begun) : ~을 하기 시작하다.

3 plow[plau] ⓥ 쟁기질하다. ⓒ 쟁기

4 field[fi:ld] ⓒ (논) 밭, 경기장, 분야

◇ a magnetic field : 자기장

5 plant[plænt] ⓥ ~을 심다. ⓒ 식물, 공장

6 seed[siːd] ⓒ 씨, 종자

7 supply A with B : A에게 B를 공급하다.

◇ supply[səplái] ⓥ (~을) 공급하다. ⓤ 공급(량)

◇ supplies ⓟ 필수품, 물자

8 free[friː] ⓐ 공짜의, 자유로운 ⓥ ~을 풀어주다.

◇ for free : 공짜로

* 씨를 심기 위해서 두 거인들은 밭을 갈기 시작했어요. 그들은 아무도 그들에게 공짜 음식을 제공하지 않을 것을 알았어요.

133

* Annie prefers reading comic books to chatting on the Internet. She thinks of it as more constructive.

(= Annie prefers to read comic books rather than (to) chat on the Internet.)

Grammar prefer는 **to 부정사/동명사** 둘 다 목적어로 가능하다. 그러나 중간에 전치사가 다르다 : prefer ~ing **to** ~ing, prefer to do **rather than** to do

1 prefer[prifə́ːr] A to B : B보다 A를 더 좋아하다.

◇ A is preferable to B : A가 B보다 더 낫다.

2 comic book ⓒ 만화책

◇ cartoon[kɑːrtúːn] ⓒ 만화, (텔레비젼, 영화) 만화

◇ animation[æ̀nəméiʃən] ⓒ 애니메이션

3 chat[tʃæt] ⓥ (인터넷상에서) 채팅하다. 잡담하다. (= chatter)

4 on the Internet : 인터넷에서 (= online)

5 think of A as B : A를 B로 간주하다. (= look upon A as B)

6 constructive[kənstrʌ́ktiv] ⓐ 건설적인

◇ constructive criticism ⓒ 건설적인 비판

◇ construct[kənstrʌ́kt] ⩒ ~을 건설하다. ~을 구성하다.

◇ construction[kənstrʌ́kʃən] ⓝ 건축(물)

* 애니는 인터넷으로 채팅하는 것보다 만화책 읽는 것을 더 좋아해요. 그녀는 그것이 더 건설적이라고 생각해요.

134

* The speaker <u>forgot to explain</u> the terms related to the causes of global warming first. That's why the audience couldn't make heads or tails of the issue.

Grammar forget은 뒤에 to부정사가 오느냐 동명사가 오느냐에 따라 의미가 다르다 : **forget to do**(~ 할 것을 잊어먹다)/ **~ ing**(~ 한 것을 잊어먹다)

1 speaker[spíːkəːr] ⓒ 연설자, 스피커

　◇ strictly speaking : 엄밀히 말하면

　◇ speaking of ~ : ~ 말이 나온 김에

2 forget to do : ~ 할 것을 잊어 먹다.

　◇ forget ~ing : ~ 한 것을 잊어 먹다.

3 explain[ikspléin] ⩒ ~에 대해 설명하다. (타동사로 뒤에 전치사를 붙이지 않는다.)

　◇ explanation[èksplənéiʃən] ⓝ 설명

4 term[təːrm] ⓒ 용어, 기간

　◇ be on good terms with ~ : ~와 좋은 관계를 갖고 있다. (항상 복수)

　◇ terms of contract : 계약 조건 (항상 복수)

5 related to : ~와 관련된

　◇ relate[riléit] ⩒ 관련되다. ~와 관련짓다. ~을 말해주다.

　◇ relation[riléiʃ-ən] ⓒ 관계, 친척

6 cause[kɔːz] ⓒ 원인 ⩒ ~을 발생 시키다.

　◇ cause and effect : 원인과 결과

7 global warming : 지구 온난화

　◇ global[glóubəl] ⓐ 지구의

◇ warm[wɔ:rm] Ⓥ ～을 따뜻하게 하다. 따뜻해지다. ⓐ 따뜻한

8 can't make heads or tails of : ～을 이해할 수 없다.

9 issue[íʃu:] Ⓒ 사안, 쟁점 Ⓥ ～을 발표하다. ～을 발급하다.

◇ at issue : 문제가 되는

*연사는 지구 온난화의 원인들과 관련된 용어들을 먼저 설명하는 것을 잊어먹었어요.
그래서 청중들은 그 사안을 전혀 이해할 수 없었어요.

135

• "I regret to say that your costumes aren't ready yet."

"Oh, no. I regret asking a favor of you." "Seriously? You are nasty."

Grammar regret은 뒤에 to 부정사가 오느냐 동명사가 오느냐에 따라 의미가 다르다 : **regret to do**(～에 대해 유감스럽게 여기다.)/**~ing**(～한 것을 후회하다.)

ask sb a favor > ask a favor **of** sb : **간목의 위치**가 바뀔 때 of 사용

1 regret to do : ～에 대해 유감스럽게 여기다.

◇ regret ~ing : ～ 한 것을 후회하다.

2 costume[kɑ́stju:m] Ⓒ 의상

◇ custom[kʌ́stəm] Ⓒ 관습, (~s) 세관

3 ready[réadi] ⓐ 준비된

4 yet[jet] ⓐⓓ (부정문) 아직

5 ask a favor of sb : sb에게 부탁을 하다.

◇ favor[féivər] Ⓒ 호의 Ⓥ ～을 선호하다.

◇ ask for : ～을 요구하다.

◇ ask A to do : A가 ～할 것을 요구하다.

6 seriously[sí-əriəsli] ⓐⓓ 진지하게

◇ serious[sí-əriəs] ⓐ 진지한, 심각한

◇ take A seriously : ～을 진지하게 받아들이다.

7 nasty[nǽsti] ⓐ 고약한, 끔찍한

● "이런 말 하게 돼서 미안한데 너의 의상이 아직 준비되지 않았어."
"아, 이런. 너에게 부탁을 한 것이 후회가 되는군." "진심이야? 이런 형편없는 녀석."

136

● "What are you looking for, Christine?" "I remember bringing my cell phone but it is nowhere to be found." "You misplaced it again? You are pathetic."

Grammar remember뒤에 to 부정사가 오느냐 동명사가 오느냐에 따라 의미가 다르다 : remember **to do**(∼할 것을 기억하다)/**~ing**(∼ 한 것을 기억하다)

1 look for : ∼을 찾다.

◇ look at : ∼을 보다.

◇ look into : ∼을 조사하다.

2 remember[rimémbər] ~ing : ∼한 것을 기억하다.

◇ remember to do : ∼ 할 것을 기억하다.

3 bring[briŋ] − brought[brɔːt] − brought ⓥ ∼을 가져오다.

◇ bring about : ∼을 발생시키다.

4 nowhere to be found : 아무리 찾아봐도 없는

5 misplace[mispléis] ⓥ ∼을 어딘가에 두고 잊어버리다.

◇ misplaced[mispléist] ⓐ 엉뚱한 곳에 놓인

◇ displace[displéis] ⓥ ∼을 대체하다. ∼을 밀어내다.

6 pathetic[pəθétik] ⓐ 한심한, 형편없는

● "무엇을 찾고 있니, 크리스틴?" "내가 핸드폰을 가져온 것은 기억이 나는데 아무리 찾아봐도 보이지 않아."
"또 어디 뒀는지 모른다고? 참 한심하다."

137

* His informative lecture <u>contributed to the audience grasping</u> the significance of <u>decreasing</u> carbon dioxide emissions.

Grammar **contribute to ~ing** : **to**는 전치사여서 뒤에 **동명사(grasping)**가 오고 **의미상의 주어(the audience)**는 동명사 앞에 위치해야 한다. **전치사(of)** 뒤에는 **동명사(decreasing)**를 사용한다.

1 informative[infɔ́ːrmətiv] ⓐ 유익한, 유용한 정보를 제공하는

　◇ informed[infɔ́ːrmd] ⓐ 지식을 갖춘, 정보에 근거한

2 lecture[léktʃəːr] ⓒ 강의

3 contribute[kəntríbjuːt] to 명사/~ing : ~에 공헌하다. (신문) ~에 기고하다.

　◇ contribution[kɑ̀ntrəbjúːʃən] ⓒ 기여, 기고문

4 audience[ɔ́ːdiəns] ⓝ (집합명사) 청중

　◇ audience member ⓒ 청중 한 명

5 grasp[græsp] ⓥ ~을 파악하다. 붙잡다. ⓢ 파악

6 significance[signífikəns] ⓤ 중요성, 의미

　◇ significant[signífikənt] ⓐ 중요한, 상당한

　◇ signify[sígnəfài] ⓥ ~을 의미하다. ~을 나타내다.

7 decrease[díːkriːs] ⓥ ~을 감소시키다. (= reduce) 감소하다. ⓒ 감소 (= reduction)

8 carbon dioxide ⓤ 이산화탄소 (= CO_2)

　◇ carbon[kɑ́ːrbən] ⓤ 탄소

　◇ dioxide[daiɑ́ksaid] ⓤ 이산화물

9 emission[imíʃən] ⓒ 방출 (주로 복수), 배기가스

　◇ emit[imít] ⓥ ~을 방출하다. (= release)

* 그의 유익한 강의가 청중들이 이산화탄소 배출량을 줄이는 것의 중요성을 이해하는데 기여했다.

138

* On securing human resources, the trading company switched its attention to obtaining natural ones.

Grammar 관용표현 **on(upon) ~ ing** : ～ 하자마자

전치사 **to** 다음에 동사가 오면 **동명사**를 사용한다. (to obtaining)

1 on(upon) ~ing : ～ 하자마자

2 secure[sikjúər] ⓥ ～을 확보하다. 안전하게 하다. ⓐ 안정된, 안전한

　　◇ security[sikjú-əriti] ⓤ 보안, 안보, 안도(감)

3 human[hjúːmən] ⓐ 인간의 ⓒ 인간

　　◇ humane[hjuːméin] ⓐ 인간적인

4 resource[ríːsɔːrs] ⓒ 자원

　　◇ source[sɔːrs] ⓒ 원천, 근원

　　◇ resourceful[riːsɔ́ːrsfəl] ⓐ 수완이 좋은

5 trading company ⓒ 무역회사

　　◇ trade[treid] ⓤ 무역, (집합적) 업계, 거래량, 교환 ⓥ (～을) 거래하다. (～을) 교환하다.

　　◇ trade A off for B : B를 위해 A를 포기하다.

　　◇ trade-off ⓒ 적절한 균형, (이점에 따른) 손해

6 switch[switʃ] ⓥ (～을) 바꾸다. ⓒ 스위치, 변경

　　◇ switch ~ off : (전원, 신경)을 끄다. (맨 : switch ~ on)

7 attention[əténʃən] ⓤ 주의, 관심

　　◇ pay attention to : ～에 주의를 기울이다.

　　◇ attentive[əténtiv] ⓐ 주의 깊은, 친절한

8 obtain[əbtéin] ⓥ ～을 얻다.

9 natural[nǽtʃərəl] ⓐ 자연의, 당연한, 타고난

* 그 무역회사는 인적자원을 확보하자마자 천연자원을 얻는 데 관심을 돌렸습니다.

139

• "These glasses are worth trying on." "But they have cracks and scratches. They need fixing." "Oops! I overlooked it."

 (= It is worth trying on these glasses. They need to be fixed.)

Grammar 관용어구 **be worth ~ ing** : ~할 가치가 있다. 가주어 **'it'을 사용**해서 문장을 만들 수도 있다.

 need/want to be pp는 need/want ~ing와 같다.

1 be worth ~ ing : ~할 가치가 있다. (= be worthy of 명사/~ing)

 ◇ worth[wəːrθ] Ⓤ 가치 prep 가치 있는

2 try on : 시험 삼아 착용해 보다.

 ◇ try ~ing : 시험 삼아 ~ 해보다.

 ◇ try to do : ~하기 위해서 노력하다.

3 glasses[glǽsiz] pl 안경

 ◇ glass[glǽs] Ⓤ 유리 Ⓒ 유리잔

4 need ~ing : ~해질 필요가 있다. (= need to be pp)

5 crack[kræk] Ⓒ 균열 ⓥ 금(균열)가다.

 ◇ crack down on : ~을 (엄중하게) 단속하다.

 ◇ cracker[krǽkər] Ⓒ 크래커, 폭죽

6 scratch[skrætʃ] Ⓒ 긁힌 자국 ⓥ (~을) 긁다.

 ◇ from scratch : 완전히 처음부터 (바닥부터)

7 fix[fiks] ⓥt ~을 고치다. (= repair)

8 overlook[òuvərlúk] ⓥt ~을 못 보고 지나치다. (= miss) ~을 눈감아 주다.

• "이 안경을 써 보셔야 해요." "그런데 긁힌 자국이 있고 금이 가 있네요. 수리해야겠어요." "오 이런! 그걸 못 봤군요."

140

• "My parents forbade us from staying up late. Nevertheless, I didn't go to bed early." "You were a naughty boy."

Grammar 자주 쓰는 동사구로 **'forbid/keep/prohibit/ban/stop A from ~ ing'**는 'A가 ~ 못하게 하다'라는 의미를 갖고 있다.

1 parent[pέərənt] ⓒ 부모님 중 한 분

   ◇ parents ⓟ 부모님

2 forbid[fərbíd] A from ~ ing : A가 ~ 못하게 금하다. (= forbid A to do)

   ◇ forbid − forbade[-béid] − forbidden[-bidn] ⓥ ~을 금지하다. (⑲ : permit)

   ◇ forbidden fruit ⓒ 금단의 열매

3 stay up late : 늦게까지 자지 않고 있다.

   ◇ stay[stei] ⓥ 머무르다.

   ◇ late[leit] ⓐ 늦은 ⓐⓓ 늦게

4 nevertheless[nèvərðəlés] ⓐⓓ 그럼에도 불구하고 (= nonetheless)

5 early[ə́rli] ⓐ 이른 ⓐⓓ 일찍

6 naughty[nɔ́ti] ⓐ 말 안 듣는, 짓궂은

• "부모님은 제가 늦게까지 깨어있는 걸 허락하지 않으셨어요. 그래도 저는 일찍 잠자리에 들지 않았어요."
"너 말썽꾸러기였군."

unit 07 준동사Ⅲ(분사)

• 분사는 동사에 '-ed/~ing' 를 붙여서 **명사를 수식**하거나 **보어 역할**을 하는 **형용사**처럼 사용되거나 **부사절 대신** 사용하는 **분사구문**으로 쓰인다.

• 분사의 의미

a **현재 분사**는 수식하는 명사와 **능동**의 관계에 있다.

예시 A barking dog (짖는 개)

b **과거 분사**는 수식하는 명사와 **수동**의 관계에 있다.

예시 The broken chair (부서진 의자)

• 형용사 역할

a 명사수식

ⅰ 한 단어로 이루어진 분사는 주로 **명사 앞**에 위치한다.

예시 A barking dog seldom bites.

The broken chair needs fixing.

ⅱ '구'를 이루는 경우 명사의 **뒤에서(후치) 수식**한다.

예시 That dog barking at us now has never bitten people.

The chair broken by my brother needs fixing.

b 서술 : 주격보어/목적격 보어 역할을 한다.

ⅰ be, have 동사와 함께 **진행형, 완료형, 수동태**를 만든다.

예시 He is lying on bed. (진행형)

He was fired yesterday. (수동태)

She has swum in the pool for 2 hours. (완료형)

ⅱ 주격 보어 : **불완전 자동사 + 분사**

예시 Ten students still remain studying in the library.

The costly vase has remained stolen for 10 years.

iii 유사 보어 : 완전 자동사 + 분사

예시 Tom died shouting her name.

iv 목적격 보어 : 목적어와의 관계가 능동이면 현재분사, 수동이면 과거분사.

예시 This food will keep me going.

　　　I will keep my fingers crossed for you.

c 분사 형용사

i 현재/과거 분사가 되면서 동사적 성질을 잃고 완전한 형용사가 되는 분사

◎ interesting/interested, boring/bored, satisfying/satisfied, exciting/excited...

예시 The soccer match was very exciting.

　　　I was very excited about the soccer match.

• 분사 구문

a 부사절을 접속사와 주어를 생략하고 분사를 사용해 분사구로 부사절을 대신하는 형식.

예시 When I stood up, I felt dizzy.

　　》 Standing up, I felt dizzy.

b 수동의 의미가 있는 경우엔 분사구에 과거분사를 사용한다.

예시 As he was bullied by his friends, he didn't want to go to school.

　　》 (Being) Bullied by his friends, he didn't want to go to school.

c 분사구문의 부정 : not/never + 분사

예시 Not completing his tasks, he left work.

　　》 Never interested in the girl, he kept ignoring her.

d 분사구문의 시제 : 주절보다 한 시제 앞서는 경우 having pp/having been pp 사용.

i 능동 : having pp

예시 Having read the book twice, he knew the story well.

ii 수동 : having been pp를 사용한다. 이때 문맥상 having been 생략할 수도 있다.

예시 (Having been) deceived by her once, Tom doesn't trust her any more.

e 독립 분사 구문 : 주절과 주어가 다른 경우 주어를 생략할 수 없다.

ⅰ 주어가 있는 분사 구문

예시 If it is fine tomorrow, I will go hiking.

> It being fine tomorrow, I will go hiking.

ⅱ 비 인칭 독립 분사 구문 : 주어가 달라도 주어 없이 분사 구문 사용.

◎ Considering~, Strictly speaking~, Judging from~, Speaking of~ 등

예시 Considering his personality, he is the last man to do such a thing.

f **with + (대)명사 + 분사/형용사/부사 : ~한 채로, ~을 하며**

예시 The hunter aimed his gun at a deer with one eye closed.

The burglar climbed over the wall with the police chasing after him.

g 분사 구문의 위치와 의미

ⅰ 분사 구문의 위치 : 다른 **부사절과** 마찬가지로 문두, 문중, 문미에 위치할 수 있다.

예시 Tom, listening to music, skipped rope.

Tom skipped rope listening to music.

ⅱ 분사 구문의 의미 : 문맥에 따라 **부대상황, 때, 이유, 조건 등의 의미를** 가진다.

예시 Alex went to bed late, sleeping in until noon. (부대상황 연속 동작)

Visiting Rome, you will love it. (조건)

Tom, listening to music, skipped rope. (부대상황 동시 동작)

Not knowing how to change light bulbs, he stayed in the dark. (이유)

Climbing down the mountain, I sprained my ankle. (때)

141

• "I am still alive. I can see her <u>smiling face</u> again." "Stay alert. There are still numerous <u>threatening challenges</u> ahead of us."

Grammar 현재분사가 명사 수식 : 능동의 관계로 **smiling**이 **face**를 수식한다. **threatening**이 **challenges**를 수식한다.

1 alive[əláiv] ⓐ 살아있는 (서술적으로만 사용)

2 face[feis] ⓒ 얼굴 ⓥ ~에 직면하다. (= confront)

   ◇ be faced with (= be confronted with) : ~에 직면하다.

   ◇ save face[seiv feis] : 체면을 차리다.

   ◇ lose face[luːz feis] : 체면을 잃다.

3 stay alert : 긴장을 유지하다. (= be on guard)

   ◇ alert[əlɔ́ːrt] ⓐ 경계하는, 명민한

4 numerous[njúːm-ərəs] ⓐ 수많은

5 threatening[θrétniŋ] ⓟ 위협적인 (= intimidating)

   ◇ threaten[θrétn] ⓥ (~을) 위협하다. 협박하다. (= intimidate)

   ◇ threat[θret] ⓝ 위협

6 challenge[tʃǽlindʒ] ⓒ 도전, 어려움 ⓥ 도전하다.

7 ahead of [prep] ~의 앞에

   ◇ ahead[əhéd] ⓐ 앞에, 먼저

• "나는 여전히 살아있어. 그녀의 웃는 얼굴을 다시 볼 수 있어."
"방심하지 마라. 우리 앞엔 여전히 위협적인 수많은 어려움들이 있어."

142

• "Don't touch the <u>broken vase</u> on the ground. I am checking <u>the finger prints left on it</u>." "Alright! Then, I will inspect the <u>leaking faucet</u>."

Grammar 분사의 전치/후치 후식 : **broken**이 **vase**를 **leaking**이 **faucet**를 앞에서(전치) 수식하고 있고 **left on it**이 **finger prints**를 뒤에서(후치) 수식하고 있다.

1   touch[tʌtʃ] Ⓥ ~을 만지다. ~을 감동시키다. (= move)

2   broken[bróukən] ⓟ 깨진

    ◇ break[breik] – broke[brouk] – broken Ⓥ ~을 부수다.

3   vase[veis] ⓒ 꽃병

4   on the ground : 땅에

    ◇ under ground : 지하에

    ◇ above ground : 지상에

    ◇ grounds for ~ : ~에 대한 근거 (항상 복수)

    ◇ on the grounds of ~ (that ~) : ~라는 근거로

    ◇ ground[graund] Ⓥ ~를 외출 금지시키다. ~의 이륙을 금지하다.

5   check[tʃek] Ⓥ ~을 검사하다.

    ◇ check in : (탑승/투숙) 수속을 밟다.

6   finger print : 지문

    ◇ finger[fíŋgər] ⓒ 손가락

    ◇ print[print] ⓒ 무늬

7   left[left] ⓟ 남겨진

    ◇ leave[liːv] – left – left Ⓥ ~을 남기다. ~을 떠나다.

8   leaking ⓟ 새고 있는

    ◇ leak[liːk] Ⓥ ~이 새다. ⓒ 누출

9   inspect[inspékt] Ⓥ ~을 살펴보다.

    ◇ inspection[inspékʃən] ⓝ 검사

    ◇ inspector[inspéktər] ⓒ 조사관

10   faucet[fɔ́ːsit] ⓒ 수도꼭지

* "바닥에 있는 깨진 꽃병 건드리지 말아줘. 그것에 남겨진 지문을 검사하고 있어."
"알았어! 그럼, 나는 새고 있는 수도꼭지를 살펴볼게."

143

• "What do you think about Jack?" "He is without question <u>loving and caring</u>.
Why?" "Well, he lost his temper with me a short while ago."

Grammar 현재 분사의 보어역할 : **loving**과 **caring**이 능동의 의미로 **보어** 역할을 하고 있다.
두 단어는 be 동사 뒤에서 **형용사**로 쓰이고 있다.

1 What do you think about/of ~? : ~에 대해 어떻게 생각하세요?

  ◇ think of/about : ~에 대해 생각하다.

  ◇ think of : ~을 생각해 내다.

2 without question : 의심의 여지없이 (= beyond question)

  ◇ in question : 문제가 되는, 불확실한

3 loving[lʌ́viŋ] ⓟ 다정한 (사랑을 주는)

  ◇ loved ⓟ 사랑스러운 (사랑을 받는)

4 caring[kέəriŋ] ⓟ 남을 배려하는

  ◇ care about : ~에 대해 신경 쓰다.

  ◇ care for : ~을 돌보다. ~을 좋아하다.

5 lose one's temper with A : A에게 성질을 부리다.

  ◇ temper[témpər] ⓝ 성질, 기분

  ◇ short-tempered[ʃɔ́ːrt-témpərd] ⓐ 욱하는 성질인 (= bad-tempered)

  ◇ temperament[témp-ərəmənt] ⓝ (정서적인) 기질

6 a short while ago : 조금 전에

• "잭에 대해서 어떻게 생각해?" "그는 확실히 다정하고 배려심이 있어. 왜?" "음. 조금 전에 나에게 성질을 부리더군."

144

• The murder case had <u>remained forgotten</u> until an experienced detective found
new evidence from the sewer <u>(which is)</u> located at the corner.

Grammar 과거 분사의 보어 역할 : **forgotten**이 '잊혀진'이라는 **수동**의 의미로 **보어 역할**을 하고 있다.

과거 분사의 명사 수식 : **experienced**가 '경험이 많은'이라는 **수동**의 의미로 **detective**를 수식하고 있다.

주격관계대명사 + be 동사가 생략되고 분사가 남았다고 보기도 한다.

1 murder case : 살인 사건

◇ murder[mə́ːrdər] ⓒ 살인

◇ murderer[mə́ːrdərəːr] ⓒ 살인자

◇ case[keis] ⓒ 사건, 상자

2 remain + 분사(형용사) : ∼ 한 상태로 있다.

◇ remain[riméin] ⓥ 남다.

◇ remains[riméinz] ⓟ 유적, 잔해

3 forgotten[fəːrgɑ́tn] ⓟ 잊혀진

◇ forget[fərgét] − forgot[-gɑ́t] − forgotten[-gɑtn] ⓥ ∼을 잊다.

4 experienced[ikspíəriənst] ⓟ 노련한, 경험이 많은

◇ experience[ikspíəriəns] ⓥ ∼을 경험하다. ⓝ 경험, 경력

5 detective[ditéktiv] ⓒ 형사, 탐정

◇ detect[ditékt] ⓥ ∼을 감지하다.

◇ detection[ditékʃən] ⓤ 감지, 발견

6 evidence[évidəns] ⓤ 증거

◇ evident[évidənt] ⓐ 명백한 (= obvious)

◇ evidently[évidəntli] ⓐⓓ 명백히, 들은 바로는

7 sewer[sjúːəːr] ⓒ 하수구

◇ sewage[súːidʒ] ⓤ 하수 (= sewerage)

8 be located : 위치해 있다.

◇ locate[lóukeit] ⓥ ∼의 위치를 파악하다. ∼을 두다.

9 at(on) the corner : 길모퉁이에

◇ in the corner : 방구석에

◇ every corner of the world : 세계 각지에

◇ corner[kɔ́ːrnər] ⓒ 구석, 모서리 ⓥ ~을 구석으로 몰다.

145

* "What is Jason doing?" "Nothing special. Apparently, he is meditating but actually he <u>lies staring</u> at a fly on the ceiling." "Oh, his fly is open."

Grammar 유사보어 : 보어가 필요 없는 **완전 자동사 lie(lay)** 뒤에 마치 **보어처럼 분사 staring**이 붙어 있고 '~하면서 누워있다'와 같이 해석된다.

1 Nothing special : 별거 아냐

　　◇ special[spéʃ-əl] ⓐ 특별한

　　◇ especially[ispéʃəli] ⓐⓓ 특히

2 apparently[əpǽrəntli] ⓐⓓ 겉보기에, 들리는 바로는

　　◇ apparent[əpǽrənt] ⓐ (겉으로 봐서) 명백한

3 meditate[médətèit] ⓥ 명상하다.

　　◇ meditation[mèdətéiʃ-ən] ⓝ 명상, 고찰

　　◇ mediate[miːdiéit] ⓥ (~을) 중재하다.

　　◇ mediation[miːdiéiʃ-ən] ⓤ 중재

4 lie(sit, stand) ~ing : ~하면서 누워있다. (앉아있다. 서 있다.)

5 stare[stɛə́ːr] (at) ⓥ ~을 응시하다.

　　◇ stare A down(out) : (상대방) ~ 을 노려보다.

6 fly[flai] ⓒ 파리

　　◇ fly(flies) : 바지 지퍼

　　◇ a fly in the ointment[ɔ́intmənt] : 옥에 티

7 ceiling[síːliŋ] ⓒ 천장, 최고 한도

163

146

* "My parents always <u>kept me kneeling on the floor and praying</u> to God until late at night." "Really? My parents usually <u>kept me from staying</u> awake late."

Grammar keep sb 분사 : **현재 분사(kneeling)가 목적어(me)와 능동관계 보어로 쓰임.**

keep sb from ~ing : 'sb가 ~ 못하게 하다'로 **'staying'은 동명사다.**

1 keep[ki:p] A B : A가 계속 B하게 하다.

  ◇ keep A from ~ ing : A가 ~ 못하게 하다.

2 kneel[ni:l] – knelt[nelt] – knelt ⓥ 무릎을 꿇다.

  ◇ knee[ni:] ⓒ 무릎

  ◇ on one's knees : 무릎을 꿇은

3 on the floor : 바닥에

  ◇ floor[flɔːr] ⓝ 바닥, 층

  ◇ take the floor : (토론 등에서) 발언을 시작하다.

4 pray to A : A에게 기도하다.

  ◇ pray for ~ : ~을 위해 기도하다.

  ◇ prayer[prɛər] ⓝ 기도 ⓒ 기도하는 사람

5 stay awake : 깨어 있다.

  ◇ awake[əwéik] ⓐ 깨어 있는 ⓥ ~을 깨우다.

6 late[leit] ⓪ 늦게, ⓐ 늦은

  ◇ lately[léitli] ⓪ 최근에

* "우리 부모님께선 항상 저에게 바닥에 무릎 꿇고 밤늦게까지 계속 신에게 기도하도록 하셨어요."
"정말? 우리 부모님은 보통 내가 저녁 늦게까지 깨어있지 못하게 하셨어."

147

* While Jack was relaxing on the haystack, he left his horse tied to a tree by the barn. Although he snored loudly, there was no one to be disturbed.

Grammar leave + 목적어 + 보어 : **목적어(horse)와 목적격보어(tied)와 수동의 관계를 가지**므로 과거 분사가 보어로 쓰임

수동 부정사(to be disturbed)가 대명사를 수식하는 형용사적 용법

1 while[hwail] con ～하는 동안, ～하는 반면에 (= whereas)

2 relax[rilǽks] v 편하게 쉬다.

3 haystack[héistæk] n 건초더미

   ◇ hay[hei] u 건초 (더미)

   ◇ stack[stæk] c 더미 v ～을 쌓아 올리다.

4 leave[li:v] A B : A가 B하도록 남겨두다.

5 tied to sth : ～에 묶인

   ◇ tie[tai] A to B : A를 B에 묶다.

6 by prep ～ 옆에 (= next to), ～까지 (완료)

7 barn[bɑːrn] c 헛간

8 snore[snɔːr] vi 코를 골다

9 disturb[distə́ːrb] vt ～을 방해하다.

   ◇ disturbance[distə́ːrbəns] n 소동, (소음) 피해

* 잭은 그의 말을 헛간 옆에 있는 나무에 묶어 둔 채로 건초 더미 위에서 잠을 잤다.
비록 그가 크게 코를 골았지만 방해받을 사람은 아무도 없었다.

148

* You look annoyed. What's going on?" "My grades are so disappointing." "I think you should put more effort into improving your concentration."

Grammar 분사 형용사 : 'annoyed/disappointing'는 분사 형태지만 **형용사**이다. 이런 분사는

모두 **타동사에서 유래**하였으므로 쓰임새에 주의해야 한다.

전치사 다음엔 동명사가 온다. (into improving)

1　annoyed ⓐ 짜증 난 (= irritated)

　　◇ annoying[ənɔ́iiŋ] ⓐ 짜증나게 하는

　　◇ annoy[ənɔ́i] ⓥ ~을 괴롭히다. (= bother)

2　what is going on ~? : 무슨 일이야?

　　◇ go wrong : 잘못되다.

3　grade[greid] ⓒ 성적, 학년, 등급 ⓥ ~의 등급을 매기다.

　　◇ gradually[grǽdʒuəli] ⓐⓓ 서서히 (⑪ : suddenly)

　　◇ grade school ⓒ 초등학교 (= elementary school)

4　disappointing[dìsəpɔ́intiŋ] ⓐ 실망스러운

　　◇ disappoint[dìsəpɔ́int] ⓥ ~을 실망시키다.

5　put effort into ~ : ~에 노력을 쏟다.

　　◇ effort[éfərt] ⓤ 노력 ⓒ 시도, 분투

6　concentration[kὰnsəntréiʃən] ⓝ 집중, 농도

　　◇ concentrate[kάnsəntrèit] ⓥ (~on) ~에 집중하다. ~을 집중시키다. (= focus)

　　◇ concentration camp ⓒ (전쟁 중) 집단 수용소

* "너 짜증 난 것처럼 보여. 무슨 일이야?" "내 성적이 너무 실망스러워."
"내 생각에 너는 집중력을 향상시키는 데 더 많은 노력을 기울여야 해."

149

* "How did you like the speech?" "Terrible! The boring speaker made all the audience bored to death." "I also found myself dozing off despite myself."

Grammar 분사 형용사 : '**boring/bored**'는 분사형태지만 형용사이다. 이런 분사는 모두 **타동사에서 유래**하였으므로 쓰임새에 주의해야 한다.

find oneself + 분사(목적격 보어)로 "~처지에 놓이다"라는 의미를 가진다.

despite는 although와 의미는 같지만 전치사이기 때문에 뒤에 주어+동사가 오지 못하고 **명사(구)**만 올 수 있다.

1 How do you like ~? : ~에 대해 어떻게 생각해?

2 speech[spi:tʃ] ⓒ 연설 (= address)

3 terrible[térəb-əl] ⓐ 형편없는, 끔찍한

   ◇ terribly[térəbli] ⓐd (좋지 않은 상황에서) 매우

4 boring[bɔ́:riŋ] ⓐ 지루한

   ◇ bored[bɔ:rd] ⓐ 지루해진

   ◇ bore[bɔ́::r] ⓥt ~을 지루하게 만들다.

5 speaker[spí:kə:r] ⓒ 연사, 스피커

   ◇ spoken language : 구어체 (⊕ : written language 문어체)

   ◇ speaking of the devil : 호랑이도 제 말 하면 온다.

6 find oneself ~ : ~한 상황에 처하다.

7 doze[douz] (off) ⓥi 깜빡 졸다. (= nod off)

8 despite oneself : 자신도 모르게, 본의 아니게 (= in spite of oneself)

   ◇ despite[dispáit] ⓟrep ~에도 불구하고 (= in spite of)

• "그 연설에 대해서 어떻게 생각하니?" "끔찍했어! 그 지루한 연사는 모든 청중들을 지루해서 죽을 지경으로 만들었어."

"나도 어느새 인가 잠들어 있더군."

150

• Combing her shiny hair, <u>the model</u> looked in the mirror. She put on make up, <u>looking mature</u> for her age.

  (= <u>While she was combing</u> her shiny hair, the model looked in the mirror. She put on make up, <u>so she looked</u> mature for her age.)

Grammar 분사 구문 : 주절의 주어와 능동의 관계로 **현재분사(combing)** 사용.

분사 구문은 부사처럼 문미에 사용할 수 있다. (looking mature~)

1 comb one's hair : 머리를 빗다.

   ◇ comb[koum] Ⓥ (〜을) 빗다. ⓒ 빗

2 shiny[ʃáini] ⓐ 윤기가 흐르는, 빛나는

   ◇ shine[ʃain] − shone[ʃoun] − shone Ⓥ 빛나다. Ⓥ 윤내다.

3 model[mάdl] ⓒ 모델

   ◇ role model : 롤모델

4 look in Ⓥ 〜 안을 들여다보다.

5 mirror[mírər] ⓒ 거울 Ⓥ 〜을 반영하다. 〜을 비추다.

6 put ~ on : 〜을 착용하다. 〜을 바르다. (= wear)

7 makeup[méikʌ̀p] Ⓤ 화장, 기질

  − genetic makeup : 유전자 구성

8 mature[mətjúə:r] ⓐ 성숙한 (ⓐ : immature 미숙한)

   ◇ maturity[mətjú-ərəti] ⓝ 성숙

9 for one's age : 나이에 비해

   ◇ age[eidʒ] ⓝ 나이, 시대

   ◇ for ages : 아주 오랫동안 (= for years)

---

* 그 모델은 윤기가 흐르는 자신의 머리를 빗으면서 거울을 들여다봤다. 그녀는 화장을 해서 나이에 비해 성숙해 보였다.

151

* Not getting accustomed to analyzing and organizing data, the researcher made up his mind to quit his job.

(= As he wasn't getting accustomed to analyzing and organizing data, the researcher made up his mind to quit his job)

Grammar 분사 구문의 부정 : **not/never** 분사 구문 사용.

주절의 주어와 수동의 관계여서 **과거분사(accustomed)** 사용.

1 be accustomed[əkʌ́stəmd] to 명사/~ing : ～에 익숙하다. (= be used to ~ing)

2 analyze[ǽnəlàiz] ⓥ ～을 분석하다.

   ◇ analysis[ənǽləsis] ⓝ 분석 (ⓟ : analyses)

   ◇ analyst[ǽnəlist] ⓒ 분석가, 정신분석가

3 organize[ɔ́ːrgənàiz] ⓥ ～을 구성하다. ～을 조직하다.

   ◇ organized[ɔ́ːrgənàizd] ⓐ 준비된, 체계적인 (ⓐ : disorganized)

   ◇ organization[ɔ̀rgən-izéiʃən] ⓒ 조직 ⓤ 준비, 구조

4 data[déitə] ⓟ 자료, 데이터 (ⓢ : datum)

5 researcher[risə́ːrtʃər] ⓒ 연구원, 조사원

6 make up one's mind to do : ～하기로 결정하다. (= decide)

   ◇ make up ⓥ ～을 구성하다. ⓝ 구성, 화장

   ◇ make up with : ～와 화해하다.

   ◇ make up for : ～을 보상하다.

7 quit[kwit] – quit – quit ⓥ (～을) 그만두다.

   ◇ quiet[kwáiət] ⓐ 조용한

   ◇ quite[kwait] ⓐⓓ 꽤, 상당히

* 자료를 분석하고 정리하는 것에 익숙해지질 않아서 그 연구원은 일을 그만두기로 결심했어요.

152

* Having taken a nap during the day, the shift worker couldn't fall asleep well after midnight. Eventually, she took some sleeping pills.

(= As she had taken a nap during the day, the shift worker was not sleepy well after midnight.)

Grammar 분사 구문 시제 : 주절보다 한 시제 앞서서 완료분사(**having taken**) 사용.

   sleeping pills의 **sleeping**은 용도를 나타내는 **동명사**이다.

1 take a nap : 낮잠을 자다.

◇ nap[næp] ⓒ 낮잠

2 the day : 낮 시간

3 shift worker ⓒ 교대 근무자

◇ work shifts : 교대 근무를 하다.

◇ shift[ʃift] ⓥ (~을) 조금 움직이다. (~을) 바꾸다. ⓝ 전환, 교대근무

◇ work nine-to-five : 일반 시간대 일을 하다.

4 fall asleep : 잠들다.

◇ sleepy[slí:pi] ⓐ 졸린

5 well after midnight : 자정이 훨씬 지난

◇ midnight[mídnàit] ⓝ 자정

6 eventually[ivéntʃuəli] ⓐⓓ 결국에 (= in the end)

7 sleeping pill ⓒ 수면제

◇ pill[pil] ⓒ 알약

* 낮에 낮잠을 자서 그 교대근무자는 자정이 훨씬 지났는데도 잠들지 못했어요. 결국 그녀는 수면제를 몇 알 먹었어요.

153

* "(Having been) written in haste, the document has some typos." "Correct all the errors and submit it to my assistant no later than tomorrow morning."

(= As it was written in haste, the document has many errors.)

Grammar **완료 분사 구문** : 주절보다 한 **시제** 앞서고 주어와 **수동**의 관계에 있어서 **수동형 완료 분사** 구문(having been written)을 사용함.

수동형 완료 분사 구문의 경우 **having been**이 생략될 수도 있다.

1 in haste ⓐⓓ 서둘러서

◇ haste[heist] ⓤ 서두름 ⓥ 서두르다.

◇ hurry[hə́:ri] ⓥ 서두르다. ⓤ 서두름

2 document[dάkjəmənt] ⓒ 서류

◇ documentary[dɑ̀kjəméntəri] ⓒ 다큐멘터리, 기록물

3 typo[táipou] ⓒ 오타

4 error[érər] ⓒ 실수

◇ trial and error : 시행착오

5 correct[kərékt] ⓥ ~을 수정하다. ⓐ 옳은

◇ correction[kərékʃən] ⓝ 정정

◇ correction pen : 수정펜

6 submit[səbmít] ⓥ ~을 제출하다. (= turn in, hand in)

◇ submit to ⓥ ~에게 굴복하다.

7 assistant[əsístənt] ⓒ 비서, 도움이

◇ assist[əsíst] ⓥ (~을) 돕다. (= help, aid)

◇ assistance[əsístəns] ⓤ 원조, 도움

8 no later than : 늦어도 (= at the latest)

• "매우 급하게 작성 돼서 서류에 오타가 조금 있습니다."
"오류들을 다 정정해서 늦어도 내일 아침까지 제 비서한테 제출하세요."

154

• Although having a severe stomachache, Gloria didn't take medicine. She persisted in using folk remedies.

(= Although she had a severe stomachache, Gloria didn't take medicine.)

Grammar 접속사가 있는 분사 구문 : 문맥상 접속사의 의미를 추론하기 힘든 경우 접속사를 사용한다. 특히 양보의 접속사(although)는 주로 사용함.

1 although[ɔːlðóu] ⓒⓞⓝ 비록 ~ 지만 (= though)

2 severe[sivíəːr] ⓐ 심각한

◇ severely[sivíəːrli] ⓐⓓ 심하게

3 have a stomachache : 배가 아프다.

◇ stomachache[stʌ́məkèik] ⓒ 복통

◇ ache[eik] ⓥⓘ 아프다.

4 take medicine : 약을 복용하다.

◇ medicine[médəs-ən] ⓝ 약, ⓤ 의학

◇ medication[mèdəkéiʃ-ən] ⓝ 약, 약물

◇ practice medicine : 의사로 일하다.

◇ administer medicine : 약을 투여하다.

5 persist[pəːrsíst] in ⓥⓘ : ~을 고집하다.

◇ persistence[pəːrsístəns] ⓤ 끈기, 지속

◇ persistent[pəːrsístənt] ⓐ 상습적인, 지속되는

6 folk[fouk] ⓐ 민간의, ⓟⓛ (~s) 사람들, 부모님

◇ folklore[fóuklɔ̀ːr] ⓤ 민속

7 remedy[rémədi] ⓒ 해결책, 요법

• 복통을 심하게 앓았지만 글로리아는 약을 먹지 않았어요. 그녀는 민간요법을 고집했어요.

155

• Critics, admitting that the director has talent, rated his movies low. They speculated that he would be a late bloomer in his career.

(= Critics, although they admitted that the director has talent, rated his movies low.)

Grammar **양보의 의미**를 가진 **분사구문**으로 '비록 인정하지만'으로 해석된다.

분사 구문은 **부사(절)와 같이 주어와 동사 사이**에도 쓸 수 있다.

본동사가 과거형인 경우 종속절 동사도 시제를 일치시킨다. (will > would)

1 admit[ædmít] ⓥⓣ ~을 인정하다.

◇ admission[ædmíʃən] ⓤ 입장, 입장료 ⓒ 인정

◇ admissions officer ⓒ 입학 사정관

2 director[diréktər] ⓒ (영화 등) 감독, 관리자, 중역

  ◇ direct[dirékt] ⓥ ~을 감독하다. ~에게 길을 알려주다.

  ◇ direction[dirékʃən] ⓒ 방향

  ◇ directory[diréktəri] ⓒ 전화번호부 (= phone book)

3 talent[tǽlənt] ⓤ 재능 (= gift)

  ◇ talented ⓟ 재능 있는 (= gifted)

4 critic[krítik] ⓒ 비평가

  ◇ criticism[krítisizəm] ⓝ 비평

  ◇ critical[krítikəl] ⓐ (~of) 비판적인, (~to) 중대한, (~for) 위기의

5 rate ~ low : ~을 낮게 평가하다.

  ◇ rate[reit] ⓥ ~을 평가하다. ⓝ 등급, 가격

6 movie[múːvi] ⓒ 영화

  ◇ the movies ⓟ 영화 극장 (= cinema)

7 speculate[spékjəlèit] ⓥ (~라고) 추측하다. (추정하다.)

  ◇ speculate in sth : ~에 투기하다.

  ◇ speculation[spèkjəléiʃ-ən] ⓝ 추측, 투기

8 a late bloomer ⓒ 늦게 성공하는 사람 (대기만성)

  ◇ bloom[bluːm] ⓥ 꽃이 피다. 번창하다. (= blossom)

9 career[kəríər] ⓒ (경력을 쌓는) 직업

  ◇ pursue a career in ~ : ~의 일에 종사하다.

* 비평가들은 그 감독이 재능을 가지고 있음을 인정하면서도 그가 만든 영화들에 대해 낮은 평점을 주었어요.
그들은 그가 그의 경력에서 늦게 꽃을 피울 것으로 추측했어요.

156

* "This tool will last for a long time if handled with care." "What are these symbols and buttons for?" "Read the manual by yourself!"

  (= This tool will last for a long time if it is handled with care.)

Grammar 가정의 의미를 가진 수동 **분사구문**으로 '만약 조심히 다뤄진다면'으로 해석

분사 구문은 부사(절)와 같이 **문미에도 올 수 있다.**

1 handle[hǽndl] ⓥ ~을 다루다. (= deal with) ⓒ 손잡이

2 with care : 조심스럽게 (= carefully)

3 tool[tuːl] ⓒ 도구, 연장

◇ equipment[ikwípmənt] ⓤ 장비 (셀 수 없음)

4 symbol[símbəl] ⓒ 기호, 상징

◇ symbolize[símbəlàiz] ⓥ ~을 상징하다.

5 what ~ for? : ~의 용도가 무엇인가요?

6 manual[mǽnjuəl] ⓒ 설명서 (= handbook) ⓐ 육체노동의, 수동식의

◇ manually ⓐ 수동으로 (ⓐ : automatically)

7 by oneself : 스스로

• "조심히 다루면 이 도구는 오래갈 것입니다." "이 기호들과 버튼들은 무엇을 위한 건가요?"<br>"스스로 설명서를 읽어 보세요!"

157

> • Getting out of his car, the gentleman opened an umbrella, sharing it with Annie.
> Accompanied by him, she was on cloud nine
>
> (= As he was getting out of his car, the gentleman opened an umbrella, and he shared it with Annie. As she was accompanied by him, she was on cloud nine.)

Grammar 분사 구문의 **동시 동작**으로 '차에서 내리면서'의 의미를 가진다.

분사 구문의 **연속 동작**으로 '그리고 Annie와 공유했다'의 의미를 가진다.

이유를 나타내는 분사구문으로 '그와 동행해서'의 의미를 가진다.

1 gentleman[dʒéntlmən] ⓒ 신사 (ⓟ : gentlemen)

2 open an umbrella : 우산을 펴다. (ⓐ : close/fold an umbrella)

◇ umbrella[ʌmbrélə] ⓒ 우산

3   get out of (a car/taxi) : (자동차/ 택시)에서 내리다. (⑪ : get in)

◇ get off (a bus/train...) : (버스/기차)에서 내리다. (⑪ : get on)

4   share an umbrella with ~ : ~와 우산을 같이 쓰다.

◇ share[ʃɛəːr] ⓥ ~을 공유하다. ⓒ 몫, 주식 (= stock)

◇ shareholder[ʃɛərhòuldəːr] ⓒ 주주

5   be accompanied by ~ : ~의 수행을 받다. ~을 동반하다.

◇ accompany[əkʌ́mpəni] ⓥ ~을 수행하다. ~와 동행하다.

◇ accompany A on sth(악기) : A의 노래에 sth(악기)로 반주를 하다.

6   on cloud nine : 아주 행복한 (= walking on air)

•그 신사는 차에서 내리면서 우산을 폈어요. 그리고 애니에게 씌워주었어요.
그와 동행하면서 그녀는 마치 구름위에 있는 듯 행복했어요.

158

•The rain continued pouring down, flooding my hometown in no time. The disaster resulted in ten million dollars in damage, claiming two hundred lives.

Grammar 분사 구문 **연속동작** : 단순한 연속적인 동작만을 나타내는 게 아니라 **결과**를 말할 때도 쓰인다.

1   continue[kəntínjuː] ~ing/to do : 계속해서 ~ 하다.

2   pour down : 비가 억수로 쏟아지다.

◇ pour[pɔːr] ⓥ ~을 붓다.

◇ pour cold water over ~ : ~에 찬물을 끼얹다.

3   flood[flʌd] ⓥ ~을 물에 잠기게 하다. 범람하다. ⓒ 홍수

◇ be flooded with : ~로 가득 차다.

4   hometown[houmtàun] ⓒ 고향

5   in no time : 순식간에

◇ at one time : 동시에 (= simultaneously)

6 disaster[dizǽstər] ⓒ 재난 (비교 : catastrophe 대재난)

7 result[rizʌ́lt] in ~ : ~ 결과를 낳다.

◇ result from ~ : ~로부터 발생하다.

8 ~ in damage[dǽmidʒ] : 피해로 ~

9 claim[kleim] a life : 생명을 앗아가다.

◇ baggage claim ⓤ 수하물 찾는 곳

* 비가 계속해서 퍼붓더니 순식간에 저의 고향을 물에 잠기게 했어요.
그 재난으로 천만 달러의 피해가 발생했고 2백 명이 목숨을 잃었어요.

159

* The prosecutor asked to fill out the form before questioning, **the suspect remaining** mute and motionless with her arms folded.

(= The prosecutor asked to fill out the form before questioning, **but the suspect remained** mute and motionless with her arms folded.)

Grammar 독립 분사구문 : **주절의 주어**(the prosecutor)와 분사구의 **주어**(the suspect)가 다른 경우 **주어 생략 불가.** 마침표가 아닌 **쉼표**로 절이 **연결**되어 있음.

with + 명사 + 분사 : 명사와 분사의 관계가 수동이어서 과거분사 'folded'를 사용함.

1 prosecutor[prɑ́səkjùːtər] ⓒ 검사

◇ prosecute[prɑ́səkjùːt] ⓥ (~을) 기소하다, 고소하다.

2 fill ~ out : (서류, 양식 등)을 작성하다. (= fill in)

◇ fill[fil] ⓥ ~을 가득 채우다. 가득 차다.

◇ be filled with : ~로 가득 차다.

◇ fill ~ up : ~에 연료를 가득 넣다.

3 form[fɔːrm] ⓒ 양식, 형태 ⓥ ~을 형성하다.

◇ in ~ form : ~의 형태로

4 questioning[kwéstʃəniŋ] Ⓤ 심문 (= interrogation)

　◇ question[kwéstʃən] Ⓒ 질문

　◇ without question : 확실히 (= beyond question)

　◇ quest[kwest] Ⓥ (~for) 추구하다. Ⓒ 추구, 탐구

5 suspect[səspékt] Ⓒ 용의자

　◇ suspect A of B : A에게 B 혐의를 두다.

　◇ suspicious[səspíʃəs] ⓐ 의심스러운

6 mute[mjuːt] ⓐ 무언의

7 motionless[móuʃənlis] ⓐ 움직이지 않는

　◇ motion[móuʃən] ⓝ 움직임, 제의 Ⓥ 손짓하다.

8 arm[aːrm] Ⓒ 팔

　◇ arms[aːrmz] ⓟ 무기

9 fold[fould] Ⓥ ~을 접다. 접히다.

　◇ fold out : 펴지다.

　◇ -fold : ~배로, ~가지의

　◇ with one's arms folded : 팔짱을 끼고

* 검사가 취조 전에 서류를 작성할 것을 요구했지만 용의자는 팔짱을 낀 채로 침묵하면서 꼼짝도 하지 않았습니다.

160

* "Speaking of maintaining a healthy diet, I always eat rice, cabbage and carrots for breakfast." "Well, I recommend that you consume more protein."

Grammar 비인칭 독립 분사구문 : 관용어구로 주절의 주어와 다른 경우에도 항상 '~에 관해 말하자면'의 의미로 주어 **없이 사용**함.

　　recommend that 주어 (should) do 형태의 경우 주로 should는 생략한다.

1 speaking of : ~에 관해 말하자면

2 maintain[meintéin] Ⓥ ~을 유지하다. ~을 보수 관리하다. ~을 주장하다.

◇ maintenance[méintənəns] Ⓤ 유지 관리

◇ routine maintenance Ⓤ 정기 보수

3 healthy[hélθi] ⓐ 건강한, 건강에 좋은

◇ health[helθ] Ⓤ 건강

4 diet[dáiət] ⓒ 식단, 다이어트

◇ go on a diet : 다이어트를 시작하다.

◇ be on a diet : 다이어트 중이다.

5 carrot[kǽrət] ⓒ 당근

◇ carrot and stick : 당근과 채찍

6 recommend[rèkəménd] ⓥ ～을 추천하다.

◇ recommendation[rèkəmendéiʃ-ən] ⓒ 추천, 권고 (= reference)

7 consume[kənsú:m] ⓥ ～을 섭취하다. ～을 소비하다.

◇ consumer[kənsú:mər] ⓒ 소비자

◇ consumption[kənsʌ́mpʃən] Ⓤ 소비(량), 섭취(량)

8 protein[próuti:in] Ⓤ 단백질

* "건강한 식단 유지에 대해서 말하자면 저는 아침 식사로 항상 밥, 양배추 그리고 당근을 먹어요."
"글쎄요, 단백질을 더 많이 섭취할 것을 권고합니다."

unit 08 접속사 I (등위 접속사, 상관 접속사)

• 접속사는 단어, 구, 절을 연결하는 역할을 하는 말로 **등위, 상관, 종속 접속사**가 있다.

• '구'는 두 단어 이상으로 이루어져 있지만 **주어 술어(동사) 관계는 없다.** '절'은 두 단어 이상으로 이루어져 있으며 **주어와 술어(동사) 관계가 있다.**

a 구

    예시 a silly dog (명사절) to save people (부정사구) repairing a car (동명사구)

b 절

    예시 I borrowed some money.

       I called her but she didn't answer the phone. (절+절)

• **등위 접속사** : 단어, 구, 절을 동등하게 연결한다.

    ◎ and, or, but, so, for, yet

a and

    i **병렬구조** : 동등한 단어, 구, 절 연결

    예시 I hate watching TV and listening to music.

    ii **명령문 + and** : ~해라 그러면 ~

    예시 Apply this ointment on the scar, and you will feel better.

b or

    i **병렬구조** : 동등한 단어, 구, 절 연결

    예시 Do you want to travel abroad or (to) buy a computer?

    ii **명령문 + or** : ~해라 그렇지 않으면 ~

    예시 Don't kick the blanket, or you will catch a cold again.

c but

    i **병렬구조** : 동등한 단어, 구, 절 연결

예시 I suspected her but she was innocent.

d so

　i 결과 : 절과 절 연결 (그래서 ~)

　예시 She knew the answer, so she raised her hand.

e for

　i 이유 : 절과 절 연결 (~ 때문에)

　예시 Jack was suspended, for he was caught smoking.

f yet (= and yet)

　i 역접 : 그런데도, 그렇지만

　예시 Snakes are not harmful yet most people hate them.

・**상관 접속사** : 짝을 이루는 관용어구와 같은 접속사이다.

a both A and B(+ 복수동사) : A와 B 둘 다

　예시 Both air and water are essential for life.

b not only A but also B(= B as well as A) (동사는 **B**에 일치) : A뿐 아니라 B도

　예시 Not only more pencils but also more paper is needed.

　　(= More paper as well as more pencils is needed.)

c either A or B (동사는 **B**에 일치) : A와 B 둘 중 하나

　예시 The robber will be either fined or jailed.

d neither A nor B (동사는 **B**에 일치) : A도 B도 아닌

　예시 Neither the politician nor the businessmen were imprisoned.

e not A but B (동사는 **B**에 일치) : A가 아니라 B

　예시 He is not laughing but crying.

161

* This place can't be referred to as a conventional farm. <u>Wheat and corn</u> <u>are not</u> cultivated on this commercial farm.

Grammar 등위 접속사 and : <u>동등한 절, 구, 단어</u>를 연결하며 **복수 동사**를 사용

1 refer[rifə́:r] to A as B : A를 B로 부르다.

   ◇ refer to : ∼에 대해 언급하다. ∼에 대해 참고하다.

   ◇ refer A to B : (도움을 얻기 위해) A를 B에게 보내다.

   ◇ reference[réf-ərəns] ⓝ 언급, 참고, 추천인

   ◇ in reference to : ∼에 대해서

2 conventional[kənvénʃənəl] ⓐ 기존의, 재래식의

   ◇ convention[kənvénʃən] ⓝ 관습, 총회

   ◇ convene[kənví:n] ⓥ (∼을) 소집하다. 모이다.

3 wheat[hwi:t] ⓤ 밀

4 corn[kɔ:rn] ⓤ 옥수수

   ◇ cone[koun] ⓒ 원뿔, 콘

5 cultivate[kʌ́ltəvèit] ⓥt ∼을 재배하다. ∼을 경작하다.

   ◇ cultivated[kʌ́ltəvèitid] ⓐ 재배된, 세련된 (= cultured)

6 on the farm : 농장에서

   ◇ farm[fɑ:rm] ⓒ 농장

7 commercial[kəmə́:rʃəl] ⓐ 상업적인 ⓒ (TV, 라디오) 광고

* 이곳은 전통적인 농장이라고 말할 수 없어요. 밀과 옥수수는 이 상업적 농장에서 재배되지 않아요.

162

* Please, make sure <u>to read the following instructions</u> and <u>(to) behave yourself</u>. Never lower the temperature of the air conditioner to below 25 degrees Celsius.

Grammar 등위 접속사 and : 동등한 '구'(to 부정사구)를 연결한다.

1 make sure to do(혹은 that 주어 + 동사) : ~을 확실히 하세요.

2 following[fɑ́louiŋ] ⓐ 다음의

   ◇ followed by A : A가 뒤따르는

   ◇ be as follows : 다음과 같다.

3 instruction[instrʌ́kʃən] ⓒ 지시사항, 사용설명

   ◇ instruct[instrʌ́kt] ⓥ ~을 지도하다. 지시하다.

   ◇ instructor[instrʌ́ktər] ⓒ 강사

   ◇ instructive[instrʌ́ktiv] ⓐ 교육적인, 유익한

4 behave oneself : 예의 바르게 행동하다.

   ◇ behave[bihéiv] ⓥ 행동하다.

   ◇ behavior[bihéivjər] ⓤ 행위 (= behaviour)

5 lower[lóuər] ⓥ (~을) 낮추다. (= drop) ⓐ 아래의 (ⓐ : upper)

   ◇ lower case[lóuər kéis] ⓤ 소문자 (비교 : capital letters 대문자)

6 temperature[témp-ərətʃuəːr] ⓝ 온도, 체온

   ◇ take one's temperature : ~의 체온을 재다.

   ◇ have a temperature(fever) : (몸에) 열이 있다.

   ◇ at room temperature : 상온으로

7 air conditioner ⓒ 에어컨

8 below[bilóu] prep ~의 아래에 (ⓐ : above)

        * 다음의 지시사항을 꼭 읽고 예의 바르게 행동해 주세요. 에어컨 온도는 절대 25도 아래도 낮추지 마세요.

163

* By no means could the whole village erase the battle from their minds altogether for generations, for thousands of soldiers were dead or wounded.

Grammar 등위 접속사 **for** : 문두에 쓸 수 없고 항상 **이유**를 나타낸다.

부정어 도치 : '부정어구 + 조동사 + 주어'로 **어순을 변경**한다.

1 erase[iréis] ⓥ ~을 지우다. (= remove)

  ◇ eraser[iréisər] ⓒ 지우개

2 by no means : 결코 ~ 않다. (= on no account)

  ◇ means[miːnz] ⓒ 수단, 재산

  ◇ by all means! : (구어체) 물론이죠!

  ◇ beyond(within) one's means : 수입으로 감당할 수 없는(있는)

  ◇ a means to an end : 목적을 위한 수단

3 the whole village ⓟ 마을 사람 전체

  ◇ village[vilidʒ] ⓒ 마을

4 whole[houl] ⓐ 전체의, 전부의

  ◇ the whole of ~ : ~의 전부

  ◇ as a whole : 전체적으로

  ◇ on the whole : 전반 적으로

5 battle[bǽtl] ⓝ 전투 (= combat)

6 altogether[ɔ̀ːltəgéðər] ⓐⓓ 완전히 (= completely), 전체적으로 (= all in all)

  ◇ not ~ altogether : 전적으로 ~ 않은

7 generation[dʒènəréiʃən] ⓒ 세대, 생성

  ◇ from generation to generation : 대대손손

  ◇ generate[dʒénərèit] ⓥ ~을 일으키다. (전기) 생성하다.

8 dead[ded] ⓐ 죽은

  ◇ come to a dead stop : 완전히 멈추다.

  ◇ over my dead body : 절대로 안 된다.

9 wounded[wúːndid] ⓟ 부상 입은 (= injured)

  ◇ wound[wúːnd] − wounded − wounded ⓥ ~을 다치게 하다.

  ◇ wind[waind] − wound[waund] − wound ⓥ ~을 감다. ~을 말다.

* 수천 명의 병사가 죽거나 부상당했기 때문에 그 마을 주민 모두 그 전투를 몇 세대가
지나도록 뇌리에서 완전히 지울 수 없었다.

183

164

> * "May I give you a hand?" "Thanks! Arrange the books on the shelves and I will give you some novels." "Would you mind if I choose them?" "Of course not."

Grammar 명령문 + and ～ : ～해라 그러면 ～ 할 것이다.

　　　　May I ～ : ～ 할까요? (요청/허락/허가)

1　give A a hand : A를 도와주다.
　　◇ hand[hænd] ⓒ 손 ⓥ ～을 ～에게 건네다.
　　◇ hand A down to B : (전통, 기술 등) A를 B에게 전해주다.

2　arrange[əréindʒ] ⓥ ～을 정리(배열)하다. ～을 준비하다. 편곡하다.
　　◇ arrangement[əréindʒmənt] ⓒ 준비, 방식, 합의 (= agreement), 편곡

3　on the shelf : 선반에
　　◇ shelf[ʃelf] ⓒ 선반 (ⓟ : shelves)
　　◇ shelf life ⓒ 유통기한
　　◇ shelve[ʃelv] ⓥ ～을 보류하다.

4　novel[nάv-əl] ⓒ 소설 ⓐ 새로운
　　◇ novelty[nάv-əlti] ⓝ 참신함, 참신한 것

5　Would you mind if ～ ? : ～ 하면 안 될까요? (대답에 주의)

6　choose[tʃuːz] − chose[tʃouz] − chosen[tʃóuzn] ⓥ (～을) 선택하다. (= select)
　　◇ choice[tʃɔis] ⓒ 선택
　　◇ by choice : 스스로 택하여

7　of course not : 당연히 아니다. (요즘엔 sure도 쓰인다.)

* "좀 도와줄까?" "고마워! 선반에 책들을 정리해 주면 내가 너에게 소설책 몇 권을 줄게."
"제가 고르면 안 될까요?" "안 될 리가 있나."

165

• "Watch your tongue, or your fans and critics will speak ill of you." "Sorry! I've already cursed at some aggressive fans."

Grammar 명령문 + or : ~해라 그렇지 않으면

1 watch your tongue : 입(말)조심 해라.

   ◇ watch[wɑtʃ] ⓥ ~을 조심하다.

   ◇ tongue[tʌŋ] ⓒ 혀

   ◇ mother tongue ⓒ 모국어 (= native language)

2 fan[fæn] ⓒ 팬, 부채

3 critic[krítik] ⓒ 비평가

   ◇ criticism[krítisizəm] ⓝ 비평

4 speak ill of : ~에 대해 안 좋게 말하다.

   ◇ ill[il] ⓐⓓ 나쁘게 ⓐ 아픈, 나쁜

   ◇ speak well of : ~에 대해 좋게 말하다.

5 curse[kəːrs] ⓥ (~at) (~에게) 욕하다. (= swear) ⓥ ~을 저주하다.

6 aggressive[əgrésiv] ⓐ 공격적인, 적극적인

> • "입조심을 해라. 그렇지 않으면 팬과 비평가들이 너에 대해서 안 좋게 말할 거야."
> "미안! 이미 몇몇 극성팬들에게 욕을 해버렸어."

166

• "Both gold and silver were used for this luxurious necklace and yet it is cheap."

"Doesn't it have any flaws or defects?" "Absolutely not."

Grammar Both A and B 복수동사 : A와 B 둘 다 셀 수 없는 명사 일지라도 동사는 **항상 복수 동사**를 사용한다.

'**and yet**' 이나 '**yet**'은 '그러나(여전히)'의 의미를 가진다.

부정의문문에 대한 대답도 **긍정의문문의 대답과 같이** 아니면 no, 맞으면 yes이다.

1 Both A and B : A와 B 둘 다

　◇ both of ~ : ~ 둘 다. (뒤의 (대)명사에 따라 수가 결정된다.)

2 gold[gould] Ⓤ 금

　◇ like gold dust : 구하기 힘든 (하늘의 별 따기 같은)

　◇ golden[góuldən] ⓐ 금으로 만든 (명사 앞에서만 씀)

3 silver[sílvəːr] Ⓤ 은

　◇ silver bullet (for) Ⓒ (~에대한) 확실한 해결책

4 luxurious[lʌgʒúəriəs] ⓐ 고급스러운

　◇ luxury[lʌ́kʃəri] Ⓤ 고급스러움 Ⓒ 사치품

5 necklace[néklis] Ⓒ 목걸이

6 flaw[flɔː] Ⓒ 흠, 결함

　◇ flawless[flɔ́ːlis] ⓐ 무결점의 (= impeccable)

7 defect[diːfekt] Ⓒ 결함 Ⓥⁱ 망명하다.

　◇ defective[diféktiv] ⓐ 결함이 있는 (= faulty)

8 absolutely[æˈbsəlúːtli] ⓐd 완전히, 절대 (= definitely)

　◇ absolute[æˈbsəlùːt] ⓐ 절대적인 (= definite)

* "금과 은 둘 다 이 고급스러운 목걸이에 사용되었지만 이것은 쌉니다." "흠이나 결함이 있는 건 아니죠?" "절대 아닙니다."

167

* In a nutshell, Anne was out of shape, so her parents <u>insisted</u> that she (should) either **exercise** regularly <u>or</u> at least **eat** nutritious food.

Grammar either A or B : A와 B는 **병렬 구조**를 이뤄야 한다.

　　　　동사 **insist**가 '~을 강요하다'라는 의미를 지닌 경우 뒤에◇◇◇ '**that 주어 + (should) + do**' 형식이 온다. **should**는 **생략 가능**하다.

1 in a nutshell : 한마디로 말하면

    ◇ nut[nʌt] ⓒ 견과, 너트

2 out of shape : 건강이 나쁜, 형태가 일그러진

    ◇ in (good) shape : 건강 상태가 좋은

    ◇ take shape ⓥ 형태를 갖추다.

    ◇ shape[ʃeip] ⓝ 형태 ⓥ ～을 형성하다.

3 insist[insíst] ⓥ ～ 할 것을 강요하다. (사실) ～을 주장하다.

    ◇ insist on ~ing : ～을 강요하다. 주장하다.

    ◇ insistence[insístəns] ⓤ 주장, 고집

4 either[íːðər] A or B : A이거나 B

5 exercise[éksərsàiz] ⓥ 운동하다. ⓤ 운동

    ◇ do exercise : 운동하다.

    ◇ exercise one's right : ～의 권리를 행사하다.

6 regularly[régjulərli] ⓐⓓ 규칙적으로

    ◇ regular[régjələːr] ⓐ 규칙적인

7 at least : 적어도

    ◇ least[liːst] ⓐ/ⓐⓓ 최소의

8 nutritious[njutríʃəs] ⓐ 영양가 있는

    ◇ nutrition[njuːtríʃ-ən] ⓤ 영양

    ◇ nutrient[njúːtriənt] ⓒ 영양소

* 한마디로, 앤은 건강이 좋지 않았어. 그래서 그녀의 부모님은 그녀가 규칙적으로 운동하든지 아니면 적어도 영양이 풍부한 음식을 먹어야 한다고 강하게 얘기하셨어.

168

* "Mr. Armstrong is <u>neither knowledgeable nor wealthy</u>. He is just a talkative old man." "I suppose you've gone too far."

Grammar **neither A nor B** : A와 B는 **병렬 구조를 이뤄야 한다.**

1 neither A nor B : A도 B도 아닌

2 knowledgeable[nάlidʒəbəl] ⓐ 지식이 많은

　　◇ knowledge[nάlidʒ] ⓤ 지식

　　◇ not to my knowledge : 내가 아는 바론 아니다.

3 wealthy[wélθi] ⓐ 부유한

　　◇ wealth[welθ] ⓤ 부

4 talkative[tɔ́ːkətiv] ⓐ 말이 많은, 수다스러운

5 suppose[səpóuz] ⓥ ~라고 생각하다.

　　◇ suppose/supposing (that) ~ : ~라고 가정한다면

　　◇ be supposed to do : ~하기로 되어 있다.

6 go too far : 도가 지나치다.

　　◇ be gone : 사라지다.

• "암스트롱 씨는 지식도 없고 부유하지도 않아. 그는 단지 수다스러운 노인이야." "도가 지나친 것 같은데요."

169

• "Annie is not only well-educated but also humorous." "I can't agree more with you." "Besides that, she has various superb traits."

Grammar **not only A but (also) B (= B as well as A)** : A뿐만 아니라 B도

1 not only A but also B : A 뿐만 아니라 B도 (= B as well as A)

2 well-educated ⓐ 많이 배운, 교양 있는

　　◇ educated[édʒukèitid] ⓐ 교육받은

　　◇ an educated guess ⓒ 근거 있는 추측

　　◇ educate[édʒukèit] ⓥ ~을 교육하다.

　　◇ education[èdʒukéiʃən] ⓤ 교육

　　◇ educational[èdʒukéiʃənl] ⓐ 교육상의, 교육의

3 humorous[hjúːmərəs] ⓐ 유머 감각이 있는

◇ humor[hjúːmər] ⓤ 유머, 익살

4 can't agree more with A : A의 말에 전적으로 동의합니다.

  ◇ agree with sb/sth : ∼에 동의하다.

  ◇ agreeable[əgríːəbəl] ⓐ 즐거운, 수긍하는

  ◇ agreement[əgríːmənt] ⓒ 합의, 협정

  ◇ disagree[disəgríː] with ∼ : ∼에 반대하다.

5 besides[bisáidz] prep ∼뿐 아니라 ad 게다가 (= in addition)

  ◇ beside[bisáid] prep ∼ 곁에 (= by)

  ◇ beside oneself : 제정신이 아닌

6 various[vέəriəs] ⓐ 다양한 (= diverse)

  ◇ variety[vəráiəti] ⓒ 다양성

  ◇ a variety of : 다양한

7 superb[suːpɔ́ːrb] ⓐ 훌륭한 (= splendid)

8 trait[treit] ⓒ (성격상) 특성 (= characteristic)

> *"Annie는 많이 배웠을 뿐 아니라 유머감각도 있어." "그 말에 전적으로 동의해."
> "그뿐 아니라, 그녀는 훌륭한 특성을 다양하게 지니고 있어."

170

> * The astronaut, as well as all the staff members, has worked hard for the exploration to Mars. They have achieved a lot of technological progress.

Grammar **B** as well as A : **동사는 B에 일치시킨다.**

1 astronaut[ǽstrənɔ̀ːt] ⓒ 우주 비행사

  ◇ astronomy[əstránəmi] ⓤ 천문학

  ◇ astrology[əstrálədʒi] ⓤ 점성술

2 B as well as A : A뿐 아니라 B도

3 staff[stæf] ⓝ (집합명사) 직원

◇ a staff member : 직원 한 명

4 exploration[èkspləréiʃən] n 탐험

　◇ explore[ikspló:r] v ∼을 탐험하다. ∼을 탐구하다.

5 Mars[mɑ:rz] U 화성

6 achieve[ətʃí:v] v (∼을) 성취하다. (= accomplish)

　◇ achievement[ətʃí:vmənt] n 성과, 업적 (= accomplishment)

7 technological[tèknəládʒikəl] a 기술적인

　◇ technology[teknálədʒi] n 기술

8 progress[prάɡrəs] U 진전, 발전 v 진행되다.

　◇ in progress : 진행 중인

　◇ progressive[prəɡrésiv] a 진보적인

---

* 모든 직원들과 더불어 그 우주 비행사는 화성 탐사를 위해 열심히 일해 오고 있습니다.
그들은 기술면에서 많은 진전을 이루었습니다.

unit 09 접속사Ⅱ(명사절을 이끄는 종속 접속사)

- 종속 접속사 : **주절과 종속절을 연결한다.**

- 종속절의 종류 : **명사절, 부사절, 형용사절**(관계사절)이 있다.

- **명사절** : 주어, 목적어, 보어, 동격 절 역할을 한다.

a **that** : 주절과 **평서문**을 연결하는 **접속사 역할**

    i that 절이 주어 역할

    예시 He accepted the job + ~ is true.

       › <u>That he accepted the job</u> is true.

       (= It is true that he accepted the job.)

    ii that 절이 **목적어** 역할 (that 생략가능)

    예시 I know + Tom is tough.

       › I know <u>(that) Tom is tough.</u>

    iii that 절이 **보어** 역할

    예시 The truth is + He has nothing to do with this.

       › The truth is <u>that he has nothing to do with this.</u>

    iv **동격** 절에서는 앞의 명사와 동등한 의미를 가진 절을 연결하는 접속사 역할

    예시 I believe <u>the rumor</u> <u>that Tom broke up with her.</u> (**that 생략 불가**)

b **if/whether** : 주절과 의문사가 없는 의문문을 연결하는 **접속사 역할**

    i I wonder + Will he apply to the college?

    › I wonder <u>if/whether he will apply to the college (or not).</u>

    ii **or not**이 바로 뒤에 오거나 **명사절이 주어 역할** 할 경우엔 **whether**만 사용.

    예시 <u>Whether she will be promoted</u> is uncertain. (if 사용 불가)

       (= It is uncertain <u>if/whether she will be promoted.</u>)

    예시 I'm not sure <u>whether or not the smart phone is useful for teenagers.</u> (if 사용불가)

c **의문사** : 주절과 **의문사**가 있는 의문문을 연결하는 **접속사 역할**

◎ 간접의문문 : 명사절의 일종으로 어순은 주로 '**의문사 + 주어 + 동사**'로 문장에서 주어, 목적어, 보어 역할을 한다.

i **의문 대명사** : who/what/which는 문장에서 **주어/목적어/보어** 역할을 할 수 있다.

예시 I know + Who tore my book? (**who가 주어 역할**)

> I know who tore my book. (**어순의 변화 없음**)

예시 I know + Who did he tease? (**who가 목적어 역할**)

> I know who he teased. (어순이 변함)

예시 I am not sure + What does this insurance cover?

> I am not sure what this insurance covers?

ii **의문 부사**: where, when, how, why는 간접 의문문에서 **항상 '의문사 + 주어 + 동사**' 어순을 취한다.

예시 Do you know + Where did they hide the treasure?

> Do you know where they hid the treasure?

iii think, guess, suppose, say, believe가 본동사인 경우 **종속절의 의문사가 문두에** 위치한다.

예시 Do you guess + who tore my book?

> Who do you think tore my book?

예시 Do you think + where did they hide the treasure?

> Where do you guess they hid the treasure?

171

> * "That knocking on wood brings good luck **is** a widespread superstition." "I did that before I posted my résumé this morning."
>
> (= It is a widespread superstition that knocking on wood brings good luck.)

Grammar that 절이 주어 역할을 하는 명사절로 **가주어 it**을 문두에 둘 수도 있다.

명사절이 주어인 경우 동사는 항상 단수 동사를 사용한다.

1 knock[nɑk] (on) Ⓥ ~을 두드리다. Ⓥ ~을 때리다.

2 wood[wud] Ⓤ 목재

    ◇ woods Ⓟ 숲

    ◇ wooden[wúdn] ⓐ 나무로 만든 (명사 앞에서만 사용)

3 knock on wood : (구어표현) 행운을 빌다.

4 bring luck : 행운을 가져오다.

    ◇ luckily[lʌ́kili] ⓐⓓ 운 좋게도 (= fortunately)

5 widespread[wáidspréd] ⓐ 널리 퍼진, 광범위한

    ◇ spread[spred] − spread − spread Ⓥ ~을 확산 시키다. 확산되다. Ⓝ 확산

6 superstition[sùːpərstíʃən] Ⓒ 미신

    ◇ superstitious[sùːpərstíʃəs] ⓐ 미신을 믿는

7 post[poust] Ⓥ ~을 게시하다. ~을 우편으로 보내다. Ⓝ 기둥, 직책, 우편

    ◇ keep A posted (on~) : (~에 대해) A에게 계속 알려주다.

8 résumé[rèzumé] Ⓒ 이력서 (= CV), 개요

    ◇ resume[rizúːm] Ⓥ (~을) 다시 시작하다.

---

* "나무를 두드리는 일이 좋은 행운을 가져온다는 것은 널리 퍼져있는 미신이에요."
            "오늘 아침에 이력서를 우편으로 부치기 전에 그걸 했어요."

172

• "I think (that) the third applicant is suited for the job. He seems ambitious."

"Well, I feel (that) he isn't logical and trustworthy."

Grammar that 절이 문장의 **목적어 역할**을 하며 이때는 **that 생략 가능**하다.

1　the third ⓐ 세 번째

　　◇ a third : 3분의 1

2　applicant[ǽplikənt] ⓒ 지원자

　　◇ apply[əplái] (to/for) : ∼에 지원하다. ∼에 적용하다.

　　◇ application[æpləkéiʃən] ⓝ 지원, 적용

3　be suited for(to) : ∼에 적합하다.

4　ambitious[æmbíʃəs] ⓐ 야심에 찬

　　◇ ambition[æmbíʃən] ⓝ 야심, 열망

5　well[wel] : (감탄사) 글쎄

6　logical[lɑ́dʒikəl] ⓐ 논리적인 (⑪ : illogical)

　　◇ logic[lɑ́dʒik] ⓤ 논리

7　trustworthy[trʌ́stwəːrði] ⓐ 믿을 만한

　　◇ trust[trʌst] ⓥ (∼를) 신뢰하다. ⓝ 신뢰

• "내 생각엔 세 번째 참가자가 이 일에 적합한 것 같아. 그는 야심차 보여."
"글쎄, 나는 그가 논리적이지도 정직하지도 않다고 느끼는걸."

173

• "This is Allan speaking. May I speak to Shirley?" "I am afraid (that) you've got the wrong number." "Oh, Shirley. Don't be so cruel to me." "No mercy. Never contact me again."

Grammar be 형용사 + that 절 : that 절이 **목적어 역할**을 한다.

1　this is ~ speaking : (전화상) ~입니다.

2　May I ~ : (요청/허락) ~ 할 수 있을까요?

3　I am afraid ~ : 유감스럽지만~

4　have(= have got) the wrong number : 전화 잘 못 걸다.

　　◇ wrong[rɔːŋ,] ⓐ 틀린

　　◇ number[nʌ́mbər] ⓒ 번호, 숫자

5　cruel[krúːəl] ⓐ 잔인한 (= mean)

　　◇ cruelty[krúːəlti] ⓝ 잔인한 행동

6　mercy[mə́ːrsi] ⓝ 자비

　　◇ have mercy on ~ : ~에게 자비를 베풀다.

　　◇ without mercy : 무자비하게

　　◇ merciless[mə́ːrsilis] ⓐ 무자비한

7　contact[kántæk] ⓥ ~에게 연락하다. ⓝ 연락, 접촉

　　◇ have good contacts with : ~와 좋은 관계를 맺고 있다.

　　◇ contact lens ⓒ 콘택트렌즈

• "저는 앨런이라고 합니다. 혹시 설리랑 통화할 수 있나요?" "죄송한데요. 전화를 잘 못 거셨어요."
"오, 설리. 나에게 너무 잔인하게 굴지 말아줘." "자비란 없어. 다신 연락하지 마."

174

• "The conclusion is that nobody is guilty." "Still, nobody is innocent, either."
"Once again, we are in a dilemma."

Grammar be 동사 뒤 that 절이 **보어 역할**하고 있다.

either는 **부정문**에서 '**~도**'의 의미로 쓰인다. **긍정문**에서는 **too**가 쓰임

1　conclusion[kənklúːʒən] ⓒ 결론

◇ conclude[kənklúːd] Ⓥ (~을) 결론짓다.

2 nobody[nóubὰdi] pron 아무도 ~ 아닌

3 guilty[gílti] ⓐ 유죄인, 양심의 가책을 느끼는

　　◇ plead guilt : 유죄를 인정하다.

　　◇ guilt[gilt] Ⓤ 유죄

　　◇ a sense of guilt : 죄책감

4 still[stil] ad 그러나

5 innocent[ínəsnt] ⓐ 무죄인, 순진한

　　◇ plead innocent : 무죄를 주장하다. (= plead not guilty)

6 either[íːðər] ad (부정문에서) ~도 (아닌) (긍정문에서는 'too'를 사용한다.)

7 once again : 또다시

8 in a dilemma : 딜레마에 빠진

　　◇ dilemma[dilémə] Ⓒ 딜레마, 진퇴양난

* "결론은 아무도 죄가 없다는 것입니다." "그렇다 쳐도 무죄인 사람도 없습니다." "또다시 딜레마에 빠졌군."

175

* Our class president asked us <u>if we would go on a field trip to the habitats of wild animals or not.</u> As expected, no one was eager to go there.

Grammar if/whether ~ or not 절(~인지 아닌지)이 **명사절로 목적어 역할**을 하고 있으며, **if 절이 명사절로 쓰이면 미래시제의 경우 'will'을 사용**할 수 있다.

1 class president : 반장

　　◇ president[prézidənt] Ⓒ 사장, 대통령

2 if ~ (or not) con (명사절) ~인지 아닌지 (= whether ~ or not)

3 go on a field trip to : ~에 견학 가다.

　　◇ field[fiːld] Ⓒ 들판, 분야

　　◇ trip[trip] Ⓒ 여행

4 habitat[hǽbətæ̀t] ⓒ 서식지

5 wild animal ⓒ 야생동물

   ◇ wild guess ⓒ 대강하는 추측

6 as expected : 예상대로

   ◇ expect[ikspékt] ⓥ (~을) 예상하다. (= anticipate)

7 eager[íːgər] ⓐ 열망하는

   ◇ eagerly ⓐⓓ 열렬히/8

   ◇ be eager to do : ~을 열망하다. (= be eager for ~)

* 반장은 우리가 야생동물 서식지로 견학을 갈 것인지를 물어봤어요. 예상대로, 아무도 그것을 바라는 사람은 없었어요.

176

* "In brief, whether or not we will stop by our aunt's house depends on your decision." "Brilliant! I miss her authentic Indian cuisine."

  (= It depends on your decision whether/if we will stop by our aunt's house.)

Grammar whether ~ (or not)(~인지 아닌지)절이 명사절로 **주어 역할**을 하고 있다. 명사절이 주어로 쓰이는 경우 **if는** 접속사로 **쓸 수 없다.**

가주어 **it**을 문두에 사용할 수도 있다. 이러한 경우엔 비록 명사절이 주어 역할을 하지만 **if를** 접속사로 **사용**할 수 있다.

1 in brief : 간단히 말해 (= in short, briefly)

   ◇ brief[briːf] ⓐ 간략한, 짧은 시간의 ⓥ 에게 간략하게 보고하다.

2 whether[hwéðəːr] (or not) : ~인지 아닌지

3 stop by 장소 : ~에 들르다. (= drop by, drop in)

   ◇ drop in on 사람 : ~에게 들르다.

4 depend[dipénd] on : ~에 달려 있다. ~에 의존하다. (= rely on, be dependent on)

   ◇ be independent[ìndipéndənt] of : ~로부터 독립하다.

5 decision[disíʒən] ⓒ 결정

◇ make a decision : 결정을 내리다.

◇ decide[disáid] Ⓥ ~을 결정하다.

6 brilliant[bríljənt] ⓐ 탁월한 (구어체) 아주 좋아!

◇ brilliance[bríljəns] Ⓤ 탁월함

7 miss[mis] Ⓥ ~을 놓치다. ~을 그리워하다.

8 authentic[ɔːθéntik] ⓐ 진품의, 정통의 (= genuine)

◇ authenticate[ɔːθéntəkèit] Ⓥ ~을 인증하다.

◇ authentication[ɔːθèntikéiʃən] Ⓤ 인증

9 cuisine[kwizíːn] Ⓝ 요리(법)

* "간단히 말해서, 우리가 이모 집에 들를 것인지 아닌지는 너의 결정에 달려있어."
  "좋아! 난 그녀의 진짜 인도 요리가 그리워!"

177

* "I have no idea who fed the poison to my kitten. I am so scared."

  "Oh, dear! I was curious as to who swallowed the rat poison behind my desk."

Grammar 일반적인 간접의문문(명사절)의 순서는 '의문사 + 주어 + 동사'이지만 'who', 'what', which는 의문사이면서 **주어 역할**을 하는 때도 있다. 그때는 직접 의문문과 같은 'who/what/which + 동사~'의 순서이다.

1 have no idea ~ : ~을 모르겠다.

◇ idea[aidíːə] Ⓒ 생각, 아이디어

◇ ideal[aidíːəl] ⓐ 이상적인

2 feed A to B Ⓥ B에게 A를 먹이다.

◇ feed[fiːd] − fed[fed] − fed Ⓥ 먹이를 먹다. 먹이를 주다.

◇ feed on : ~을 먹고 살다.

3 poison[pɔ́izn] Ⓤ 독약

◇ poisonous[pɔ́izənəs] ⓐ 유독한

4 kitten[kítn] ⓒ 고양이 새끼

5 scared[skɛərd] ⓐ 두려운

　　◇ scare[skɛər] ⓥ ~을 두렵게 하다.

6 Oh dear! (감탄사) 이런, 세상에

　　◇ dear[diər] ⓐ 친애하는, 소중한

7 be curious as to : ~에 대해 궁금해하다.

　　◇ curious[kjúəriəs] ⓐ 호기심 있는 (~ about)

　　◇ curiosity[kjùəriásəti] ⓤ 호기심

　　◇ as to : ~에 대해 (= about)

8 swallow[swálou] ⓥ (~을) 삼키다. ⓒ 제비

9 rat poison ⓝ 쥐약

　　◇ rat[ræt] ⓒ 쥐 (비교 : mouse 생쥐 → ⓟ : mice)

　　◇ rat race : 경쟁 사회

* "누가 내 새끼고양이에게 독약을 먹였는지 정말 모르겠어요. 진짜 무서워요."
"오, 이런. 누가 내 책상 뒤에 있는 쥐약을 삼켰는지 궁금했었는데."

178

* "Everyone wonders why they canceled the occasion." "I assume that they are undergoing financial difficulties." "For all that, this will adversely affect their reputation."

Grammar '의문사(why) + 주어 + 동사' 순서의 간접의문문이 목적어 역할을 함.

　　everyone + 단수 동사 : **every**는 뒤에 항상 **단수명사**, 단수동사가 온다.

　　assume 뒤의 **that** 절은 **명사절로 목적어 역할**을 하고 있다.

1 wonder 의문사 ⓥ ~에 대해 궁금해하다. ⓥ ~at : ~에 대해 놀라다.

　　◇ wonder[wʌ́ndə(r)] ⓝ 경이, 놀라운 일

　　◇ wander[wándər] ⓥ 돌아다니다. 방황하다.

2 cancel[kǽnsl] ⓥ ~을 취소하다. (= call off)

　　◇ cancellation[kæ̀nsəléiʃən] ⓝ 취소

3 occasion[əkéiʒn] ⓒ 특정한 행사, 때

　　◇ on occasion : 가끔 (= occasionally)

4 assume[əsjúːm] ⓥ ~라고 생각하다. (일, 책임)을 떠맡다.

　　◇ assumption[əsʌ́mpʃən] ⓒ 가정

5 undergo[ʌ̀ndərgóu] ⓥ (안 좋은 일을) 겪다. (= go through)

6 financial difficulties ⓟ 재정난

　　◇ financial[finǽnʃəl] ⓐ 재정적인

　　◇ finance[finǽns] ⓝ 재정, 금융 ⓥ ~에 자금을 지원하다.

　　◇ difficulty[dífikʌ̀lti] ⓒ 어려움

7 for all that : 그럼에도 불구하고 (= all the same)

8 adversely ⓐⓓ 부정적으로

　　◇ adversity[ædvə́ːrsəti] ⓝ 역경

9 affect[əfékt] ⓥ ~에 영향을 미치다. (= influence, have effect on)

10 reputation[rèpjətéiʃ-ən] ⓒ 명성, 평판

* "모두가 왜 그들이 행사를 취소했는지 궁금해해요." "저는 그들이 재정적인 어려움을 겪고 있다고 추측하고 있어요."
"그럼에도 이번 일은 그들의 명성에 부정적으로 작용할 거예요."

179

* "How nervous do you guess I was before the exclusive interview with the author?" "Oh, my! I can't imagine it." "I trembled and broke out in a cold sweat."

Grammar **think**, **guess**, **suppose**, **say**, **believe**의 경우 간접의문문의 **의문사가 문두로** 나가서 '**의문사** + do you think + 주어 + 동사'의 순서가 된다.

1 nervous[nɜːrvəs] ⓐ 긴장한

　　◇ nerve[nɜːrv] ⓒ 신경 ⓤ 용기

◇ have the nerve to do : ∼할 배짱이 있다.

◇ get on one's nerves : 신경을 건드리다. 짜증 나게 하다.

2 before[bɪfɔ:(r)] prep ∼ 전에

3 interview[ɪntərvju:] ⓒ 인터뷰

◇ interview A ⓥ A를 인터뷰하다.

◇ interview with A ⓥ A에서 면접을 보다.

4 author[ɔ:θə(r)] ⓒ 작가

5 I can't imagine ∼ : ∼은 상상하기도 힘들다.

◇ imagine[imædʒin] ⓥ (∼을) 상상하다.

◇ beyond imagination : 상상을 초월하는

◇ imaginary[imædʒənèri] ⓐ 상상의

◇ imaginative[imædʒənətiv] ⓐ 상상력이 풍부한

6 tremble[trémb-əl] ⓥ 떨리다.

7 break out in a (cold) sweat : (식은) 땀을 흘리다.

◇ break out : ∼이 발생하다.

◇ cold sweat ⓒ 식은땀

◇ sweat[swet] ⓤ 땀 ⓥ 땀을 흘리다.

• "너는 내가 그 작가와 독점 인터뷰하기 전에 얼마나 긴장했을 거라고 생각해?" "오, 이런! 상상할 수도 없다."
"몸이 떨리고 식은땀이 나더군."

180

• "What do you suppose made the fairy decorate the garden?" "Come on! why don't you think that insane creature played make-believe as a housewife alone."

Grammar **think**, **guess**, **suppose**, **say**, **believe**의 경우 간접의문문의 **의문사**가 문두로 나가서 '**의문사** + do you think + 주어 + 동사'의 순서가 된다.

1 suppose[səpóuz] ⓥ ∼ 라고 생각하다. ∼을 가정하다.

◇ be supposed to do : ~ 하기로 되어 있다.

2 fairy[feri] ⓒ 요정

 ◇ fairy tale ⓒ 동화

3 decorate[dékəreit] ⓥ (~을) 꾸미다. 장식하다.

 ◇ decoration[dèkəreiʃn] ⓝ 장식

4 garden[gɑ́ːrdn] ⓒ 정원 ⓥ 정원을 꾸미다.

 ◇ gardener[gɑ́ːrdnər] ⓒ 정원사

5 come on (감탄사) 참나! 어서!

6 insane[inséin] ⓐ 제정신이 아닌 (= mad)

 ◇ sane[sein] ⓐ 제정신인

7 creature[kríːtʃər] ⓒ 생명체

 ◇ creator[kriːéitər] ⓒ 창조자

8 play make-believe (as) : ~ 하는 가상 놀이하다.

 ◇ make-believe[méikbiliːv] ⓤ 공상, 가상

9 housewife[háuswàif] ⓒ 가정주부 (= homemaker)

• "무엇 때문에 그 요정이 정원을 꾸몄다고 생각하니?"
"참나. 저 제정신이 아닌 생명체가 혼자서 가정주부 놀이했다고는 왜 생각하질 못하지?"

unit 10 접속사Ⅲ(부사절을 이끄는 종속 접속사)

• **부사절** : **시간, 이유, 양보, 조건, 양태**의 의미를 가진 접속사가 절과 절을 연결한다.

a **시간** : when, as, since, while, before, after, until 등

   예시 When I was in the hallway, I saw something moving in the dark.

b **이유** : because, as, since 등

   예시 My father quit smoking because it was bad for his health.

c **양보** : though, even though, although, even if (원인과 결과가 다른 경우)

   예시 Tom, although he knew her intention, pretended not to know it.

d **조건** : if, unless, in case 등

   예시 If you can't pay your debts off, you should declare bankruptcy.

e **양태** : as, as if, as though (모양과 상태를 나타냄)

   예시 You can't control people as you wish.

f **결과, 목적**

   ◎ **that** 절이 결과와 목적의 **부사절**이다.

   i so 형용사/부사 that ~, such 형용사 (a/an) 명사 that ~

   예시 Andrew was so shy that he couldn't ask her out.

   ii so that ~ will/can/may ~, in order that ~ will/can/may

   예시 The farmer bought some fertilizer so that he could fertilize the soil.

• 접속사 **when, if, whether**는 **명사, 형용사, 부사절**에 쓰인다.

   ◎ **시간과 조건의 부사절**에서는 **현재시제가 미래시제를 대신**한다. 즉, will/be going to를 사용하면 안 된다.

a when : 명사, 형용사, 부사절

예시 No one knows when the bomb will explode. (명사절)

No one knows the exact time when the bomb will explode. (형용사절)

No one knows what will happen when the bomb explodes. (부사절)

b if, whether : 명사, 부사절

예시 I am not sure if she can break the bad habit. (명사절)

I will allow her to watch TV if she breaks her bad habit. (부사절)

Whether it benefits me or not, I will do it just for you. (부사절)

c 부사절은 위치가 자유롭다.

예시 Tom, if he recovers from cancer, will travel around the world.

181

> * "It is said that if you make a wish upon a shooting star, it will come true." "If it is true of lotteries, let's buy lottery tickets and wait for one, strategically."

Grammar **if절**은 <u>조건의 부사절로 현재시제가 미래시제를 대신한다.</u>

<u>명사절이 목적어인 수동태</u> : it은 가주어고 that 절이 진주어다.

1 It is said that ~ : ∼라고 한다.

2 if ⓒon (부사절) 만약 ∼라면

3 make a wish upon : ∼에게 소원을 빌다.

　　◇ wish[wiʃ] ⓒ 소원 ⓥ 소원을 빌다.

4 shooting star ⓒ 별똥별 (= meteor)

　　◇ shoot[ʃuːt] − shot[ʃɑt] − shot ⓥ (∼을) 쏘다.

5 ~ come true : ∼이 이루어지다.

6 be true of : ∼에도 해당이 되다.

　　◇ be true to : ∼에 충실하다. (= be faithful to)

　　◇ truly[trúːli] ⓐd 진심으로

7 lottery[lɑ́təri] ⓒ 복권

　　◇ lottery ticket ⓒ 복권

8 wait for A : A를 기다리다. (= await)

　　◇ wait for A to do : A가 ∼하기를 기다리다.

9 strategically[strətíːdʒikəli] ⓐd 전략적으로

　　◇ strategic[strətíːdʒik] ⓐ 전략적인

　　◇ strategy[strǽtədʒi] ⓒ 전략

　　◇ strategic withdrawal ⓒ 전략상 후퇴

* "별똥별에게 소원을 빌면 이루어진다고들 하지."
"그게 복권에도 들어맞는다면 복권을 사서 전략적으로 별똥별 하나를 기다려보자."

182

• "Unless you write your address on the envelope, a mail carrier can't deliver your letter." "Do you happen to know where God lives?" "God knows!"

Grammar unless 조건의 부사절 : if ~ not과 같은 의미를 가진다.

'의문사 + 주어 + 동사' 간접 의문문으로 **목적어 역할** 하는 **명사절**이다.

1 unless[ənles] : 만약 ∼ 하지 않다면 (= if ~ not)

2 address[ǽdres] ⓒ 주소 ⓥ ∼에게 연설하다.

◇ address an issue : 문제를 다루다. (= take care of an issue)

3 on the envelope : 봉투에

◇ envelope[énvəlòup] ⓒ 봉투 ⓥ ∼을 둘러싸다.

4 mail carrier ⓒ 우편배달부

◇ mail[meil] Ⓤ 우편 ⓥ ∼을 우편으로 보내다. (= post)

5 deliver[dilívər] ⓥ ∼을 배달하다. ∼을 출산하다.

◇ delivery[dilívəri] ⓝ 배달, 출산

6 god[gɑd] ⓝ 신

◇ goddess[gɑ́dis] ⓝ 여신

◇ heaven[hévən] Ⓤ 천국 (반 : hell 지옥)

7 happen to do : 우연히 ∼ 하다.

8 God knows : 나도 몰라 (= Who knows, Beat me)

• "네가 봉투에 주소를 적지 않으면 우편배달부는 네 편지를 배달할 수 없단다." "혹시 신이 어디 사는지 아세요?" "몰라!"

183

• "Always carry this phone number in case you lose your passport."

"Alright, I will keep it in my vest pocket all the time."

Grammar in case 부사절은 if와 달리 '～의 경우에 대비하여'의 의미를 갖는다.

1 carry[kǽri] Ⓥ ～을 지니고 다니다.

   ◇ carry out : ～을 수행하다.

2 phone number : 전화번호

3 in case Ⓒⓞⓝ ～의 경우에 대비하여

   ◇ in case of Ⓟⓡⓔⓟ ～의 경우에

   ◇ just in case Ⓐⓓ 혹시 모르니깐

4 lose[luːz] − lost − lost Ⓥ ～을 잃다.

   ◇ lost[lɔːst] Ⓐ 길을 잃은

5 passport[pǽspɔːrt] Ⓒ 여권

6 alright[ɔːlráit] (감탄사) 좋아, 그래요 (= all right)

7 vest pocket Ⓒ 조끼 주머니

   ◇ vest[vest] Ⓒ 조끼 Ⓥ (권한을) 주다.

   ◇ pocket[pάkit] Ⓒ 주머니

   ◇ pocket money Ⓤ 용돈 (= allowance)

8 all the time : 항상 (= always)

* "여권을 잃어버릴 경우에 대비해서 항상 이 전화번호를 가지고 다니세요." "알겠습니다. 항상 조끼 주머니에 보관할게요."

184

* "When I entered the kitchen, my mom was cooking mushrooms and spinach."
"Yuck, it doesn't sound delicious at all." "In terms of nutrition, they are good for
you."

Grammar when 시간의 부사절 : '～할 때'로 해석한다.

1 when[hwén] Ⓒⓞⓝ ～할 때

2 cook[kʊk] Ⓥ (～을) 요리하다.

◇ cook ⓒ 요리사

◇ cooker[kúkər] ⓒ 조리기구

3 mushroom[mʌʃrʊm] ⓒ 버섯

4 spinach[spínitʃ] ⓤ 시금치

5 Yuck[jʌk] (감탄사) 윽! (= yuk) (맛없음을 표시)

6 delicious[dilíʃəs] 맛있는 (= yummy)

7 in terms of : ~의 관점에서 보면

◇ term[təːrm] ⓝ 용어, 기간 ⓟⓛ 조건, 관계

8 nutrition[njuːtríʃ-ən] ⓤ 영양

◇ nutritious[njutríʃəs] ⓐ 영양가 있는

◇ nutrient[njúːtriənt] ⓒ 영양소

9 be good for : ~에 좋다.

◇ be good at : ~을 잘한다.

• "부엌에 들어갔을 때 엄마는 버섯과 시금치를 요리하고 계셨어." "윽, 전혀 맛있을 것 같진 않군."
"영양 면에서 보면 그것들은 너에게 좋아."

185

• The magnificent director, <u>while he was filming the classic science fiction movie</u>, took advantage of some cutting-edge special effects of the era.

Grammar when 시간의 부사절 : 부사절은 **위치가 자유로워서** 문두, 문미뿐만 아니라 문장 중간에도 삽입이 가능하다.

1 magnificent[mægnífəsnt] ⓐ (사람) 출중한, (경치) 장엄한

◇ magnify[mǽgnəfài] ⓥ (~을) 확대하다. 과장하다.

2 director[diréktər] ⓒ 영화감독, 중역

◇ direct[dirékt] ⓥ ~을 지시하다. 길을 가르쳐 주다.

3 take advantage of : ~을 이용하다. (= make use of)

◇ advantage[ədvǽntɪdʒ] ⓝ 유리한 점, 이점

4 while[waɪl] ⓒⓞⓝ ~하는 동안

5 classic film ⓒ 고전 반열에 오른 영화

　　◇ film[fɪlm] ⓥ 영화를 찍다. ⓒ 영화

6 science fiction : 공상과학 (= sci-fi)

　　◇ fiction[fɪkʃn] ⓝ 허구, 소설

7 cutting-edge ⓐ 최첨단의 (= state-of-the-art)

　　◇ edge[edʒ] ⓒ 가장자리, 우위, (칼)날

　　◇ double-edged sword ⓒ 양날의 검 (장·단점이 공존하는 것)

8 special effect ⓒ 특수효과

　　◇ effective[iféktiv] ⓐ 효과적인

　　◇ effect[ifékt] ⓝ 영향, 결과

9 era[íərə, érə] ⓒ 시대

　　◇ an era of ~ : ~의 시대

•그 훌륭한 영화감독은 그 고전 공상과학 영화를 찍는 동안 그 시대의 몇 가지 최첨단 특수효과를 사용했다.

186

•"Please lie on your stomach <u>until I tell you to roll over on your back.</u>" "Like this?" "Good! <u>Five minutes after I give you</u> an injection in you bottom, the drug will soothe your sore leg."

Grammar until 시간의 부사절 : '~시점까지 계속'의 의미를 지니고 있다. 그리고 until은 **전치사로도 쓰이기도 하기 때문에** 뒤에 **명사만 오는 경우도 있다.**

　　　　after 시간의 부사절 : **현재가 미래를 대신**한다.

1 lie on one's stomach(back, side) : 엎드려 눕다. (드러눕다, 옆으로 눕다.)

　　◇ stomach[stʌ́mək] ⓒ 배, 위

　　◇ stomachache[stʌ́məkeik] ⓒ 복통

2 until[əntɪl] con ~까지 (계속)

3 roll over : 돌아눕다.

  ◇ roll[roul] ⓥ 구르다. ⓒ 출석부

4 on one's back : 드러누운

  ◇ back[bæk] ⓝ 등, 뒤

  ◇ backache[bǽkèik] ⓒ 요통

5 give A an injection : 주사를 놓다.

  ◇ have an injection : 주사를 맞다.

  ◇ injection[indʒékʃən] ⓒ 주사

  ◇ inject[indʒékt] ⓥ ~을 주사하다. ~을 투입하다.

6 bottom[bάtəm] ⓒ 엉덩이 (= buttock), 밑 (⊞ : top)

7 drug[drʌg] ⓒ 약, 마약 ⓥ ~에게 약을 먹이다.

  ◇ drug abuse ⓤ 약물 남용 (= material abuse)

8 soothe[suːð] ⓥ (통증을) 완화시키다. ~을 진정시키다. (= comfort)

9 sore[sɔːr] ⓐ 아픈 (= aching)

  ◇ soar[sɔːr] ⓥ 치솟다. (= skyrocket)

• "제가 돌아누우라고 할 때까지 엎드려 있으세요." "이렇게요?"
"그렇죠. 제가 엉덩이 주사를 놓고 5분 뒤에 약이 당신의 아픈 다리의 통증을 완화 시켜 줄 겁니다."

187

• "I'd like to have my hair cut before I discuss the public campaign." "Sorry, we should review all the details now as we are pressed for time"

Grammar before는 **접속사, 전치사**로 쓰이며 뒤에 주어, 동사가 오면 접속사 역할을 하고 명사가 오면 전치사 역할을 한다.

  have A 동/원(pp) : 'A가 ~하도록(되도록) 시키다'로 have는 **사역동사**다.

  'as 주어 + 동사'는 부사절로 이유를 설명하고 있다.

1 would like to do : ～하고 싶다. (= want, would love to)

2 have one's hair cut : 머리를 자르다.

　　◇ cut in : 끼어들다.

　　◇ cut out for : ～에 적합하다.

3 discuss[diskʌ́s] ⓥ ～에 대해 토의하다.

　　◇ discussion[diskʌ́ʃən] ⓝ 토의, 상의

4 public[pʌ́blik] ⓐ 공공의

　　◇ the public ⓢ/ⓟ (집합) 대중, 일반인

　　◇ in public : 공개적으로

5 campaign[kæmpéin] ⓒ 캠페인, 운동, (군사) 작전

6 review[rivjú:] ⓥ (～을) (재)검토하다. 비평하다. 복습하다. ⓝ 검토, 비평, 복습

7 detail[dí:teil] ⓒ 세부사항 ⓥ ～을 상세히 말하다.

　　◇ in detail : 자세히

　　◇ detailed[dí:teild] ⓐ 자세한

8 be pressed for time(money) : 시간(돈)에 쫓기다.

　　◇ press[pres] ⓥ ～을 누르다. 강조하다.

　　◇ the press ⓝ 신문, 언론

• "공공 캠페인을 시작하기 전에 머리를 자르고 싶어요."
"미안. 시간에 쫓기고 있는 터라 지금 모든 구체적인 사항들을 다시 검토해봐야 해."

188

• "Once the baby starts crying, there is no stopping him." "Definitely! I also panicked once because of his loud crying voice."

Grammar once 시간의 부사절 : 의미는 **'일단 ～하면'**이다.

1 once 주어 + 동사 ⓒⓞⓝ 일단 ～ 하면

　　◇ once[wʌns] ⓐⓓ 한때, 한번

2 cry[krai] ⅵ 소리 내어 울다. 외치다.

3 there is no ~ ing : ～하는 것은 불가능하다.

4 definitely[défənitli] (감탄사) 맞다. ⓐd 확실히

   ◇ definite[défənit] ⓐ 확실한, 유한한

   ◇ define[difáin] ⅵ ～을 정의 내리다.

   ◇ definition[dèfəníʃən] ⓒ 정의, 한정

5 panic (과거 : panicked) ⅵ ～을 공황상태에 빠지게 하다. (= get in a panic)

   ◇ panic[pǽnik] ⓒ 공황상태

6 because of + 명사 : ～ 때문에 (= on account of)

7 voice[vɔis] ⓝ 목소리 ⅵ ～을 표명하다.

   ◇ vocation[voukéiʃən] ⓒ 천직

   ◇ have a voice : 발언권을 갖다.

• "그 아기가 일단 울기 시작하면 그치게 할 방법이 없어요."
"맞아! 나도 그 애가 우는 목소리가 너무 커서 어쩔 줄 몰랐던 적이 한번 있어요."

189

• As soon as she set a record, she committed herself to breaking her own record.

(= No sooner had she set a record than she committed herself to breaking her own record.)

(= Hardly had she set a record when she committed herself to breaking her own record.)

Grammar as soon as가 접속사인 시간의 부사절

    No sooner ~ than ~/Hardly(scarcely) ~ when(before)~는 **than, when, before가 접속사 역할**을 하며 의미는 같다.

1 as soon as ⓒon ~ 하자마자 (= the moment)

   ◇ soon[suːn] ⓐd 곧

2 set a record : 기록을 세우다.

    ◇ set[set] − set − set Ⓥ (~을) 세우다. 정하다.

    ◇ record[rékərd] Ⓒ 기록, 녹음 Ⓥ (~을) 녹음하다.

3 commit oneself to 명사/~ing : ~을 약속하다. ~에 전념하다. (= be committed to)

    ◇ commit[kəmit] Ⓥ (범죄) ~을 저지르다. ~을 약속하다.

    ◇ commitment[kəmítmənt] Ⓝ 약속, 헌신

4 break a record : 기록을 깨다.

    ◇ break[breik] − broke[brouk] − broken[bróukən] Ⓥ (~을) 부수다.

5 own[oʊn] ⓐ 스스로의 Ⓥ ~을 소유하다.

    ◇ on one's own : 스스로의 힘으로

    ◇ owner[óunər] Ⓒ 주인

6 hardly[háːrdli] ⓐⓓ 거의 ~ 않은 (= scarcely)

                            • 그녀는 기록을 세우자마자 자신의 기록을 깨기로 약속했다.

190

• "Every time we managed to get on the right track, something bad occurred."
"Well, that's the way it goes. Don't be so pessimistic."

Grammar every time 이 접속사인 시간의 부사절로 **whenever**를 쓸 수도 있다.

1 every time ⒸⓄⓃ ~할 때마다 (= whenever)

2 manage to do : (어려움에도) ~을 해내다.

    ◇ manage[mǽnidʒ] Ⓥ ~을 해내다, ~을 경영하다.

    ◇ management[mǽnidʒmənt] Ⓒ 경영, 관리

3 on the right track : 올바른 방향으로 나아가는 (⊕ : off the right track)

    ◇ track[træk] Ⓝ 궤도 Ⓥ (~을) 추적하다.

    ◇ keep track of ~ : ~의 동향을 계속 파악하다.

4 something + 형용사 : ~ 한 어떤 것 (형용사가 뒤에서 수식한다.)

5 occur[ək3ː(r)] ⓥⓣ 발생하다. (= happen) (수동태 불가)

　　◇ occurrence[əkə́ːrəns] ⓝ 발생한 일, 발생

6 that's the way it goes : 세상사가 다 그렇다. (= that's life)

7 pessimistic[pèsəmístik] ⓐ 비관적인

　　◇ optimistic[ɑ̀ptəmístik] ⓐ 낙관적인

• "우리가 겨우 정상궤도에 오를 때마다 안 좋은 일이 발생했어요."
　"음, 세상사가 다 그렇지요. 너무 비관적으로 생각하지 마세요."

191

• "I went to an amusement park yesterday since my <u>sister begged me to ride a</u> <u>roller coaster with her." "Stop it. Every time you stand me up</u>, you use your sister as an excuse."

Grammar since 이유의 부사절: '∼ 이래로'의 의미도 있지만 **'∼때문에'의 의미도** 있다.

　　　　　every time이 접속사인 부사절

1 amusement park : 놀이 공원

　　◇ amusement[əmjuːzmənt] ⓤ 재미

　　◇ amuse[əmjuːz] ⓥⓣ ∼을 재미있게 하다.

　　◇ park[pɑːrk] ⓒ 공원 ⓥ 주차하다.

2 yesterday[jestərdeɪ] ⓐⓓ 어제

　　◇ the day before yesterday ⓐⓓ 그제

3 since[sins] ⓒⓞⓝ ∼ 때문에, ∼ 이래로 ⓐⓓ 그때 이후로

4 beg A to do ⓥⓣ A가 ∼할 것을 간청하다, 구걸하다.

　　◇ beggar[begə(r)] ⓒ 거지

5 ride[raid] – rode[roud] – ridden[ridn] ⓥ (∼을) 타다 ⓒ 놀이 기구

6 roller coaster : 롤러코스터

7 stop it : 그만둬! (= cut it out)

8 stand ~ up ⓥ ~을 바람 맞히다. ⓥ 일어서다.

   ◇ stand[stænd] ⓥ ~을 참다. (주로 부정문) ⓥ 서다.

9 use ~ as an excuse : ~을 핑곗거리로 삼다.

   ◇ excuse[ikskjúːz] ⓒ 변명 ⓥ ~을 봐주다. ~에 대한 변명을 하다.

• "여동생이 같이 롤러코스터를 타자고 졸라대서 어제 놀이 공원에 갔어."
"그만해. 넌 나 바람 맞힐 때마다 동생을 핑곗거리로 써먹고 있거든."

192

• Dexter strived to get rid of stereotypes because he longed to think outside the box so as to solve the complicated problem.

Grammar because 이유의 부사절 : because 절은 부사절이기 때문에 문두에 사용할 수 있지만 **문미에 쓰는 것을 선호한다.**

1 strive[straiv] to do : ~ 하려고 애쓰다.

2 get rid of : ~을 제거하다.

   ◇ rid A of B : A에게서 B를 제거하다.

3 stereotype[steriətaɪp] ⓒ 고정관념

   ◇ prejudice[prédʒudis] ⓒ 선입견

   ◇ bias[báiəs] ⓤ 편견 ⓥ ~에게 편견을 갖게 하다.

4 because[bikɔːz] ⓒⓞⓝ ~ 때문에

   ◇ because of ⓟⓡⓔⓟ ~ 때문에 (= owing to)

5 long to do : ~을 간절히 바라다. (= long for sth)

6 think outside the box : 창의적으로 생각하다.

   ◇ outside[aʊtsaɪd] ⓟⓡⓔⓟ ~의 밖

7 so as to do : ~을 하기 위하여 (= in order to do)

8 complicated[kɑːmplikeitid] ⓐ 복잡한 (= complex)

   ◇ complicate[kɑ́mplikèit] ⓥ ~을 복잡하게 만들다.

◇ complication[kɑ̀mplikéiʃən] ⃞ 문젯거리 ⃞ 합병증

* 덱스터는 복잡한 문제를 풀기 위해 창의적으로 생각하기를 원했기 때문에 고정관념을 없애려고 노력했어요.

193

* "Although Catherine turned down the volume, the music was still noisy."

"Tut, tut! She is so selfish that all her roommates dislike her in the dormitory."

Grammar although 양보의 부사절 + **확실한 사실** : though, even though 와 같은 의미로 쓰인다.

so + 형용사 + that 절에서 that 절이 결과의 부사절로 쓰인다. '너무 ~ 해서 ~ 한다.'는 결과로 해석한다.

1 although[ɔːlðou] ⃞ 비록 ~ 지만 (= though)

2 turn ~ down : (음량)을 줄이다. ~을 거절하다.

　◇ turn[t3ːrn] ⃝ 돌다, 돌리다. ⃝ 차례

　◇ turn around : 돌아 서다. (시합 등) 역전 시키다.

3 volume[vɑːljuːm] ⃝ 볼륨, 음량, 부피

4 noisy[nɔ́izi] ⃝ 시끄러운

　◇ noise[nɔiz] ⃝ 소음 ⃝ 소리

　◇ make a noise : 소리를 내다.

　◇ background noise ⃝ 주변 소음

5 selfish[sélfiʃ] ⃝ 이기적인 (= egocentric)

　◇ selfless[sélflis] ⃝ 이타적인 (= altruistic)

6 roommate[rú(ː)mmèit] ⃝ 룸메이트

7 dislike[disláik] ⃝ ~을 싫어하다. (= hate)

8 dormitory[dɔ́ːrmətɔ̀ːri] ⃝ 기숙사 (= dorm)

* "캐서린이 소리를 줄이긴 했지만 음악은 여전히 시끄러웠어."
"쯧쯧쯧! 그녀는 너무 이기적이어서 기숙사에 있는 모든 룸메이트들은 그녀를 싫어해."

194

- "Even if I use up all my savings, I will never drop out of school."

  "You sound overly determined. Calm down." "I swear it on the Bible."

Grammar even if 양보의 부사절 + **불확실한 추측 : '설령 ~일지라도'**의 의미로 불확실한 일을 가정할 때 쓰인다.

1 even if [con] 설령 ~ 일지라도

2 use up ~ : ~을 다 써버리다.

　◇ use[juːz] [v] (~을) 사용하다. [n] 사용법

　◇ put A to use : A를 활용하다.

　◇ what's the use of ~ : ~하는 것이 무슨 소용이에요?

3 savings[séiviŋz] [pl] 저축한 돈

　◇ saving[séiviŋ] [c] 절약 [u] 저축

4 drop out of ~ : ~을 중퇴하다. ~을 중간에 포기하다.

　◇ drop out [v] 자퇴하다. [c] 중퇴자

　◇ drop[drɑp] [v] (~을) 떨어뜨리다. 떨어지다. [c] (액체) 방울

5 determined[ditə́ːrmind] [a] 의지가 굳은

　◇ determine[ditə́ːrmin] [vt] ~을 결정하다. ~하기로 결심하다.

　◇ determination[ditə̀ːrmənéiʃən] [u] 결의, 굳은 의지

6 overly[óuvərli] [ad] 지나치게

　◇ overall[óuvərɔ̀ːl] [a]/[ad] 전체적인, 전체적으로

　◇ overwhelm[òuvərhwélm] [vt] (격한 감정) ~을 압도하다.

7 calm down : 진정해라

　◇ calm[kɑːm] [v] 안정을 되찾다. [a] 고요한

8 swear[swɛər] － swore[swɔːr] － sworn[swɔːrn] [vt] ~을 맹세하다.

　◇ swear at : ~에게 욕하다. (= curse)

9 bible[báibəl] [c] 성경

　　　　* "설령 모아둔 돈을 다 쓰는 일이 있더라도 나는 절대 학교를 중퇴하지 않을 거야."
　　　　"너 의욕이 지나친 듯 들린다. 진정해라." "성경에 대고 맹세해."

195

* "As time goes by, Annie is becoming more confident." "In fact, she tries to look confident intentionally so that her colleagues will consider her competent."

Grammar as 양태 부사절 : '~함에 따라'의 의미로 상태를 묘사한다.

so that ~ will/can/may는 '~하도록'의 목적의 부사절 역할을 한다.

1 as time goes by : 시간이 지남에 따라

　　◇ go by : 지나가다

2 confident[kɑ́:nfídənt] ⓐ 자신감 있는

　　◇ confidence[kɑ́:nfídəns] ⓤ 자신감

　　◇ confidential[kɑ̀nfədénʃəl] ⓐ 비밀의 (= classified)

3 in fact : 사실

4 intentionally ⓐⒹ 의도적으로

　　◇ intentional[inténʃənəl] ⓐ 의도적인

　　◇ intention[inténʃən] ⓝ 의도, 의향

　　◇ intend[inténd] to do : ~할 생각이다. (= intend ~ing)

　　◇ be intended for ~ : ~을 대상으로 하는

5 so that ~ will : ~하도록/~하기 위해 (= in order that ~ will/can/may~)

6 colleague[kɑ́li:g] ⓒ 동료 (= coworker)

7 consider A (to be) B : A가 B라고 간주하다.

8 competent[kɑ́mpətənt] ⓐ 능력 있는 (⊕ : incompetent)

　　◇ competence[kɑ́mpətəns] ⓤ 능력

* "시간이 흐를수록 Annie는 더욱 자신감이 생기는 것 같다."
"사실, 그녀는 다른 사람들이 그녀가 능력 있다고 여기게 하기 위해서 의도적으로 자신감 있게 보이려고 노력해요."

196

• "She hopes to come along with her relatives."

"It doesn't make any sense. <u>As you know</u>, she doesn't get along with them."

Grammar as 양태 부사절 : '～ 하듯이'의 의미로 상태를 묘사한다.

1 as you know : 너도 알듯이

2 hope to do : ～ 하기를 희망하다.

  ◇ hope[houp] ⓝ 희망

3 along with : ～와 함께

  ◇ along[əlɔːŋ] prep ～을 따라서

4 relative[relətiv] ⓒ 친척 ⓐ 상대적인

  ◇ relative to : ～와 비교해서, ～와 관련된

  ◇ relatively[rélətivli] ⓐd 상대적으로

5 ～ make sense : ～이 이해가 되다.

  ◇ make sense of : ～을 이해하다.

  ◇ common sense ⓤ 상식

6 get along with : ～와 사이좋게 지내다. (= be on good terms with)

• "그녀는 친척들과 함께 오고 싶어 해." "전혀 이해가 안 되는군. 너도 알고 있듯이,
그녀는 그들과 사이좋게 지내고 있지 않거든."

197

• "<u>In spite of his bad attitude</u>, John's mother is inclined to be rather tolerant towards him." "She is likely to spoil him." "I bet."

Grammar in spite of, despite는 **전치사**라 뒤에 **명사(구)**만 온다.

1 in spite of : ~에도 불구하고 (= despite)

  ◇ in spite of oneself : 자신도 모르게

2 attitude[ǽtitjùːd] ⓝ 태도

3 be inclined to do : ~하는 경향이 있다.

  ◇ inclination[inklənéiʃən] ⓝ 경향, 의향

4 rather[rǽðəːr] 圖 상당히, 오히려

5 tolerant[tάlərənt] 圓 관대한 (~ of/toward), 내성이 있는

  ◇ tolerance[tάl-ərəns] ⓤ 관용, 참을성, 내성

6 toward(s)[təwɔ́ːrd] 圖 ~을 향해

  ◇ backward(s)[bǽkwərd] 圖 뒤쪽으로

  ◇ forward[fɔ́ːrwəːrd] 圖 앞쪽으로

7 be likely to do : ~할 가능성이 높다.

  ◇ likely[láikli] 圓 가능성이 있는 圖 틀림없이

  ◇ likelihood[láiklihùd] ⓤ 가능성

8 spoil[spɔil] ⓥ ~을 망치다. ⓝ 전리품

9 I bet : 나는 확신한다.

  ◇ bet[bet] ⓥ (~을) 장담하다. 돈을 걸다. ⓒ (돈) 내기

• "그의 나쁜 태도에도 불구하고 John의 엄마는 그에게 매우 관대하신 편이다." "그녀는 그를 망칠 거야." "난 확신해."

198

• "The communications satellite, on account of some technical problems, could not be launched." "It is alleged that aliens sent mice to cut a few wires." "Nonsense."

Grammar on account of : '전치사 + 명사'도 부사 상당어구로 위치가 **자유롭다**.

  it is alleged that~는 '~라는 (근거 없는) 주장이 있다.'로 신문에서 자주 나오는 표현이다.

1 communications satellite ⓒ 통신위성

   ◇ communication[kəmjùːnəkéiʃən] ⓤ 의사소통 ⓟ 통신

   ◇ satellite[sǽt-əlàit] ⓒ 위성

   ◇ communicate[kəmjúːnəkèit] ⓥ (~with) 의사소통하다. ⓥ (정보) ~을 전달하다.

2 on account of ⓟⓡⓔⓟ ~ 때문에 (= owing to)

3 technique[tekníːk] ⓝ 기술, 기법

   ◇ technical[téknikəl] ⓐ 기술상의

4 launch[lɔːnʧ] ⓥ 발사하다. 시작하다. ⓝ 발사, 개시

5 alleged[əlédʒd] ⓐ (근거 없이) 추정되는

   ◇ allege[əlédʒ] ⓥ (근거 없이) ~을 주장하다.

   ◇ allegedly[əlédʒidli] ⓐⓓ 소문에 의하면 (= reportedly)

6 alien[éiljən] ⓒ 외계인, 외국인 ⓐ 낯선

   ◇ alienate[éiljənèit] ⓥ ~을 소외시키다.

7 mouse[maus] ⓒ 생쥐 ⓟ mice[mais]

8 wire[waiə:r] ⓒ 전선, 철사

   ◇ wireless[wáiə:rlis] ⓐ 무선의

9 nonsense[nɑ́nsens] ⓤ 터무니없는 소리

• "약간의 기술적 결함으로 통신위성은 발사되지 못했어요."
"외계인들이 전선 몇 가닥을 끊기 위해서 생쥐들을 보냈다는 주장이 있어." "말도 안 되는 소리."

199

• "During the day, I would take a break strolling along the hiking trail."

  "While you were relaxing outdoors, we constantly trained indoors"

Grammar 전치사 **during** : while과 의미는 같지만 뒤에 명사(구)만 올 수 있다.

      조동사 would : 과거 습관 (~ 하곤 했다.)

      while 주어 + 동사 : **시간의 부사절**

1 during the day : 낮 동안

2 would[wud] (m) ~하곤 했다. (과거 습관)

3 take a break : 휴식을 취하다.

◇ break[breik] ⓒ 휴식시간, 휴식, 중지

◇ give me a break : 한 번만 봐 주세요.

◇ brake[breik] ⓒ 브레이크 ⓥ 브레이크를 밟다.

4 stroll[stroul] ⓥ 산책하다. 거닐다.

◇ stroller[stróulər] ⓒ 유모차, 산책하는 사람

5 hiking trail ⓒ 등산로

◇ hike[haik] ⓥ 하이킹 하다. (가격, 세금) 대폭 인상하다.

◇ trail[treil] ⓒ 오솔길, 자국, 흔적

◇ a trail of ~ : ~의 자국, 일련의

◇ be on the trail of ~ : ~을 찾고 있다.

6 outdoors[àutdɔ́:rz] ⓐⓓ 야외에서 ⓝ 야외

◇ indoors[indɔ́:rz] (as) 실내에서 ⓝ 실내

7 relax[rilǽks] ⓥ 편하게 쉬다. ~의 긴장을 풀다.

8 constantly[kánstəntli] ⓐⓓ 끊임없이

◇ constant[kánstənt] ⓐ 연속적인

9 train[trein] ⓥ ~을 훈련시키다. 훈련받다. ⓒ 기차

◇ training[tréiniŋ] ⓤ 훈련

• "나는 낮에 등산길을 따라 산책하면서 쉬곤 했었지."
"네가 밖에서 느긋하게 쉬는 동안 우리는 안에서 끊임없이 훈련했었지."

200

• "As previously announced, North Korea set out nuclear bomb tests," "Should we also develop nuclear bombs?" "No, we should obey international law."

Grammar as 양태 부사절 : ~한 대로

1 previously[príːviəsli] [ad] 전에

  ◇ previous[príːviəs] [a] 이전의

  ◇ previous to ~ : ~ 이전에

2 announce[ənáuns] [vt] ~을 발표하다. ~을 알리다.

  ◇ announcement[ənáunsmənt] [c] 발표, 공고

3 set out : ~을 착수하다. (여행을) 떠나다.

4 nuclear[njúːkliər] [U] 핵

  ◇ nuclear fusion [U] 핵융합

  ◇ nuclear family [c] 핵가족

5 develop[divéləp] [v] ~을 개발하다. (사진) ~을 현상하다.

  ◇ developing country [c] 개발도상국

  ◇ developed country [c] 선진국

  ◇ development[divéləpmənt] [n] 개발

6 bomb[bɑm] [c] 폭탄 [v] (~을) 폭격하다. (시험) ~을 망치다.

  ◇ bomber[bɑ́məːr] [c] 폭격기

  ◇ fighter[fáitər] [c] 전투기

7 obey[oubéi] [v] (법, 사람) 에 따르다. 복종하다. (반 : violate)

  ◇ obedient[oubíːdiənt] [a] 순종적인 (반 : defiant)

8 international[intərnǽʃənəl] [a] 국제적인 (반 : domestic 국내의, 가정의)

  ◇ international law [U] 국제법

  ◇ national[nǽʃənnəl] [a] 국가의

---

* "예고한 대로, 북한은 핵폭탄 실험을 시작했어." "우리도 핵폭탄을 개발해야 하나?" "아니. 우리는 국제법을 따라야해."

unit 11 접속사Ⅳ(형용사절을 이끄는 종속 접속사 : 관계 대명사절)

• 관계사절(형용사절) : 앞 선행사를 수식하는 **형용사절.**

• 관계대명사 : 접속사 + 대명사

a 선행사 : 관계사절의 수식을 받는 '명사'나 '대명사', 간혹 '구'나 '절'

b who/whose/who(m) : **선행사가 사람인 경우**

　i who : 주격 관계 대명사

　예시 I hired a person. He is well qualified for the position.

　　› I hired a person who is well qualified for the position.

　ii whose : 소유격 관계 대명사

　예시 I look up to my boss. His ideas are always original.

　　› I look up to my boss whose ideas are always original.

　iii who(m) : 목적격 관계 대명사

　예시 The man will never come back. Jane is waiting for him.

　　› The man who(m) Jane is waiting for will never come back.

　　› The man for whom Jane is waiting will never come back.

c which/whose(of which)/which : **선행사가 사물인 경우**

　i which : 주격 관계 대명사

　예시 There is a grocery store. It sells fresh vegetables.

　　› There is a grocery store which sells fresh vegetables.

　ii whose (of which) : 소유격 관계 대명사

　예시 I want to avoid the street. Its speed limit is 50km/h.

　　› I want to avoid the street whose speed limit is 50km/h.

　　　I want to avoid the street. the speed limit of it is 50km/h.

　　› I want to avoid the street of which the speed limit is 50km/h.

　iii which : 목적격 관계 대명사

　예시 The gas station is gone now. My family used to run it.

› The gas station <u>which</u> my family used to run is gone now.

d that : **선행사가 사람, 사물 혹은 둘 다인 경우에 가리지 않고 쓰인다.**

◎ 선행사에 <u>every, any, no, all, the only, the next, 서수, 최상급</u>이 있는 경우 관계 대명사 **that을 주로 사용**한다.

예시 Anna Hays is <u>the first woman that became</u> a general in American history.

e 관계 대명사 what

i what은 **선행사를 포함**하여 '~것'으로 해석되며 **the thing(s) that**~과 같다.

예시 What you did to your sister disappointed me.

f 관계 대명사의 계속적 용법

i 계속적 용법은 **부가적인 설명**을 할 때 쓰인다.

ii 선행사와 관계대명사 사이에 **콤마(,)가 온다.**

iii that은 **계속적 용법에 쓰일 수 없으며**, 관계대명사 생략도 불가하다.

예시 The students, who(that) passed the test, were given some free time.

(모든 학생이 시험에 통과하고 약간의 자유 시간을 받았다.)

비교 한정적 용법은 중요한 정보를 지니고 있다.

예시 The students who(that) passed the test were given some free time.

(시험에 통과한 학생들만 약간의 자유 시간을 받았다.)

iv 앞 문장 전체나 일부가 선행사인 경우 항상 **계속적 용법**을 사용하며 관계사는 **which**를 사용한다. 그리고 동사는 **단수 동사**를 사용한다.

예시 <u>My car broke down in the middle of a busy street</u>, <u>which</u> was really embarrassing.

g 관계대명사의 생략

i **주격관계사 + be 동사**는 생략 가능하다.

예시 I hired a person (who is) well qualified for the position.

ii **목적격 관계 대명사**는 생략 가능하다.

예시 The gas station (which) my family used to run is gone now.

예시 The man (who(m)) Jane is waiting for will never come back. (생략 가능)

› The man <u>for whom</u> Jane is waiting will never come back. (생략 불가)

201

> • "Alex is the artist who painted the landscape."
>
> "Is there anybody who appreciates the crude painting?" "Nope."

Grammar 선행사가 사람(artist/anybody)인 **주격 관계사**(who) 절이다.

1 artist[ɑ́ːrtist] ⓒ 화가, 예술가

   ◇ art[ɑːrt] ⓝ 예술, 미술, 기술

   ◇ artwork[ɑ́ːrtwəːrk] ⓝ 예술작품

2 paint[peint] ⓥ (〜을) 그리다. ⓝ 페인트

   ◇ painting[péintiŋ] ⓒ 그림 ⓤ 회화기법

3 landscape[lǽndskèip] ⓝ 풍경화, 풍경

4 appreciate[əpríːʃièit] ⓥ 〜을 감상하다. 〜을 고맙게 여기다. 〜을 이해하다.

   ◇ appreciation[əprìːʃiéiʃən] ⓤ 감상, 감사, 이해

5 crude[kruːd] ⓐ 조잡한

   ◇ crude oil : 원유

6 nope[noup] ⓪ 아니오. (구어체)

     • "알렉스가 저 풍경화를 그린 화가에요." "저 조잡한 그림을 감상하는 사람이 한 명이라도 있나요?" "아니요."

202

> • "I came to know a girl whose father is a conductor in a famous orchestra." "Is
> she pretty or ugly?" "Shame on you! Looks aren't everything." "Aha, I got it."

Grammar 선행사가 사람(girl)인 **소유격 관계사**(whose father)절이다.

1 come to do : 〜하게 되다.

2 conductor[kəndʌ́ktər] ⓒ 지휘자

◇ conduct[kəndʌ́kt] ⓥ ~을 지휘하다. ~을 수행하다. ⓝ 행위

3 famous[féiməs] ⓐ 유명한

◇ be famous for : ~로 유명하다.

◇ fame[feim] ⓤ 명성

4 orchestra[ɔ́ːrkəstrə] ⓒ 오케스트라

◇ orchestrate[ɔ́ːrkəstrèit] ⓥ (계획) ~을 지휘하다.

5 pretty[príti] ⓐ 예쁜 ⓐⓓ 상당히

◇ ugly[ʌ́gli] ⓐ 추한, (상황) 험악한

6 shame on you! : 부끄러운 줄 알아라!

◇ shame[ʃeim] ⓐ 유감스러운 일

◇ shameless[ʃéimlis] ⓐ 뻔뻔스러운

◇ be ashamed of : ~을 부끄러워하다.

7 looks ⓟ 외모 (= appearance)

◇ good-looking[gúdlúkiŋ] ⓐ 잘생긴

* "나는 유명 오케스트라의 지휘자인 아버지를 둔 여자 아이를 알게 되었어." "걔는 예뻐 아님 못생겼어?"
"부끄러운 줄 알아라! 외모가 다는 아냐." "으흠, 알았다."

203

* The assertive flight attendant who(m) the pilot argued with was unwilling to acknowledge her fault.

(= The assertive flight attendant with whom the pilot argued was unwilling to acknowledge her fault.)

Grammar 선행사가 사람인 **목적격 관계 대명사(who(m))**인 절이다. **생략 가능**

　　　　　전치사 + 관계대명사 : 목적격 관계 대명사이지만 **생략 불가**

1 assertive[əsə́ːrtiv] ⓐ 자기주장이 강한

◇ assert[əsə́ːrt] ⓥ ~을 단언하다.

2 flight attendant ⓒ 승무원

　◇ flight[flaɪt] ⓝ 비행, 항공편

　◇ attendant[əténdənt] ⓒ 안내원, 수행원

3 pilot[páilət] ⓒ 조종사, 시험판 (시험적인 프로그램)

4 argue[áːrgjuː] (with) ⓥ (~와) 말다툼 하다. ⓥ ~을 주장하다.

　◇ argument[áːrgjəmənt] ⓒ 말다툼, 논쟁, 주장

5 unwilling[ʌnwíliŋ] to do : ~하는 것을 꺼리는

　◇ unwillingly[ʌnwíliŋli] ⓐⓓ 마지못해서

　◇ be willing to do : ~할 의향이 있다.

6 acknowledge[æknálidʒ] ⓥ ~을 인정하다.

　◇ acknowledged[æknálidʒd] ⓐ 인정받는

　◇ acknowledgement ⓝ 인정, 감사의 표시

7 fault[fɔːlt] ⓤ (잘못에 대한) 책임 ⓒ 단점

　◇ at fault : (잘못에 대한) 책임이 있는

　◇ find fault with ~ : ~에 대해 트집을 잡다.

* 조종사와 말다툼을 한 자기 주장이 강한 그 승무원은 자신의 잘못을 인정하려 하지 않아요.

204

* "I was moved by <u>the poem which was written</u> by a rising poet." "Oh! You are a truly sentimental boy." "Don't be sarcastic!" "Who? Me?"

　(= I was moved by <u>the poem written</u> by a rising poet.)

Grammar 선행사가 사물(poem)인 주격 관계 대명사**(which)**절이다.

　　주격 관계대명사 + be 동사는 함께 **생략 가능**하다

1 move[muːv] ⓥ ~을 감동시키다. (= touch)

2 poem[póuim] ⓒ 시

　◇ poet[póuit] ⓒ 시인

◇ poetry[póuitri] Ⓤ 운문, 시

3 write[rait] − wrote[rout] − written[ritn] Ⓥ ～을 쓰다.

◇ writing[ráitiŋ] Ⓤ 글(쓰기)

4 rising[ráiziŋ] ⓐ 신진의, 떠오르는

◇ rise[raiz] − rose[rouz] − risen[rízən] Ⓥ 올라오다.

5 truly[trúːli] ⓐⓓ 진심으로

6 sentimental[sèntəméntl] ⓐ 감성적인

◇ sentiment[séntəmənt] (n) 정서

7 sarcastic[sɑːrkǽstik] ⓐ 빈정대는

◇ sarcasm[sɑ́ːrkæz-əm] Ⓤ 빈정거림

* "나는 어떤 촉망받는 시인이 쓴 시에 감동을 받았어." "오! 넌 정말 감성적인 소년이로군." "비꼬지 좀 마!" "누가? 내가?"

205

* "The enormous statue, <u>whose sculptor</u> every artist admires, will be exhibited at our gallery." "Congratulations!"

(= The enormous statue, <u>of which the sculptor</u> every artist admires, will be exhibited at our gallery.)

Grammar **whose**는 선행사가 **사람**뿐 아니라 **사물인 소유격 관계사절**에서도 쓰인다.

선행사가 사물인 경우 **of which**를 소유격 관계사절에서 쓰기도 한다.

계속적 용법은 관계사 앞에 콤마를 사용해야 한다.

1 enormous[inɔ́ːrməs] ⓐ 거대한

2 statue[stǽtʃuː] Ⓒ 조각상

◇ status[stéitəs] ⓝ 지위, 신분

◇ stature[stǽtʃəːr] ⓝ 키, 신장

3 sculptor[skʌ́lptəːr] Ⓒ 조각가

◇ sculpt[skʌ́lpt] Ⓥ (～을) 조각하다.

4 admire[ædmáiər] ☑ ~을 존경하다. ~에 감탄하다. (= look up to)

  ◇ admiration[æ̀dməréiʃən] Ⓤ 감탄

  ◇ admirable[ǽdmərəbəl] ⓐ 감탄할만한

  ◇ admiral[ǽdmərəl] Ⓒ (해군) 제독

5 exhibit[igzíbit] ☑ ~을 전시하다. Ⓒ 전시회 (= display)

  ◇ exhibition[èksəbíʃən] Ⓒ 전시회

6 gallery[gǽləri] Ⓒ 화랑

7 congratulations! (구어체) 축하해요!

  ◇ congratulate[kəngrǽtʃəlèit] A on B : A가 B한것에 대해 축하하다.

● "모든 사람이 존경하는 그 조각가의 거대한 조각상이 우리 화랑에서 전시될 거예요." "축하해요!"

206

● "Do you have the receipt which our clerk gave you?"

"Do I need it to exchange items?" "Yeah, that's our exchange policy."

Grammar 사물이 선행사인 목적격 관계사절인 경우 **that/which** 둘 다 쓸 수 있으며 **생략도 가능**하다.

1 receipt[risíːt] Ⓒ 영수증 (발음상 p는 소리가 나지 않는다.)

  ◇ receive[risíːv] ☑ ~을 받다.

  ◇ receiver[risíːvəːr] Ⓒ 수화기, 받는 사람

  ◇ reception[risépʃ-ən] Ⓒ 피로연, 수신

  ◇ receptionist[risépʃənist] Ⓒ 접수 담당자

2 clerk[kləːrk] Ⓒ 점원

3 exchange[ikstʃéindʒ] ☑ ~을 교환하다. (= swap) (뒤에 복수 명사가 온다.)

  ◇ exchange ⓝ 교환, 대화

  ◇ exchange rate Ⓒ 환율

  ◇ in exchange for : ~에 대한 대가로 (= in return for)

4 item[áitəm] © 물품, 항목

5 policy[pάləsi] © 방침, 정책

*"우리 직원이 준 영수증을 가지고 있나요?" "물품을 교환하기 위해서 그게 필요하나요?"
"예, 그게 저희 물건 교환방침입니다."

207

* It's no exaggeration to say that <u>the current crisis of democracy that most journalists are expressing grave concern about</u> is just the tip of an iceberg.

(= ~ the current crisis of democracy <u>about which</u> most journalists are expressing grave concern ~)

Grammar 관계 대명사 **that**은 선행사가 사물일 때 **which**보다 더 많이 쓰인다.

전치사 뒤에는 <u>관계대명사 that</u>을 사용할 수 없다. 생략도 불가하다.

1 exaggeration[igzædʒəréiʃən] ⓝ 과장된 표현

◇ exaggerate[igzædʒərèit] ⓥ (~을) 과장하다.

◇ it's no exaggeration to say that ~ : ~은 과언이 아니다.

2 crisis[kráisis] © 위기 (ⓟ : crises)

◇ in crisis : 위기에 빠진

3 democracy[dimάkrəsi] ⓤ 민주주의

◇ democratic[dèməkrǽtik] ⓐ 민주주의의

4 journalist[dʒə́:rnəlist] © 기자, 언론인

◇ journalism[dʒə́:rnəlizm] ⓤ 언론계, 기삿거리

5 express concern about ~ : ~에 대한 우려를 표하다.

◇ concern[kənsə́:rn] ⓤ 우려, 관심 © 걱정거리

6 grave[greiv] ⓐ 중대한 © 무덤

◇ gravity[grǽvəti] ⓤ 중력

7 the tip of an iceberg : 빙산의 일각

◇ tip[tip] ⓒ (뾰족한 것의) 끝, 조언, 제보 ⓥ ~을 기울이다. 기울다.

◇ tip ~ off : ~에게 제보하다.

◇ iceberg[áisbə:rg] ⓒ 빙산

* 대부분의 기자들이 깊은 우려를 표명하고 있는 민주주의의 현재 위기는
빙산에 일각에 지나지 않는 다는 것은 과언이 아니다.

208

* "What I am concerned about is whether or not she will keep my secret."

"No worries. She will never let the cat out of the bag."

Grammar 관계대명사 **what**(=the thing(s) that ~)은 **선행사를 포함**하며 **단수취급** 함.

whether or not ~ 명사절이 **보어 역할**을 하고 있다.

1 What[hwɑt] ⓟⓡⓞⓝ ~ 것 (= the thing(s) that ~)

2 be concerned about ⓥ ~에 대해 걱정하다.

　◇ concerning[kənsə́:rniŋ] ⓟⓡⓔⓟ ~에 대해서

　◇ as far as A is concerned : A에게 있어서는, A에 관한 한

3 whether or not ⓒⓞⓝ ~인지 아닌지

4 keep one's secret : ~의 비밀을 지키다.

　◇ secret[sí:krit] ⓒ 비밀

5 let the cat out of the bag : 비밀을 누설하다.

　◇ let ~ out : ~을 나가게 두다.

　◇ let ~ in : ~을 들어오게 두다. 줄 건지 말 건지 야

* "내가 걱정하는 것은 그녀가 나의 비밀을 지켜 줄 건지 말 건지야."
"걱정하지 마. 그녀는 비밀을 누설하지 않을 거야."

209

• "We should reduce the amount of <u>food waste, which</u> is a cause of environmental pollution." "<u>What do you say to skipping</u> this week's grocery shopping?" "There is no hurry."

Grammar 선행사에 대한 **부가적 설명**의 경우 <u>계속적 용법</u>을 사용한다. 위 문장에서 '모든 음식 쓰레기'가 환경오염의 원인이므로 관계사절은 부가적 설명에 지나지 않는다. 이때 관계사 앞에 **콤마(,)**를 사용한다.

what do you say to ~ ing?의 **to**는 **전치사**로 뒤에 **동명사**가 와야 한다.

1 reduce[ridjúːs] Ⓥ ~을 줄이다.

2 amount[əmáunt] Ⓒ 양

3 food waste Ⓤ 음식 쓰레기

  ◇ waste[weɪst] Ⓤ 쓰레기

4 cause[kɔːz] Ⓒ 원인, 대의명분 Ⓥ ~을 발생시키다.

  ◇ cause and effect : 원인과 결과

5 environmental[invàiərənméntl] ⓐ 환경의

  ◇ the environment Ⓤ 자연 환경

  ◇ environment[inváiərənmənt] Ⓝ (생활, 지리) 환경

6 pollution[pəlúːʃən] Ⓤ 오염

  ◇ pollute[pəlúːt] Ⓥ ~을 오염시키다.

  ◇ pollutant[pəlúːtənt] Ⓝ 오염물질

7 what do you say to ~ ing : ~ 하는 게 어때?

8 grocery shopping Ⓤ 장보기

  ◇ groceries[gróusəriz] ⓟ 식료품

  ◇ grocery store ⓐ 식료품점

9 there is no hurry : 서두를 필요 없다.

  ◇ hurry[həˊːri] Ⓥ 서두르다. Ⓝ 서두름

• "환경오염의 원인인 음식물 쓰레기의 양을 줄여야 해요."
"이번 주는 장보기를 건너뛰는 게 어때?" "서두를 필요는 없어요."

210

> *Both the king and the prince fell in love with the same woman at first sight, which was the beginning of their dreadful fate.

Grammar 앞 문장 전체가 선행사인 경우 <u>계속적 용법</u>을 사용하며 항상 관계 대명사 '**which**' 를 사용하고 동사는 **단수 동사**를 사용한다.

1 fall in love with ~ : ~와 사랑에 빠지다.

　　◇ fall[fɔːl] − fell[fel] − fallen[fɔ́ːlən] Ⅵ 떨어지다.

　　◇ fell[fel] − felled − felled Ⅵ ~을 넘어뜨리다.

2 same[seim] ⓐ/ⓐⓓ 같은 (항상 the와 함께 쓰인다.)

　　◇ the same as ~ : ~와 같은

3 at first sight : 첫눈에

　　◇ sight[sait] Ⓤ (눈으로) 보기, 시력 Ⓒ 광경

　　◇ sightseeing[sáitsiːiŋ] Ⓤ 관광

4 beginning[bigíniŋ] Ⓒ 시작

　　◇ to begin with : 우선, 처음에는

5 dreadful[drédfəl] ⓐ 무서운

　　◇ dread[dred] Ⓥ (~ing) ~을 두려워하다.

6 fate[feit] ⓝ 운명 (= destiny)

　　◇ fateful[féitfəl] ⓐ 운명의

> *왕과 왕자 둘 다 같은 여인에게 첫눈에 반해버렸어요. 이것이 그들의 무서운 운명의 시작이었어요.

unit 12 접속사 V(관계 부사절·복합 관계사절)

- 관계 부사절도 **형용사절**의 한 형태로 앞 명사를 수식한다.

- 관계 부사절 : 접속사 + <u>부사</u> (= **전치사 + 명사**)

a 선행사가 **시간, 장소, 이유, 방법**인 경우에 관계 부사를 사용한다.

b where : **선행사가 장소**인 경우 사용. (= at/on/in which)

예시 This is <u>the church</u>. Allan got married to the novelist <u>at the church</u>.

> This is <u>the church</u> (which/that) Allan got married to the novelist <u>at</u>.

> This is <u>the church</u> <u>at which</u> Allan got married to the novelist.

> This is <u>the church</u> <u>where</u> Allan got married to the novelist.

c when : **선행사가 시간**인 경우 사용. (= at/on/in which)

예시 I still remember <u>the day</u>. I proposed to her <u>on the day</u>.

> I still remember <u>the day</u> (which/that) I proposed to her <u>on</u>.

> I still remember the day <u>on which</u> I proposed to her.

> I still remember the day <u>when</u> I proposed to her.

d why : **선행사가 이유**인 경우 사용. (= for which)

예시 <u>The reason</u> is not reasonable. You don't publish my book <u>for the reason</u>.

> The reason (which/that) you don't publish my book <u>for</u> is not reasonable.

> The reason <u>for which</u> you don't publish my book is not reasonable.

> The reason <u>why</u> you don't publish my book is not reasonable.

e how : **선행사가 the way**(방법)인 경우 **관계부사(how)**와 **선행사(the way)** 둘 중 하나만 사용해야함. (= in which)

예시 Jerry figured out <u>the way</u>. He avoided being punished <u>in the way</u>.

> Jerry figured out <u>the way</u> (which/that) he avoided being punished <u>in</u>.

> Jerry figured out <u>the way in which</u> he avoided being punished.

> Jerry figured out <u>the way</u> he avoided being punished.

> Jerry figured out <u>how</u> he avoided being punished.

• 복합 관계사절 : **선행사를 포함**하는 관계사절/부사절

a 복합 관계 대명사 : whoever, whosever, whomever

i 명사절 (= anyone who/whose/whom) : ～ 하는 누구든지

예시 Our radio station is going to hire <u>anyone who</u> has beautiful voice.

> Our radion station is going to hire <u>whoever</u> has beautiful voice.

ii 부사절 (= no matter who/whom/whose) : 누구를 ～하든 상관없이

예시 <u>No matter who(m)</u> you vote for, that rich man will be elected.

> <u>Who(m)ever</u> you vote for, that rich man will be elected.

b 복합 관계 대명사 : whatever, whichever

i 명사절 (= anything that) : ～하는 무엇이든지

예시 You can choose <u>anything</u>. I will buy you it.

> I will buy you <u>anything that</u> you choose.

> I will buy you <u>whatever</u> you choose.

ii 부사절 (= no matter what/ which) : 무엇을 ～ 하 든 상관없이

예시 <u>No matter what</u> people say, I will undergo surgery.

> <u>Whatever</u> people say, I will undergo surgery.

c 복합 관계 부사 : wherever, whenever, however

i wherever (= at any place that) : 어디에서든

예시 You can put your books <u>at any place that</u> you want.

> You can put your books <u>wherever</u> you want.

ii no matter where : 어디에서 ～ 하든 상관없이

예시 <u>No matter where</u> she plants the seed, it will grow well.

> <u>Wherever</u> she plants the seed, it will grow well.

iii whenever (= at any time that) : 언제든지

예시 You can visit me at any time that you wish.

> you can visit me whenever you wish.

iv no matter when : 언제든 ～하든 상관없이

예시 No matter when you call me, I will answer it.

> Whenever you call me, I will answer it.

v however (= in any way that) : 어떤 방식으로든

예시 You can change the design however you wish.

vi however (= no matter how) : 어떻게 ～하든 상관없이

예시 However you persuaded her, you must bring her here.

vii however 형용사/부사 : 아무리 ～ 일지라도

예시 However loudly you speak to her, she can't understand your language.

211

• "I can't stand it anymore. My boy friend forgets the day when he asked me out for the first time over and over again." "Eventually, you will split up. Dump him first!"

Grammar when 관계 부사절이 <u>선행사 the day</u>를 수식하고 있다. 선행사가 the day이므로 **when**은 **on which**로 대체 할 수도 있다.

1 can't stand ~ anymore : 더 이상 참을 수 없다.
   ◇ stand[stænd] ☑ ～을 참다 (= endure, bear)
   ◇ not ~ any more : 더 이상 ～ 않다.
2 boyfriend[bɔ́ifrènd] ⓒ 남자친구(애인) (비교 : girlfriend 여자친구)
3 ask A out : A 에게 데이트 신청하다.
4 for the first time : 처음으로
5 over and over again : 계속해서 (= again and again)
6 split up (with) : ～와 헤어지다. (= break up with)
   ◇ split[split] ☑ ～을 갈라놓다. 갈라지다. (= divide) ⓒ 분열
   ◇ split the bill : 각자 계산하다.
   ◇ splitting headache ⓒ 깨질 것 같은 두통
7 dump[dʌmp] ☑ (불필요한 것) ～을 버리다. (교제하던 사람) ～을 차버리다.

• "저는 더 이상 못 참겠어요. 제 남자친구는 저한테 처음으로 데이트 신청한 날을 자꾸 잊어버려요."
"결국 너희들은 헤어질 거야. 먼저 차버려!"

212

• There used to be <u>a huge shopping mall</u> where your dad would hang out with his friends in his adolescence.

Grammar where 관계 부사절이 선행사 shopping mall을 수식하고 있다. **where**은 **at which**로 대체 가능하다.

used to 동작/상태동사 (한때 ∼ 였다.) **would 동작동사** (∼하곤 했다.)

1 used to do (m) 한때 ∼였다. (과거 상태)

   ◇ would[wʊd] (m) ∼하곤 했다. (과거 습관)

   ◇ be used to ∼ing : ∼에 익숙하다. (= be accustomed to ∼ing)

   ◇ be used to do : ∼에 사용되다.

2 huge[hju:dʒ] ⓐ 거대한 (= enormous, gigantic)

3 shopping mall ⓒ 쇼핑몰

4 hang out with ∼ : ∼와 어울려 다니다.

   ◇ hang out : (빨래 등을) 밖에 널다.

   ◇ hang[hæŋ] − hung[hʌŋ] − hung ⓥ 매달다.

   ◇ hang on : ∼을 꼭 붙잡다. (구어체) 기다려!

   ◇ hang up : 전화를 끊다.

5 in adolescence : 사춘기 시절에

   ◇ adolescence[æ̀dəlésəns] ⓤ 사춘기 (= puberty)

   ◇ adolescent[æ̀dəlésənt] ⓐ 사춘기의 ⓝ 사춘기 십대

                  * 네 아버지가 사춘기 시절에 친구들과 어울려 다녔던 큰 쇼핑몰이 한때 저기 있었다.

213

* "May I inquire of you the reason <u>why Jack was absent from school yesterday?</u>"

  "Beg your pardon? He ditched school?" "Uh-uh! Is he in trouble now?"

Grammar why 관계 부사절이 선행사 reason을 수식하고 있다. **why**는 **for which**로 대체 가능하다.

1 May I ∼? : ∼ 해도 될까요? (허락)

2 inquire[inkwáiər] ⓥ (~을) 묻다. (= enquire)

　◇ inquiry[inkwáiəri] ⓒ 문의, 질문

3 reason[ríːz-ən] ⓒ 이유 ⓥ (사실을 바탕으로) ~라고 판단하다.

　◇ reasonable[ríːz-ənəb-əl] ⓐ 합리적인, 이성적인

　◇ reasoning[ríːz-əniŋ] ⓤ 추론, 논리

4 be absent from : ~에 결석하다.

　◇ absent[ǽbsənt] ⓐ 결핍된

　◇ absence[ǽbsəns] ⓝ 결핍

5 (May I) beg your pardon? : 다시 말해 주시겠어요?/실례합니다. (= excuse me)

　◇ beg[beg] ⓥ (~을) 간청하다. 구걸하다.

　◇ pardon[pάːrdn] ⓒ 용서

6 ditch school : 학교를 빼먹다. (= skip school)

　◇ ditch[ditʃ] ⓥ ~을 버리다. ⓒ 도랑

7 in trouble : 곤경에 처한

　◇ trouble[trʌ́b-əl] ⓤ 문제

　◇ have trouble ~ing : ~하는 데 어려움을 겪다.

　　　　　• "잭이 어제 학교에 결석한 이유를 알 수 있을까요?"
"뭐라고요? 걔가 학교를 빼먹었다고요?" "이런! 걔는 이제 큰일 난 건가요?"

214

• "First of all, let me know how you figured out the connection between the two events." "That's classified." "Oh! That's a practical response."

Grammar 선행사 the way가 **생략되고** 관계부사 **how가** 남은 경우로 간접의문과 같은 형태이다. **the way와 how는 절대 같이 쓰지 못하고 둘 중 하나만 사용 가능하다.** how 대신 **in which는** 사용 가능하다.

1 first of all : 우선 (= to begin with)

2 let me know : 나에게 알려주다

3 figure out : (답/원인)을 알아내다.

    ◇ figure[fígjər] ⓒ 숫자, 몸매, 인물

4 connection[kənékʃən] ⓒ 관계, 관련성

    ◇ connections ⓟ 연줄

    ◇ connect[kənékt] ⓥ ~을 연결하다.

5 between[bitwíːn] ⓟⓡⓔⓟ (주로 둘) ~ 사이에

    ◇ between A and B : A와 B 사이에

    ◇ among[əmʌ́ŋ] ⓟⓡⓔⓟ (셋 이상) 사이에

6 event[ivént] ⓒ 사건, 행사

    ◇ in any event : 아무튼 (= anyway)

    ◇ eventful[ivéntfəl] ⓐ 다사다난한

7 classified[klǽsəfàid] ⓐ 기밀의 (= confidential)

    ◇ classify[klǽsəfài] ⓥ ~을 분류하다.

    ◇ classified ad ⓒ (신문의) 소광고

8 practical[prǽktikəl] ⓐ 실용적인, 현실적인 (= realistic)

    ◇ practically[prǽktikəli] ⓐⓓ 사실상 (= virtually)

    ◇ in practice : 실제로 (⊕ : in theory 이론상으로)

9 response[rispáns] ⓝ 반응, 대응, 답장 (= answer)

    ◇ in response to : ~에 대응해서

• "우선, 그 두 사건 간의 연관성을 어떻게 알아내셨는지 말해주세요." "그건 기밀이에요." "오! 아주 실용적인 대답이군."

215

• "There are various ways you can calculate the area of a square."

"Could you illustrate them?"

Grammar 선행사 various ways는 남고 **관계 부사 how**가 **생략**되어 있다.

1 various[vέəriəs] ⓐ 다양한 (= diverse)

◇ variety[vəráiəti] ⓒ 다양성

◇ a variety of : 다양한

2 way[wei] ⓒ 방법, 길 (= method) ⓐⓓ 훨씬

3 calculate[kǽlkjəlèit] (v) (~을) 계산하다.

◇ calculator[kǽlkjəlèitər] ⓒ 계산기

◇ calculating[kǽlkjəlèitiŋ] ⓐ 계산적인, 타산적인

◇ calculated[kǽlkjəlèitid] ⓐ 계산된, 계획적인

4 area[έəriə] ⓒ 면적, 지역

5 square[skwέəːr] ⓒ 정사각형, 광장, 제곱 ⓐ 정사각형의, 고지식한

◇ square ⓥ ~을 제곱하다.

◇ cube[kju:b] ⓥ ~을 세제곱 하다. ⓒ 정육면체

6 illustrate[iláʃstreit] ⓥ (~을) 예를 들어 설명하다. 삽화를 넣다.

◇ illustration[iləstréiʃən] ⓒ 삽화, 실례

• "정사각형의 면적을 계산하는 많은 방법들이 있어." "예를 들어 설명해 주실래요?"

216

• "What does the sign say?" "It reads, 'Whoever wants a balloon is free to have one.'" "Oh, no! Why did I take a risk of stealing one?"

Grammar whoever절이 주어 역할을 하는 명사절에 있으므로 whoever는 **anyone who**와 같다.

1 sign[saɪn] ⓒ 표지판, 신호 ⓥ ~에 서명하다.

◇ signature[sígnətʃəːr] ⓒ 서명

2 say[sei] ⓥ ~라고 쓰여 있다.

3 read[riːd] ⓥ ~라고 쓰여 있다.

◇ read[riːd] – read[red] – read ⓥ (~을) 읽다. (시제에 따라 발음이 다름)

4 whoever[hu:évə:r] pron 누구든지

5 balloon[bəlú:n] ⓒ 풍선

6 be free to do : 마음대로 ～ 해도 좋다.

   ◇ free[fri:] ⓐ 자유로운 (= liberal)

   ◇ freedom[frí:dəm] ⓤ 자유

7 take a risk of ~ ing : ～하는데 위험을 감수하다.

   ◇ risk[risk] ⓒ 위험

8 steal[sti:l] − stole[stoul] − stolen[stóulən] ⓥ ～을 훔치다.

* "표지판에 뭐라고 쓰여 있니?" "'누구든지 풍선을 원하면 마음대로 가져가도 됩니다.' 라고 적혀 있어요."
"오, 이런! 내가 왜 위험을 감수하고 하나를 훔쳤지?"

217

* "Whatever you picture in your mind, the scenery over the horizon will be beyond your imagination." "I don't trust whatever you say."

Grammar 부사절에선 whatever는 no matter what과 같은 양보의미를 지닌다.

명사절에서 whatever는 anything that과 같다.

1 whatever[hwɑtévə:r] pron 무엇이든 상관없이, 무엇이든지

2 picture ~ in one's mind : 마음속에 그리다.

   ◇ picture[píktʃər] ⓥ 그리다

   ◇ mind[maind] ⓝ 생각

3 scenery[sí:nəri] ⓤ 경치, 풍경

   ◇ scene[si:n] ⓒ 장면

4 horizon[həráizn] ⓒ 지평선 ⓟ 시야

   ◇ broaden one's horizons : ～의 시야를 넓히다.

   ◇ horizontal[hɔ̀:rəzántl] ⓐ 수평의

   ◇ vertical[və́:rtikəl] ⓐ 수직의

5 beyond imagination : 상상을 뛰어넘은

　◇ beyond[bijánd] [prep] ～ 너머에, ～을 벗어나서

　◇ imagination[imædʒənéiʃən] [n] 상상

　◇ imagine[imædʒin] [v] (～을) 상상하다.

6 trust[trʌst] [vt] ～을 믿다. [u] 믿음, 신탁

　◇ trustful[trʌ́stfəl] [a] 남을 잘 믿는 (= credulous)

• "네가 머릿속에 무엇을 상상하든 그 수평선 위의 경치는 상상 이상일 것이다." "네가 말하는 어떤 것도 믿지 않아."

218

• "Whenever I am in hot water, I yield to the temptation to seek excuses."

"Same here! You and I have at least one thing in common."

Grammar 복합관계 부사 whenever가 부사절에서 **every time**과 같은 의미로 쓰임.

1 whenever[hwenévər] [ad] ～ 할 때마다 (= every time)

2 in hot water : 곤경에 처한

3 yield to [vi] ～에 굴복하다.

　◇ yield[jiːld] [vt] ～을 산출하다. [n] 수익, 생산량

4 temptation[temptéiʃ-ən] [c] 유혹 (= inclination)

　◇ tempt[tempt] [vt] (～ to do) ～을 유혹하다.

5 seek excuses (for ~) : (～에 대한) 핑계거리를 찾다.

　◇ seek[siːk] – sought[sɔːt] – sought [v] (～을) 찾다. 추구하다.

　◇ excuse[ikskjúːz] [c] 변명, 핑계 [v] 용서하다.

　◇ make an excuse : 변명을 하다.

6 same here : 저도 그래요. (긍정문과 부정문 둘 다에서 쓸 수 있다.)

7 have ~ in common : ～ 한 공통점을 가지고 있다.

　◇ common[kámən] [a] 공통된, 일반적인

　◇ commonly[kámənli] [ad] 일반적으로, 통상

8 at least ad 적어도 (= not less than)

• "나는 곤경에 처할 때마다 핑계거리를 찾는 유혹에 굴복하곤 해요." "나도 그래! 적어도 너와 난 한 가지 공통점을 가지고 있군"

219

• "Watch out for that evil girl! Wherever she shows up, she plays a trick on people." "Fantastic! She is my kind of girl." "I am at a loss for words!"

Grammar 복합 관계 부사 wherever가 부사절에서 **no matter where**과 같은 의미로 쓰이고 있다.

1 watch out : (~을) 조심하다.

◇ watch[watʃ] v ~에 주의하다. (움직이는 것) ~을 보다

2 evil[íːvəl] a 사악한

◇ devil[dévl] C 악마

3 wherever[hwɛ-ərévəːr] ad 어디에서 ~ 하든지 상관없이

4 show up vi 나타나다. (= turn up)

◇ show ~ off vt ~을 자랑하다.

5 play a trick on ~ : ~에게 장난치다.

◇ trick[trɪk] C 속임수, 장난, 마술

6 fantastic[fæntǽstik] a 환상적인, (구어) 훌륭해 (= wonderful)

◇ fantasy[fǽntəsi] n 환상, 공상

7 my kind of ~ : 내가 좋아하는 유형의~ (= my type of ~, my cup of tea)

◇ a kind of : 일종의 (= a sort of)

◇ kind[kaind] C 종류 a 친절한

9 at a loss for words : 말문이 막힌 (= be speechless)

◇ at a loss : 어찌할 바를 모르는

◇ loss[lɔ(ː)s] n 상실

• "저 사악한 여자애를 조심해! 그녀는 나타나는 곳마다 사람들에게 장난을 쳐." "아주 좋아! 그녀는 내 취향이야." "할 말이 없다."

220

> • "However windy and snowy it may be tomorrow, the plane bound for China will take off." "Even so, flying on a stormy day is too risky."

Grammar 관계부사 **'however + 형용사/부사'**가 <u>부사절</u>에서 **no matter how**와 같은 의미로 쓰임. **may**는 양보절에 자주 쓰임.

1 however[hauevə(r)] ⓐⓓ 아무리 ~일지라도 ⓐⓓ 그러나

2 windy[wíndi] ⓐ 바람 부는

　◇ wind[waind] − wound[waund] − wound ⓥ ~을 감다.

　◇ wind up ~ing : 결국 ~ 하게 되다. (= end up ~ing)

3 snowy[snóui] ⓐ 눈 내리는

　◇ snowflake[snóuflèik] ⓒ 눈송이

　◇ blizzard[blízərd] ⓒ 눈보라

4 bound for : ~행의

　◇ be bound to do : 꼭 ~ 하게 될 것이다. ~해야 한다.

　◇ boundary[báundəri] ⓒ 경계

5 China[tʃáinə] ⓤ 중국 ⓒ 도자기

　◇ Chinese[tʃainíːz] ⓝ 중국인, 중국말 ⓐ 중국의

6 take off ⓥ 이륙하다. (옷을) 벗다. (⑪ : land 착륙하다.)

7 even so : 그렇다 하더라도

8 stormy[stɔ́ːrmi] ⓐ 폭풍우 치는

　◇ storm[stɔːrm] ⓒ 폭풍 ⓥ (~에) 들이닥치다.

9 risky[ríski] ⓐ 위험한

> • "내일 아무리 바람이 불고 눈이 와도 그 중국행 비행기는 뜰 것입니다."
> "그렇다 해도, 폭풍우 치는 날 비행기 타는 것은 너무 위험해요."

unit 13 명사·관사·대명사

• 명사는 사물의 이름을 나타내며 크게 **셀 수 있는 명사**와 **셀 수 없는 명사**가 있다.

a 셀 수 있는 명사

　i **보통명사** : 같은 종류의 것에 공통으로 쓰는 **호칭**

　예시 a dog(dogs), a car (cars), etc.

　ii **집합명사** : 개별적인 것이 모인 **집합체**

　예시 a family, a class, an audience, etc

　◎ **항상 복수인 명사** : police, cattle, people, etc

b 셀 수 없는 명사

　i **고유명사** : 특정한 것의 **고유의 이름**

　예시 Korea, Alex, Paris, etc.

　ii **물질명사** : 일정한 형태가 없는 물질 (액체, 기체, 몇몇 고체, 미립자)

　예시 water, air, paper, salt, etc.

　iii **추상명사** : 눈에 보이지 않는 **상상의 개념**

　예시 love, luck, happiness, etc.

　◎ **셀 수 있는 추상명사** : dream, idea, thought, etc.

• 명사의 역할

a **주어, 목적어, 보어**

　예시 Tom has left some money for us.

b 소유격/소유 대명사

　i **단수명사 + 's** : ~의 / ~의 것

　예시 Translating books is Tom's job. (톰의 직업)

　　That book is Tom's. (톰의 것)

　ii **복수명사 + s'** : ~의 / ~의 것

　예시 I couldn't find the boys' house. (그 소년들의 집)

Those clothes are the girls'. (그 소녀들의 것)

◎ **불규칙** 복수 명사의 경우 **'s**를 붙인다.

예시 I couldn't find the children's house. (그 아이들의 집)

• 대명사는 명사 대신에 쓰는 품사로 인칭, 지시, 부정, 재귀, 의문, 관계 대명사가 있다.

a 인칭 대명사 : **주격, 소유격, 목적격, 소유 대명사**로 변형 가능하다.

i 주격(∼는)/목적격

예시 I care about her but she doesn't care about me.

ii 소유격(∼의)/소유 대명사(∼의 것)

예시 I took your umbrella because yours looked similar to mine.

b 지시 대명사 : this(these), that(those), it(they), etc.

예시 These are my hairpins and those are my sister's.

c 부정 대명사 : some, any, all, one, another, the other, etc.

i some/any

예시 Most people criticized the corrupt politician but some still defended him.

ii one (일반적인 것) it (특정한 것)

예시 I needed a dictionary, so I bought one, but I lost it the next day.

iii비인칭 주어 **it** : 계절, 거리, 명암, 날씨, 날짜, 시간, 요일

예시 It was noon and it was May but it was still cold.

d 재귀 대명사 : myself, yourself(yourselves), himself, herself, ourselves, itself, themselves.

i 재귀 목적어 : 주어가 목적어로 쓰이는 경우.

예시 "I taught myself English." "wow, you must be proud of yourself."

ii 명사/대명사 강조

예시 Our manager herself is causing all the troubles.

• 관사 : 명사 앞에 놓여서 가벼운 제한을 가하는 품사로 **정관사와 부정관사**가 있다.

a 부정관사 : a **(발음상 자음 앞)**/an **(발음상 모음 앞)**은 **일반적인 대상** 앞에서 사용.

예시 a woman, an eagle, an hour(h는 발음이 되지 않는다.)

b 셀 수 있는 단수 명사 앞에서 사용.

i 일반적인 대상 하나/ 한 명

예시 She bought a basket and an orange at the mall.

ii ~ 당

예시 She can read two thick books an hour.

c 정관사 : the는 주로 **특정한 명사**를 언급할 때 사용

i 화자와 청자가 아는 대상

예시 Do you remember the strange people at the square?

ii 유일한 것/전체를 대표하는 경우

예시 She played the piano and the world seemed beautiful.

iii 같은 명사를 두 번째 언급하는 경우

예시 I rent a cheap boat and put my luggage in the boat.

221

- "For this magic trick, you have to prepare two pieces of paper and a cup of tea."

  "I am reluctant to learn such childish tricks." Joe mumbled.

Grammar **물질명사**는 셀 수 없기 때문에 나름의 **단위를 사용**하여 센다.

1 magic[mǽdʒik] Ⓤ 마술

   ◇ magician[mədʒíʃ-ən] Ⓒ 마술사

2 trick[trɪk] Ⓒ 마술 (기술), 속임수 Ⓥ ~을 속이다.

3 prepare[pripéər] Ⓥ (~을) 준비하다.

   ◇ prepare for : ~을 위해 준비를 하다.

   ◇ preparation[prèpəréiʃən] Ⓤ 준비

   ◇ in preparation for : ~에 대비하여

4 piece[piːs] Ⓒ ~개, 조각

5 tea[tiː] Ⓤ 차

   ◇ my cup of tea : 내 취향인

6 reluctant[rilʌ́ktənt] Ⓐ 내키지 않은

   ◇ be reluctant to do : 마지못해 ~ 하다.

7 childish[tʃáildiʃ] Ⓐ 유치한 (부정적)

   ◇ childlike[tʃáild làik] Ⓐ 어린애 같은 (긍정적)

8 mumble[mʌ́mb-əl] Ⓥ (~라고) 중얼거리다.

- "이 마술을 위해 여러분은 종이 두 장과 차 한 잔을 준비해야 합니다."
  "그런 유치한 마술은 배우고 싶지 않아."라고 조는 중얼거렸어요.

222

- "I used to go to the cafe once a day so that I could have bread and coffee."

  "I also went there to approach you as if by coincidence."

Grammar 여기서 관사 'a'는 '**〜마다**'의 의미로 '*per*'와 의미가 같다.

bread, coffee 둘 다 **셀 수 없는 물질 명사**이다.

'so that 주어 can/will/may〜' 는 목적(〜하기 위해서)의 의미를 가진다.

1 used to do (m) 한때 〜 했다.

　　◇ be used to do : 〜에 사용되다.

　　◇ be used to ~ing : 〜에 익숙하다.

2 cafe[kæféi] ⓒ 카페 (불어가 어원이어서 발음에 주의해야함)

3 once a day : 하루에 한 번

　　◇ once[wʌns] ⓐⓓ 한 번, 한때 ⓒⓞⓝ 일단 〜 하면

4 so that A can 〜 : 〜 하기 위해서

5 coffee[kɔ́ːfi] ⓤ 커피

6 bread[bred] ⓤ 빵

　　◇ a loaf of bread : 빵 한 덩어리

　　◇ bread-and-butter ⓐ 생계유지의, 가장 근본적인

7 approach[əpróutʃ] ⓥⓣ 〜에 접근하다. ⓒ 접근법

8 as if 〜 ⓒⓞⓝ 〜 마치 〜처럼

　　◇ as if by coincidence : 우연을 가장해서

9 by coincidence : 우연의 일치로

　　◇ coincidence[kouínsədəns] ⓝ 우연의 일치

　　　　• "저는 한때 빵과 커피를 마시려고 그 카페에 하루에 한 번씩 갔어요."
　　　　　"나도 거기에 갔었지. 우연을 가장해서 너에게 접근하려고."

223

• "I am reading about a girl travelling around the world. The girl is physically challenged." "She must be encouraging the disabled to overcome their handicaps."

Grammar 두 번째 같은 명사를 언급할 때와 유일한 것인 경우 'the'를 사용

the world는 유일해서 the와 함께 쓰인다.

the + 형용사 : 복수명사 (the disabled = disabled people)

1 travel around ☑ ~을 여행하며 다니다.

　◇ travel[trǽv-əl] ⓝ 여행, 이동

　◇ journey[dʒɔ́ːrni] ⓝ 여행, 이동 (주로 영국에서 사용)

2 physically[fízikəli] ⓐⓓ 육체적으로, 물리적으로 (⑪ : mentally)

　◇ physical[fízikəl] ⓐ 육체적인 (⑪ : mental)

3 challenge[tʃǽlindʒ] ☑ ~에 도전하다. ~을 강요하다. ⓝ 도전, 어려운 일

　◇ physically challenged : 지체 장애가 있는

4 encourage[enkɔ́ːridʒ] A to do : A가 ~ 할 것을 격려하다.

　◇ encouragement[enkɔ́ːridʒmənt] ⓤ 격려

5 overcome[òuvərkʌ́m] ☑ ~을 극복하다. (= conquer) ~을 압도하다.

6 handicap[hǽndikæp] ⓝ 장애, 불리한 조건 ☑ ~을 어려운 처지에 놓이게 하다.

* "나는 전 세계를 여행하는 여자아이에 대해 읽고 있어. 그녀는 약간의 신체적 장애를 겪고 있어."
"그녀는 장애인들이 그들의 장애를 극복하도록 격려하고 있음이 틀림없어."

224

* "Nick and Lucas are playing table tennis in the yard while their sister is playing the cello in the living room." "I am jealous of their living in the suburbs."

Grammar **play** 다음에 악기가 오면 **the**를 사용, 운동이 오면 **the** 사용안함.

집 안 시설과 방에는 **the**를 사용한다. (화자, 청자가 아는 곳임)

전치사 + 동명사 : 사이에 의미상 주어로 소유격이나 목적격 사용 가능.

1 table tennis ⓤ 탁구 (= Ping-Pong)

2 in the yard : 마당에서

◇ yard[jɑːrd] ⓒ 마당, 야드 (0.91미터)

◇ backyard[bǽkjɑːrd] ⓒ 뒤뜰

◇ courtyard[kɔ́ːrtjɑːrd] ⓒ 안뜰, 안마당

3 cello[tʃélou] ⓒ 첼로

4 living room[líviŋ ruːm] ⓒ 거실

5 jealous[dʒéləs] ⓐ (of) ～을 부러워하는

6 suburb[sʌ́bəːrb] ⓒ 교외 지역 (주로 복수로 사용한다.)

◇ suburban[səbə́ːrbən] ⓐ 교외의

◇ urban[ə́ːrbən] ⓐ 도시의

• "닉과 루카스는 그들의 누나가 거실에서 첼로를 연주하는 동안 마당에서 탁구를 하고 있어요."
"나는 그들이 교외 지역에 사는 것이 부러워요."

225

• "Nikita went to church by train last Sunday." "What a coincidence! I also went to the church by car to deliver some musical instruments and furniture at that time."

Grammar 장소가 원래 목적으로 쓰일 때 관사 사용 안함

by와 교통수단 사이엔 관사를 사용하지 않음

every, next, this, last + 시간 표현 앞에는 **전치사를 사용하지 않음**

같은 장소라도 원래 목적을 벗어나면 **관사를 붙인다. (the church)**

furniture, paper, soap, equipment, bread는 **셀 수 없는 명사**이다.

1 go to church : 교회에 가다

◇ church[tʃəːrtʃ] ⓒ 교회

◇ temple[témp-əl] ⓒ 사원

2 by train : 기차로

◇ train[trein] ⓒ 기차, 훈련 ⓥ 훈련하다.

3 what a coincidence! (구어체) 이런 우연의 일치가 있나!

　◇ coincidence[kouínsədəns] ⓝ 우연의 일치

4 deliver[dilívər] ⓥ (～을) 배달하다.

　◇ delivery[dilívəri] ⓤ 배달

　◇ deliver a speech : 연설하다.

5 musical instrument ⓒ 악기

　◇ musical[mjúːzik-əl] ⓐ 음악의 ⓒ 뮤지컬

　◇ instrument[ínstrəmənt] ⓒ 도구, 기구

6 furniture[fə́ːrnitʃə-r] ⓤ 가구 (셀 수 없는 명사)

　◇ furnish A with B : A에게 B를 제공하다. 가구를 배치하다.

7 at that time : 그 당시

• "니키타는 지난 일요일에 기차로 교회에 갔어."
"이런 우연의 일치가 있나! 나도 그때 교회에 몇몇 악기와 가구를 배달하기 위해서 차로 갔었어."

226

• "Whose tooth is this in the sink?" "That's mine. I've just pulled it out, mom."

"Why didn't you put it under your pillow?" "Now I am sensible enough not to."

Grammar 의문 대명사 who의 소유격 whose

　　　　　대명사 I의 소유대명사 mine (나의 것)

　　　　　대명사는 타동사와 부사 사이에 들어간다. (pull it out)

　　　　　대부정사 : to 부정사 다음에 중복된 부분이 있는 경우 to 에서 문장을 마무리 짓는다.

1 whose[huːz] pron 누구의, 누구의 것

2 tooth[tuːθ] ⓒ 이, 이빨 (pl : teeth)

　◇ permanent teeth pl 영구치

3 mine[main] pron 나의 것 ⓝ 광산, 지뢰 ⓥ (～을) 채굴해 내다.

　◇ mineral[mínərəl] ⓒ 광물, 미네랄

4 pull ~ out : ～을 뽑다.

  ◇ pull[pul] Ⓥ 당기다

  ◇ pull ~ off : ～을 성공적으로 해내다.

  ◇ pull over : 차를 길가에 대다.

5 pillow[pílou] Ⓒ 베게

6 sensible[sénsəbəl] ⓐ 현명한

  ◇ sensitive[sénsətiv] ⓐ 민감한

• "싱크대에 있는 이 이빨은 누구 것이니?" "제 것이에요. 제가 방금 뽑았어요, 엄마."
"베게 밑에 두지 그랬어?" "이제 그런 것은 안 할 만큼 똑똑해요."

227

• "Thanks!" "Don't mention it. You should take care of <u>yourself</u>." "Sorry but you should improve your handwriting <u>yourself</u>. I can't interpret your prescription."

Grammar 주어(you)가 다시 목적어로 오는 재귀 목적어 yourself 사용.

주어를 강조하기 위해서 **재귀 대명사**를 사용.

1 Don't mention it : 천만에요. (= you're welcome, not at all)

  ◇ mention[ménʃən] Ⓥ ～에 대해 언급하다.

2 take care of yourself : 건강관리 잘하세요.

  ◇ take care of : ～을 돌보다. (일을) 처리하다.

3 improve[imprúːv] Ⓥ ～을 개선하다. ～이 나아지다.

  ◇ improvement[imprúːvmənt] Ⓝ 개선, 향상

4 handwriting[hǽndràitiŋ] Ⓤ 글씨체

  ◇ handwritten[hǽndritn] ⓐ 손으로 쓴

5 interpret[intə́ːrprit] Ⓥ (～을) 해석하다. 통역하다.

  ◇ interpretation[intə̀ːrprətéiʃən] Ⓝ 통역, 해석

  ◇ translate[trænsléit] Ⓥ (～을) 번역하다.

6 prescription[priskrípʃən] ⋂ 처방, 처방전

◇prescribe[priskráib] ⋁ ∼을 처방하다.

228

• "Wow! Who repaired Tom's broken bicycle?" "Tom mended it himself." "Where did he acquire the necessary skills?" "He taught himself through trial and error."

Grammar 의문 대명사 **who/what**은 주어 역할을 할 수 있다.

앞에 나온 **명사/대명사 강조**를 위한 **재귀 대명사** 사용

teach oneself는 '**독학하다**'라는 의미로 oneself는 **재귀 목적어**이다.

1 repair[ripέəːr] ⋁ ∼을 고치다.

2 broken[bróukən] @ 고장 난, 깨진

◇ break[breik] − broke[brouk] − broken[bróukən] ⋁ (∼을) 고장 내다.

◇ go broke : 파산하다.

3 bicycle[báisikəl] ⓒ 자전거 (= bike)

◇ tricycle[tráisik-əl] ⓒ 세발자전거

4 mend[mend] ⋁ ∼을 수리하다. (옷, 신발) ∼을 수선하다.

5 acquire[əkwáiər] ⋁ ∼을 획득하다. (= obtain)

◇ acquisition[æ̀kwəzíʃən] ⋂ 획득

6 necessary[nésəsèri] @ 필수적인

◇ necessarily[nèsəsérəli] @d 필연적으로

◇ not necessarily @d 반드시 ∼은 아닌

7 teach oneself : 독학하다.

8 trial and error : 시행착오

◇ trial[trái-əl] ⋂ 재판, 실험

◇ error[érər] ⋂ 오류

* "와우! 누가 저 고장 난 자전거를 고쳤어?" "톰 스스로 고쳤어." "어디서 필요한 기술들을 습득했지?"
"시행착오를 거쳐서 스스로 배웠어."

229

* "I bought 2 pairs of pants. <u>These</u> are <u>your sister's</u> and <u>those</u> on your desk are <u>yours</u>." "Can I have <u>hers</u>? They appear more expensive." "You are greedy."

Grammar 선행하는 명사가 복수여서 복수 지시 대명사 These/those 사용

소유 대명사 : your sister's(언니의 것)/yours(너의 것)/hers(그녀의 것)

1 pair[pɛər] ⓒ 짝, 쌍 (안경, 바지 등. 짝으로 된 것을 셀 때 사용)

  ◇ in pairs : 둘씩 짝을 지어

  ◇ pair ⓥ ~을 둘씩 짝을 짓다.

2 pants[pænts] ⓟ 바지

  ◇ jeans[dʒíːnz] ⓟ 청바지

3 these[ðiːz] ⓟ 이것들 (ⓢ : this)

4 those[ðouz] ⓟ 저것들 (ⓢ : that)

5 expensive[ikspénsiv] ⓐ 비싼 (= costly)

  ◇ cheap[tʃiːp] ⓐ 값싼

6 greedy[gríːdi] ⓐ 욕심 많은

  ◇ greed[griːd] ⓤ 욕심

* "두 벌의 바지를 사왔다. 이것은 네 여동생 것이고 네 책상 위에 있는 것은 네 것이다."
"동생 것을 제가 가져도 될까요? 더 비싸 보이는데." "욕심쟁이 같으니."

230

* "It's already 3 a.m. and it's too far away from the shore. Let's go back."

"Don't be a coward. Isn't it marvelous to float on the ocean in the dark?"

Grammar **시간, 거리, 계절, 명암, 날씨, 날짜 등의 경우 비인칭주어 it** 사용.

가주어, 가목적어로 'it'을 사용할 수 도 있다.

1 a.m. : 오전 (⑫ : p.m.)

2 far away from : ~로부터 멀리 떨어진

　　◇ far[fɑːr] − farther[fɑ́ːrðər] − farthest[fɑ́ːrðist] ⓐ/ⓐⓓ 거리가 먼

3 shore[ʃɔːr] Ⓤ 뭍, 해안

　　◇ ashore[əʃɔ́ːr] ⓐⓓ 해안으로

4 coward[káuərd] ⓒ 겁쟁이

　　◇ cowardice[káuərdis] Ⓤ 겁

5 marvelous[mɑ́ːrv-ələs] ⓐ 기가 막힌

　　◇ marvel[mɑ́ːrv-əl] Ⓥ (~에) 감탄하다.

　　◇ marble[mɑ́ːrb-əl] Ⓤ 대리석 ⓒ 유리구슬, 공기

6 float[flout] Ⓥ 뜨다, 떠다니다.

7 in the dark : 어둠 속에서

* "지금 이미 새벽 3시고 우리 뭍에서도 너무 멀리 떨어졌어. 다시 돌아가자."
"겁쟁이처럼 행동하지 마. 어둠 속에서 바다 위를 떠다니는 것은 정말 기막히지 않니?"

unit 14 형용사·부사

• 형용사는 **성질과 상태**를 말해주는 말과 수량을 나타내는 말이 있다.

a 수량 형용사

i 셀 수 있는 명사 앞

– a few(몇몇), few(거의 없는), many(많은), (a number of : 많은)

예시 Few people have enough knowledge to understand the theory.

ii 셀 수 없는 명사 앞

– a little(약간), little(거의 없는), much(많은), (a good deal of : 많은)

예시 I felt little pain during the surgery.

iii 수와 양의 명사 앞

– some, any, a lot of(lots of), plenty of, enough

예시 Some people drink lots of milk a day.

b 한정사 (대명사) (뒤에 명사를 써도 되고 생략해도 된다.)

i 대상이 둘인 경우 : one(하나), the other(나머지 하나)

예시 There are two packages on the table. One (package) is mine and the other(package) is yours.

ii 대상이 셋 이상인 경우 : one, another(또 다른 하나)…, the other(나머지 하나)

예시 I have four plants. One(plant) has a bud, another(plant) has a flower, another(plant) has just leaves, and the other(plant) has plenty of thorns.

iii 한정된 대상을 여러 개로 묶는 경우 : some, the others (the other + 복수명사)

예시 I have seven friends. Some(friends) are outgoing and the others(the other friends) are reserved.

iv 한정되지 않는 대상을 여러 개로 묶는 경우 : some, others, still others…

예시 I have read many books. Some (books) are good, others(other books) are bad, and still others(other books) are indifferent(이도 저도 아닌).

•형용사의 용법

a **한정적 용법** : 앞이나 뒤에 오는 **명사를 수식**한다.

  i 앞에서 수식(**전치수식**)

  예시 The cute boy takes after his beautiful mother.

  ii 뒤에서 수식(**후치수식**) : −thing, −one, −body는 뒤에서 수식

  예시 I saw someone suspicious. He was carrying something big.

  ◎ **한정적으로만 쓰이는 형용사** : only, elder, former, inner, drunken, polar, etc.

b **서술적 용법** : 주격/목적격 **보어 역할**을 한다.

  i **주격보어**

  예시 The guy is deaf.

  ii **목적격 보어**

  예시 I consider her ambitious.

  ◎ **서술적으로만 쓰이는 형용사** : alive, alike, afraid, content, pleased, worth etc.

•부사는 동사, 형용사, 다른 부사, 문장 전체나 일부를 수식한다.

a 부사의 위치 : 일반적으로 부사의 위치는 자유롭다.

  i 수식하는 **동사 뒤/문미**에 위치

  예시 Homes examined the letter carefully.

  ii 수식하는 **형용사/부사 앞**

  예시 She did pretty well on the test but she was so disappointed.

  iii 문장 전체를 수식하는 경우 **문두**에 위치

  예시 Honestly, the experiment was a failure.

b 특정한 위치에만 있어야 하는 부사

  i **빈도부사** : **be 동사**와 조동사 뒤 그리고 일반 동사 앞에 위치한다.

  * always > usually > often > sometimes > rarely > never

  예시 Tom always cause problems but his teacher has never blamed him.

  ii **'타동사 + 부사'**의 경우 **대명사는 항상 부사 앞**에 위치한다.

예시 He turned on the light but turned it off right away.

iii 형용사/부사 + enough, enough + 명사

예시 Chris had enough knowledge but he was not smart enough to apply it.

c 주의해야 할 부사

i hard : ⓐ 단단한, 힘든, 열심히 하는, ⓐⓓ 열심히/hardly ⓐⓓ 거의 ~ 않다.

예시 I worked hard all day long but could hardly finish any tasks.

ii late : ⓐ 늦은 ⓐⓓ 늦게/lately ⓐⓓ 최근에

예시 Lately, you have been late for school. Do you get up late?

iii near : ⓐ 가까운 ⓐⓓ 가까이/nearly ⓐⓓ 거의

예시 I nearly couldn't see her until she came near to me.

iv high : ⓐ 높은 ⓐⓓ 높이/highly ⓐⓓ 매우, 좋게

예시 Alex was highly praised and he jumped high.

v 용법에 따라 뜻이 달라지는 형용사 : certain : 어떤(한정), 확신하는(서술)

예시 It is certain that certain people must have seen the scene.

vi 부사로 착각하기 쉬운 형용사 : lovely, friendly, costly, lonely

예시 A lonely old man bought a friendly dog.

vii so 형용사/부사 that 주어 + 동사, such 형용사 ⓐ/ⓐⓓ 명사 that 주어 + 동사

예시 He sang so well that all the audience was moved.

He was such a great singer that all the audience was moved.

231

* There <u>were few orphans</u> left in the room. They sat side by side <u>whispering</u> to one another. All including Jay anticipated being adopted to an affluent family.

Grammar 셀 수 있는 명사 앞 수량 형용사 **few** : 거의 ~ 없는

분사 구문 동시 동작 : ~하면서

1 few + 복수명사 : 거의 ~ 없는

　◇ a few : 소수의

2 orphan[ɔ́ːrfən] ⓒ 고아

　◇ orphanage[ɔ́ːrfənidʒ] ⓒ 고아원

3 side by side : 옆으로 나란히

　◇ side[said] ⓒ 옆, 측면

　◇ side effect ⓒ 부작용

4 whisper[hwíspəːr] ⓥ (~에 대해) 귓속말하다.

5 one another ⓐⓓ/ⓟⓡⓞⓝ 서로 (= each other)

6 including[inklúːdiŋ] ⓟⓡⓔⓟ ~을 포함하여

　◇ include[inklúːd] ⓥⓣ ~을 포함하다. (= contain)

7 anticipate[æntísəpèit] ⓥⓣ (~ ing) ~을 기대하다. ~을 예상하다.

　◇ anticipation[æntisəpéiʃən] ⓝ 기대

8 adopt[ədɑ́pt] ⓥ ~을 입양하다. 채택하다.

　◇ adoption[ədɑ́pʃən] ⓝ 입양, 채택

　◇ adapt[ədǽpt] ⓥⓘ (~ to) 적응하다. ⓥⓣ ~을 조정하다.

　◇ adaptation[æ̀dəptéiʃən] ⓝ 적응, 각색

9 affluent[əflúːənt] ⓐ 부유한 (= wealthy)

* 방안에 남아 있는 고아는 몇 되지 않았다. 그들은 서로에게 귓속말을 하면서 나란히 앉아있었다.
제이를 포함한 모두는 부유한 집에 입양되기를 기대했다.

232

> • "Suddenly, my dog started barking <u>so loudly that</u> I woke up." "<u>Maybe</u> it was chasing after a stray cat." "<u>Probably!</u>"

Grammar **문장 전체를 수식하는 부사는 주로 문두에 위치 (suddenly, maybe)**

So (형용사/부사) that ~ : 너무 ~ 해서 ~하다. so가 뒤의 형용사/부사를 수식하고 **that 절은 결과의 부사절.**

maybe 보다 probably는 **가능성이 높을 때** 쓴다.

1 suddenly[sʌ́dnli] ⓐⓓ 갑자기

  ◇ sudden[sʌ́dn] ⓐ 갑작스러운

2 bark[bɑːrk] ⓥⓘ (개가) 짖다

3 so ~ that ~ : 너무 ~해서 ~하다.

4 loudly[láudli] ⓐⓓ 시끄럽게, 큰 목소리로

  ◇ loud[laʊd] ⓐ 시끄러운

5 wake up : (잠에서) 깨다. ~을 깨우다. (= awake)

  ◇ wake[weik] − woke[wouk] − woken[wóukən] ⓥⓘ (잠에서) 깨다.

  ◇ awake[əwéik] ⓐ 깨어 있는 (서술적) ⓥ 깨다. ~을 깨우다. (= awaken)

6 chase[tʃeis] ⓥ (~을) 뒤쫓다.

7 stray cat ⓒ 도둑고양이

  ◇ stray[strei] ⓐ 길을 잃은

8 maybe[méibi] ⓐⓓ 아마도 (가능성이 낮을 때)

9 probably[prɑ́bəbli] ⓐⓓ 아마도 (가능성이 높을 때)

• "갑자기 우리 개가 너무 시끄럽게 짖어서 잠에서 깼어요." "아마도 도둑고양이를 쫓고 있었나 보지." "아마도"

233

> • "Tom runs fast enough to easily beat even professional marathoners."
> "Incredible! He used to suffer from chronic fatigue. How did he get over it?" "Did he?"

Grammar 부사 **enough to do** : ～ 할 만큼 충분히 ～ 하다.

　　　　　분리 부정사 : to 와 동사 사이에 부사가 자주 온다. (to easily beat)

　　　　　부사 even이 형용사 **professional**을 수식하고 있다.

　　　　　get over의 **over**는 부사가 아니라 **전치사**이다.

1 fast enough to do : ～ 할 만큼 충분히 빠르다.

　◇ fast[fæst] ⓐ/⒜ 빠른, 빠르게

2 beat[biːt] − beat − beaten[bíːtn] ⓥ ～을 이기다. ～을 두들겨 패다.

3 even[íːvən] ⒜ 심지어

4 professional[prəféʃənl] ⓐ 전문적인 ⓒ 전문가

　◇ profession[prəféʃən] ⓒ 전문직

5 marathoner[mǽrəθὰnər] ⓒ 마라톤 선수

　◇ run a marathon : 마라톤을 하다.

6 incredible[inkrédəbəl] ⒜ (믿기 어려울 만큼) 대단한

　◇ credible[krédəbəl] ⓐ 믿을 수 있는

　◇ credulous[krédʒələs] ⓐ 잘 속는

　◇ credit[krédit] ⓤ 외상, 칭찬, 학점 ⓥ ～을 신뢰하다.

7 chronic[kránik] ⓐ 만성적인 (⒝ : acute 급성의)

　◇ chronology[krənálədʒi] ⓝ 연대기

8 fatigue[fətíːg] ⓤ 피로

9 get over ～ : ～을 극복하다.

> • "톰은 전문 마라톤 선수도 쉽게 이길 만큼 달리기가 빠르다."
> "대단한걸! 그는 전에 만성 피로에 시달렸는데. 어떻게 극복한 거지?" "그래?"

234

• "The captain of our team is <u>such a hard worker that</u> he practices alone <u>even</u> <u>when</u> the other athletes are resting." "What motivates him?"

Grammar **such (a/an)** 형용사 명사 **that** 주어 + 동사 : 너무 ~해서(그 결과) ~하다.

부사 **even**이 **when** 절을 수식하고 있다.

숫자가 team으로 한정되어 있어서 **the other**를 사용하고 있다.

1 captain[kǽptin] ⓒ (팀의) 주장, 중대장

2 team[tiːm] ⓒ 팀 ⓥ 팀을 이루다.

　◇ on a team : 팀에 (전치사 in이 아니라 on을 사용한다.)

　◇ team up with : ~와 팀을 이루다.

3 such @/@ 형용사 명사 that ~ : 너무 ~해서 ~하다.

4 hard[hɑːrd] @ 열심히 하는, 단단한, 어려운 @ 열심히

　◇ hardly[hɑ́ːrdli] @ 거의 ~않다.

5 practice[prǽktis] ⓥ (~을) 연습하다. ⓝ 연습

6 alone[əlóun] @/@ 홀로

　◇ along[əlɔ́ːŋ] prep ~을 따라서

　◇ lonely[lóunli] @ 외로운

7 the other 복수명사 : 나머지 ~들 (숫자가 한정 된 경우)

　◇ other 복수명사 : 다른 ~ 들 (숫자가 한정되지 않은 경우)

　◇ other than that @ 그뿐 아니라, 그것만 빼면

　◇ other than prep ~말고도, ~아닌 다른

8 athlete[ǽθliːt] ⓒ (특히 육상) 운동선수, 운동을 즐기는 사람

　◇ athletic[æθlétik] @ 운동을 즐기는

　◇ athlete's foot ⓤ 무좀

9 motivate[móutəvèit] ⓥⓣ ~에게 동기를 부여하다.

　◇ motivation[mòutəvéiʃ-ən] ⓝ 동기, 의욕

• "우리 팀 주장은 엄청난 노력파로 다른 모든 선수들이 쉬고 있을 때도 혼자 연습을 해요." "동기가 뭘까요?"

235

* "Our travel guides <u>are usually</u> on time. They <u>rarely</u> come late." "<u>If you don't</u> <u>take</u> measures <u>right away</u>, we will call off the trip and demand a full refund."

Grammar 빈도부사는 **be** 동사와 조동사 뒤, 일반 동사 앞에 위치 (usually, rarely)

　　　　　이 문장에서 **late**는 부사이다.

　　　　　조건의 부사절은 현재가 미래를 대신한다.

1　travel guide : 여행 가이드

　　◇ travel[trǽv-əl] ⓝ 여행 ⓥ 여행하다.

　　◇ traveller[trǽvlə:r] ⓒ 여행객

　　◇ guide[gaid] ⓒ 안내자 ⓥ (〜을) 안내하다.

2　usually[júːʒluəli] ⓐd 보통, 대개

　　◇ usual[júːʒuəl] ⓐ 보통의, 평소의

3　on time : 시간을 어기지 않는, 정각에

　　◇ in time : (정해진 시간 보다) 이르게

4　rarely[rέə:rli] ⓐd 좀처럼 〜 않는 (= seldom)

　　◇ rare[rεə:r] ⓐ 드문

5　take measures : 조치를 취하다.

　　◇ measure[méʒə:r] ⓒ 조치, 기준 ⓥ 〜을 측정하다.

6　right away ⓐd 즉시 (= immediately)

7　call 〜 off : 〜을 취소하다. (= cancel)

　　◇ put 〜 off : 〜을 연기하다. (= postpone)

8　demand[méʒə:r] ⓥ 〜을 (강하게) 요구하다. ⓝ 수요, 요구

　　◇ demanding[dimǽndiŋ] ⓐ 힘든

9　a full refund : 전액 환불

　　◇ refund[rí:fʌnd] ⓒ 환불 ⓥ 〜을 환불하다.

* "우리 여행 가이드들은 보통 시간을 잘 준수합니다. 늦게 오는 경우가 거의 없습니다."
　"즉시 조치를 취하지 않으면 우리는 여행을 취소하고 전액 환불을 요구할 것입니다."

236

* "Paul took off his jacket but he put it on again and went out of the room."

"Recently, he got divorced, so he is mentally unstable, so to speak."

Grammar '타동사 + 부사'의 경우 목적어가 '명사'인 경우 부사 앞/뒤 어디에나 올 수 있다.

(take his jacket off/ take off his jacket)

목적어가 '대명사'인 경우 부사 앞에만 위치할 수 있다. (put it on)

문장 전체를 수식하는 부사(recently)와 부사가 형용사 수식(mentally stable)

1 take ~ off ⊻ ~을 벗다.

  ◇ take off ⊻ (비행기가) 이륙하다. (⊕ : land 착륙하다.)

2 jacket[dʒækit] ⓒ 재킷, 겉옷

3 put ~ on ⊻ ~을 입다. ~을 착용하다.

  ◇ put off : ~을 연기하다. (= postpone)

4 room[ruːm] ⓒ 방 ⓤ 공간

  ◇ make room for : ~을 위한 공간을 만들다.

5 recently[ríːs-əntli] ⒜ⓓ 최근에 (= these days)

  ◇ recent[ríːs-ənt] ⓐ 최근의

6 divorce[divɔ́ːrs] ⊻ ~와 이혼하다. (= be divorced from) ⓝ 이혼

7 mentally[méntəli] ⒜ⓓ 정신적으로 (= psychologically)

  ◇ mental[méntl] ⓐ 정신의 (= psychological)

8 unstable[ʌnstéibəl] ⓐ 불안정한 (⊕ : stable)

9 so to speak : 말하자면

* "폴은 재킷을 벗었다가 다시 입고 방에서 나갔어."
"그는 최근에 이혼해서 말하자면 정신적으로 불안한 상태예요."

237

> *I am certain that two people were killed in the garage. One victim was tall and the other was of average height. Neither of them was female.

Grammar certain : 서술적으로 '확실한'이다.

대상이 둘인 경우 하나는 **one**, 나머지 하나는 **the other**를 사용한다.

neither/either of 복수명사 + 단수동사

1 certain[sɔ́:rtən] ⓐ (서술) 확실한, (한정) 어떤

    ◇ certainty[sɔ́:rtənti] Ⓤ 확실성

2 kill[kil] ⓥ (~을) 죽이다.

    ◇ killer[kílər] Ⓒ 살인자 ⓐ 치명적인, 끝내주는

3 garage[gərá:ʒ] Ⓒ 차고

4 victim[víktim] Ⓒ 희생자

5 one ~ the other ~ : 하나는~ 나머지 하나는~

6 be of ~ : ~을 가진

7 average height : 평균 키

    ◇ average[ǽvəridʒ] Ⓒ 평균 ⓥ 평균이 ~ 이다.

    ◇ on average : 평균적으로

    ◇ height[hait] ⓝ 키, 높이

8 neither of 복수명사 + 단수동사 : ~ 둘 다 ~가 아닌

    ◇ either of 복수명사 + 단수동사 : 둘 중 하나

9 female[fí:meil] ⓐ 여성의, 암컷의 Ⓒ 여성, 암컷 (⊕ : male 남성의)

    ◇ feminine[fémənin] ⓐ 여성스러운 (⊕ : masculine)

*차고에선 분명 두 사람이 살해당했습니다. 희생자 한 명은 키가 컸고 다른 한 명은 키가 보통이었습니다. 둘 다 여자는 아니었습니다.

238

* A number of people who Alex was not acquainted with greeted him. It was after a long while that he found someone familiar at last.

Grammar **a number of** + 복수명사 + 복수동사, **the number of** 복명 + 단동

it is ~ that 강조 구문을 사용해서 **동사/형용사 빼고 대부분 강조 가능**

− one + 형용사 : − one/thing/body는 **형용사가 뒤에서 수식한다.**

1 a number of : 수많은

  ◇ the number of 복수명사 + 단수동사 : ～의 수

2 be acquainted with : ～와 안면이 있다, ～에 대해 알다.

  ◇ acquaintance[əkwéintəns] ⓒ 아는 사람

3 greet[gri:t] ⓥ ～에게 인사하다.

4 after a long while : 한참이 지나서

5 find[faind] − found[faund] − found ⓥ (～을) 발견하다.

  ◇ found − founded − founded ⓥ ～을 설립하다.

6 at last[læst] : 마침내 (= finally, eventually)

7 familiar[fəmíljər] ⓐ 친숙한 (= intimate)

  ◇ familiar with sth : ～와 친숙한

  ◇ familiar to sb : ～에게 친숙한

  ◇ familiarity[fəmìljǽrəti] ⓤ 친숙함

* 안면도 없던 수많은 사람들이 알렉스에게 인사를 했다. 한참이 지나서야 마침내 그는 친숙한 얼굴을 발견했다.

239

* The elderly man had little money so his relations urged him to sell his costly mansion. However, he resisted disposing of the real estate.

Grammar **little/a little + 셀 수 없는 명사** : money는 셀 수 없는 명사이다.

elderly와 **costly**는 부사같이 보이지만 **형용사**이다.

1 elderly[éldərli] ⓐ 나이가 지긋한

   ◇ elder[éldər] ⓐ 손위의 (가족에서만 씀)

   ◇ the elderly : 노년층

2 relation[riléiʃ-ən] ⓝ 관계, 친척

   ◇ relative[rélətiv] ⓒ 친척 ⓐ 상대적인

   ◇ relative to : ～와 비교해서, ～에 관한

3 urge[əːrdʒ] ⓥ ～을 촉구하다. ⓒ 욕구, 충동

   ◇ urgent[ə́ːrdʒənt] ⓐ 긴급한

   ◇ urgency[ə́ːrdʒənsi] ⓤ 긴급

4 sell[sel] − sold[sould] − sold ⓥ (～을) 팔다. (～을) 속이다.

   ◇ sold out : 매진되다. (= sell out)

5 costly[kɔ́ːstl] ⓐ 비싼 (= expensive)

6 mansion[mǽnʃ-ən] ⓒ 저택

7 resist[rizíst] ⓥ (～ing) ～에 저항하다.

   ◇ resistance[rizístəns] ⓤ 저항, 내성

8 dispose of ～ ⓥ ～을 처분하다.

   ◇ disposal[dispóuzəl] ⓤ 처분

   ◇ at one's disposal : ～의 마음대로 처분 가능한

   ◇ disposable[dispóuzəbəl] ⓐ 1회용의

   ◇ disposed to do : ～하고 싶은 마음이 드는

   ◇ disposition[dispəzíʃən] ⓒ 기질, 성격

9 real estate ⓒ 부동산 (비교 : movable assets 동산)

   ◇ estate[istéit] ⓒ 재산, (주택, 건물) 단지

* 그 노인은 돈이 없었다. 그래서 그의 친척들은 그에게 그의 비싼 저택을 팔라고 재촉했다.
그러나 그는 부동산을 처분하는 것을 거부했다.

240

• "The fox judged it nearly impossible to jump high enough to catch the grapes."

"In a sense, it rationalized its decision."

Grammar **목적격 보어로 형용사 'impossible' 사용**

judge + 가목적어 **it** + 목적격 보어 **to do** (진 목적어)

부사(high) + **enough to do**

1 judge it impossible to do : ～하는 것은 불가능하다고 판단하다.

◇ judge[dʒʌdʒ] ⒱ 판단하다.

◇ impossible[impάsəbəl] ⓐ 불가능한 (世 : possible)

2 jump[dʒʌmp] ⓥ (높이) 뛰다. ⓒ 급등

◇ jump on the bandwagon : 시류에 편승하다.

◇ get a jump on : ～에게 선수를 치다.

◇ with a jump : 벌떡

3 high[hai] ⓐ/ⓐd 높이, 높게 (물리적)

◇ highly[háili] ⓐd 매우, 잘, 높게 (추상적)

◇ think highly of : ～에 대해 높이 평가하다.

4 catch[kætʃ] − caught[kɔːt] − caught ⓥ 붙잡다. ⓒ 잡기

◇ catching[kætʃiŋ] ⓐ 전염성이 있는 (= infectious)

◇ catchy[kætʃi] ⓐ 관심을 끄는, 귀에 잘 들어오는

5 grape[greip] ⓒ 포도

◇ through the grapevine : 소문으로

6 in a sense : 어떤 의미에선

◇ in every sense : 모든 면에서

◇ sense[sens] ⓝ ～감 ⓥ ～을 감지하다.

7 rationalize[rǽʃ-ənəlàiz] ⒱ ～을 합리화하다.

◇ rational[rǽʃ-ənl] ⓐ 합리적인 (世 : irrational)

• "그 여우는 포도를 딸 수 있을 만큼 높이 뛰는 것이 거의 불가능하다고 판단했다."
"어떤 면에선 자신의 결정을 합리화한 것이겠죠."

271

unit 15 비교

• 형용사와 부사를 이용하여 성질, 상태, 수량을 비교하며 **원급, 비교급, 최상급** 비교가 있다.

• 비교급/최상급 형태

a 규칙변화 : **단어길이가 짧으면 뒤에 '–er'을 붙여서 비교급을, '–est'를 붙여 최상급을 만든다.**
단어가 긴 경우에는 more/most를 앞에 붙여 비교급이나 최상급을 만든다.

　i 1음절의 경우, **–er/–est**를 붙인다.

　　short – shorter – shortest / fast – faster – fastest

　　cheap – cheaper – cheapest / wise – wiser – wisest

　ii 단모음 **+** 단자음의 경우 **자음을 한 번 더 사용한다.**

　　big - bigger – biggest / thin – thinner – thinnest

　iii 2음절 단어 중 **–y**로 끝나는 경우 y를 빼고 **–ier/–iest**를 붙인다.

　　lucky – luckier – luckiest / heavy – heavier - heaviest

　　ugly – uglier – ugliest / early – earlier – earliest

　iv 그 외 **2음절 이상의 형용사/부사는 more, most**를 앞에 붙인다.

　　polite – more polite – most polite / serious – more serious – most serious

　v **–ly**로 끝나는 부사는 **more, most**를 앞에 붙인다.

　　slowly – more slowly – most slowly

　　carefully – more carefully – most carefully

　vi clever, narrow, quiet, shallow, simple은 **비교급, 최상급 형태가 두 개다.**

　　clever – cleverer/more clever – cleverest/most clever

b 불규칙 변화

　good, well – better – best / bad, ill – worse – worst

　many, much – more – most / little – less – least

　far – farther – farthest (거리) / ar – further – furthest (거리/정도)

　late – latter – last (순서) / late – later – latest (시간)

• 비교표현

a 원급 비교 : ～만큼 ～하다.

　i 긍정문 : **as ~ as**

　[예시] Your parents are <u>as upset as</u> your teacher (is).

　ii 부정문 : **not as/so ~ as**

　[예시] Onions are <u>not so spicy as</u> peppers (are).

　iii as ~ as **possible (= 주어 + can)**

　[예시] I will post all the pictures on my blog <u>as quickly as</u> possible.

　iv 배수사 **as ~ as** (= 배수사 + 비교급 + than)

　[예시] This beef looks <u>three times as fresh as</u> that pork.

　　(= This beef looks <u>three times fresher than</u> that pork.)

　◎ 배수사 **twice/half**는 **as ~ as** 하고만 <u>쓴다.</u>

　v **not so much A as B** : A라기 보다는 B이다.

　[예시] Tom is <u>not so much outgoing as reserved.</u>

b 비교급 비교 : 비교급 + than

　i **우등비교** : ～보다 ～하다.

　[예시] Nobody talks <u>more negatively than</u> my boss (does).

　ii **열등비교** : ～ 보다 덜 ～ 하다. **less ~ than** 사용

　[예시] This ring is <u>less expensive than</u> those earings (are).

　iii **the 비교급, the 비교급**

　[예시] The more tolerant you are of her, <u>the more rudely</u> she will behave.

　iv 비교급 강조 : **even, far, much, still, a lot, slightly** 등

　◎ **very**와 **so**는 비교급을 강조하지 못한다.

　[예시] The athlete's diet is <u>much more nutritious</u> than mine.

　v 라틴계열 비교급 : **superior/inferior/prior to~**

　[예시] The enemy is <u>inferior to</u> my soldiers in every respect.

c 최상급

　i the **최상급** + **of all/복수명사/시간** (～ 중에서 최고)

예시 The victory was the most glorious moment of my life.

ii the 최상급 + in 장소/조직 (~에서 최고)

예시 Cancer is the most common cause of death in Korea.

iii 비교급을 이용한 최상급 표현

예시 No (other) cause of death is as common as cancer in Korea.

= No (other) cause of death is more common than cancer in Korea.

= Cancer is more common than any other cause in Korea.

= Cancer is more common than all the other causes in Korea.

◎ 비교급 **than any other** 단수명사임을 잊지 말 것.

iv the 최상급(that) 주어 + 현재완료

예시 That's the most detailed explanation that I have ever heard.

v one of 최상급 + 복수명사

예시 It will be recorded as one of the most unfair trials in history.

vi 최상급 수식 : by far/much the 최상급, the very 최상급

예시 Lucas is by far the most courageous of my soldiers.

241

- "What's the weather like?" "It's as cloudy and rainy as yesterday. I feel blue."

  "It's a myth that overcast weather makes people gloomy. Don't get depressed."

Grammar **as ~ as** 원급비교 : **형용사/부사 원급**을 사용하여 동등함을 나타냄.

what ~ like?는 how와 비슷하지만 조금 더 **구체적인 정보**를 원할 때 사용된다.

it은 가주어이고 '**that절**'이 진주어이다.

1 What ~ like? : ～은 어때요? (= how)

2 as ~ as : ～만큼 ～한

3 cloudy[kláudi] ⓐ 흐린, 구름 낀

　　◇ cloud[klaud] ⓒ 구름

4 rainy[réini] ⓐ 비가 내리는

　　◇ (come) rain or shine : 무슨 일이 있어도

　　◇ rain[rein] ⓤ 비 ⓥ 비가 내리다.

5 feel blue : 우울하다.

　　◇ blue[bluː] ⓐ 우울한

　　◇ out of the blue : 난데없이

6 myth[miθ] ⓒ (잘못된) 통념, 신화

　　◇ mythology[miθάlədʒi] ⓤ 신화

7 overcast[òuvərkǽst] ⓐ (날씨가) 우중충한

8 gloomy[glúːmi] ⓐ 우울한

9 depressed[diprést] ⓐ 우울한

　　◇ depress[diprés] ⓥ ～을 우울하게 만들다.

　　◇ depression[dipréʃən] ⓝ 우울(증), 불경기

- "날씨는 어때요?" "어제처럼 흐리고 비가 와요. 우울 하군요"
"우중충한 날씨가 사람들을 우울하게 만든다는 것은 통념에 지나지 않아요. 우울해 하지 마요!"

242

• "This plain dish doesn't taste so sweet or salty as fast food (does). What's more, it digests well." "But it's not easy for clumsy people to eat."

Grammar 원급 비교 부정 : 부정문의 경우 **so, as** 둘 다 쓸 수 있다. as를 선호함.

1 plain[plein] ⓐ 담백한, 평범한, 명백한

2 dish[diʃ] ⓒ 요리, 접시

   ◇ do the dishes : 설거지를 하다.

3 not so(as) ~ as : ～만큼 ～않다.

4 sweet[swiːt] ⓐ 달콤한 ⓒ 사탕 (= candy)

   ◇ sweat[swet] ⓤ 땀 ⓥ 땀을 흘리다.

5 salty[sɔ́ːlti] ⓐ 짠

   ◇ salt[sɔːlt] ⓤ 소금

6 what's more : 게다가 (= furthermore, moreover)

7 digest[didʒést] ⓥ 소화하다, 소화되다.

   ◇ digestion[didʒéstʃən] ⓤ 소화

   ◇ indigestion[indidʒéstʃən] ⓤ 소화불량

8 clumsy[klʌ́mzi] ⓐ 서투른, 투박한

• "이 담백한 요리는 패스트푸드만큼 달거나 짜지 않습니다. 게다가, 소화도 잘됩니다."
"그러나 행동이 서투른 사람이 먹긴 쉽지 않아요."

243

• "Thanks to a lack of sugar, traditional food is usually less harmful than junk food." "That said, most Americans prefers the latter to the former."

Grammar 열등비교 : **less ~ + than**을 사용하여 '～보다 덜 ～하다'는 것을 표현.

prefer A to B는 라틴어계 비교급으로 'than'을 쓰지 않고 'to'를 쓴다.

1 thanks to : 〜 덕분에

2 a lack of : 〜의 결핍

   ◇ lack[læk] ⓝ 결핍 ⓥ〜이 결핍하다.

   ◇ lacking in : 〜이 결핍한

3 traditional[trədíʃən-əl] ⓐ 전통적인

   ◇ tradition[trədíʃ-ne] ⓝ 전통

4 less harmful ⓐ 덜 해로운

   ◇ harmful[háːrmfəl] ⓐ 해로운 (= detrimental)

   ◇ little[litl] − less[les] − least[liːst] ⓐ 적은

5 junk food ⓤ 불량 식품, 정크 푸드

   ◇ junk[dʒʌŋk] ⓤ 쓰레기

6 that said : 그렇다 쳐도

7 prefer[prifə́ːr] A to B : B보다 A를 더 좋아하다.

   ◇ preference[préfərəns] ⓝ 선호도

   ◇ preferable[préfərəbəl] ⓐ (〜to) 〜보다 더 좋은

8 the latter[lǽtəːr] pron 후자

9 the former[fɔ́ːrməːr] pron 전자

* "설탕이 들어 있지 않아서 대체로 전통음식은 불량식품보다 덜 해롭습니다."
"그렇다 쳐도. 대부분의 미국인들은 전자보다 후자를 더 좋아합니다."

244

* "It is reported that smoking is much worse than drinking." "Take a look at this article. Passive smoking is far more harmful." "That's a misleading report."

Grammar much, far를 사용하여 비교급 강조 : very는 비교급 앞에 쓸 수 없다.

1 It is reported that : ～라고 알려져 있다.

◇report[ripɔ́ːrt] ⊻ ～을 보고하다. ⓒ 보고서, 기사

◇reporter[ripɔ́ːrrtəːr] ⓒ (신문) 기자, 리포터

◇reportedly[ripɔ́ːrtidli] ⓐⓓ 들리는 바로는

2 smoking[smóukiŋ] ⓤ 흡연

◇smoke[smouk] ⊻ 흡연하다. ⓤ 연기

◇smoker[smóukəːr] ⓒ 흡연자

3 bad[bæd] – worse[wəːrs] – worst[wəːrst] ⓐ 나쁜

4 drinking[dríŋkiŋ] ⓤ 음주

◇drunk[drʌŋk] ⓐ 술 취한

◇drunken[drʌ́ŋkən] ⓐ (명사 앞) 술 취한 (한정적으로만 쓰임)

◇drunken driving : 음주 운전 (= driving under the influence)

5 take a look at : ～을 한번 보다.

6 article[ɑ́ːrtikl] ⓒ 기사, (법률) 조항, 관사

7 passive smoking ⓤ 간접흡연 (= secondhand smoking)

◇passive[pǽsiv] ⓐ 수동적인 (ⓐⓝⓣ : active 적극적인)

8 misleading[mislíːdiŋ] ⓐ 잘못된 정보를 주는

• "흡연은 음주보다 훨씬 더 나쁘다고 알려져 있죠." "이 기사를 보세요. 간접흡연이 더 해롭데요." "그건 잘못된 기사예요."

245

• That narrow path is the roughest of all the roads in this area.

(= That narrow path is rougher than all the other roads in this area.)

(= That narrow path is rougher than any other road in this area.)

(= No (other) path is as rough as that narrow path in this area.)

(= No (other) path is rougher than that narrow path in this area.)

Grammar 최상급 of all/복수명사 : ～중에서 가장 ～ 하다.

비교급/원급을 이용한 최상급 표현

1 narrow[nǽrou] − narrower − narrowest @ 좁은 (뻔 : wide)

(narrow − more narrow − most narrow 형태도 가능하다.)

◇ a narrow lead : 근소하게 앞섬

◇ by a narrow margin : 근소한 차로

◇ narrowly[nǽrouli] ad 겨우, 가까스로

2 path[pɑːθ] ⓒ 길, 작은 길 (= pathway)

◇ a career path : (경력상) 진로

◇ one's paths cross : ∼가 (우연히) 만나다.

3 rough[rʌf] − rougher − roughest @ 거친, 험한 (뻔 : smooth)

◇ roughly[rʌ́fli] ad 대략 (= approximately)

4 area[ɛ́əriə] ⓒ 지역, 분야 (= field)

5 other[ʌ́ðər] @ 다른 (+복수명사/셀 수 없는 명사)

* 저 좁은 길이 이 지역의 모든 길 중에서 가장 힘듭니다.

246

* "The earlier this medicine is administered, the more effective it is." "I am fed up with painkillers." "They are antibiotics." "What's the virtue of it?"

Grammar **he 비교급, the 비교급** : 어순에 주의를 해야 한다. (the more it is effective (x) > the more effective it is.)

1 early[ə́ːrli] − earlier[-lier] − earliest[-liest] @/ad 이른, 일찍

2 medicine[médəs-ən] ⓤ 약

◇ medical[médik-əl] @ 의학적인

3 administer[ædmínistər] vt (약물) ∼을 투여하다. ∼을 관리하다.

◇ administer to one's needs : ∼의 필요를 충족시키다.

◇ administration[ædminəstréiʃən] n 행정, 시행, 집행

◇ administrative[ædmínəstrèitiv] @ 관리의, 행정적인

◇ administrator[ædmínəstrèitər] ⓒ 행정가

4 provide[prəváid] ⓥ ∼을 제공하다. (= supply)

◇ provided[prəváidid] ⓒⓞⓝ 만약 ∼라면 (= providing)

5 the 비교급, the 비교급 : 더 ∼할수록 더 ∼하다.

6 be fed up with : ∼에 질리다. (= be sick and tired of)

7 painkiller[péinkilər] ⓒ 진통제

8 antibiotic[æ̀ntibaiátik] ⓒ 항생제

◇ antibody[æ̀ntibàdi] ⓒ 항체

9 virtue[və́ːrtʃuː] ⓒ 미덕, 이점, 약효

◇ by virtue of : ∼ 덕분에

◇ virtuous[və́ːrtʃuəs] ⓐ 고결한

• "이 약은 더 빨리 투여될수록 더 많은 효과를 볼 수 있습니다." "진통제는 질렸어요." "항생제예요." "효능이 뭔가요?"

247

• "The flight need not be delayed as the weather conditions are getting better and better." "Who is the captain here?" "My apologies."

Grammar 비교급 **and** 비교급 : 점점 더 ∼ 한

need가 부정문에서 조동사로 쓰이면 뒤에 <u>동사원형</u>이 올 수 있다.

1 flight[flaɪt] ⓒ 비행, 탈출

◇ a flight of stairs : 한 층의 계단

2 delay[diléi] ⓥ ∼을 지연하다. (= put off, postpone) ⓝ 지연

◇ without delay : 즉각

3 condition[kəndíʃən] ⓒ 상태, 조건 ⓥ ∼을 좌우하다. ∼을 길들이다.

◇ conditional[kəndíʃənəl] ⓐ 조건부의

4 better and better : 점점 더 좋아지는

◇ good/well − better[bétər] − best[best] ⓐ 좋은

5 as [con] ~때문에, ~할 때, ~함에 따라

6 captain[kǽptin] ⓒ 기장, 대장

7 my apologies : 죄송합니다.

   ◇ apology[əpάlədʒi] ⓒ 사과

   ◇ apologize[əpάlədʒàiz] to A for B : A에게 B에 대해 사과하다.

* "날씨 여건이 점차 좋아지고 있기 때문에 비행이 지연될 필요까지는 없습니다." "여기에서 누가 기장이죠?" "죄송합니다."

248

* "Allan is one of the most humble fellows that I've ever met in my neighborhood."

  "What is better, he is dedicating himself to helping troubled children."

Grammar **one of 최상급 + 복수명사** : 가장 ~ 한 사람 중 한 명

최상급 that 주어 + 현재 완료 : 지금까지 ~한

what is better는 앞에 긍정적인 말이 나온 경우 쓰고, **what is worse**는 앞에 부정적인 말이 나온 경우에 쓴다.

1 humble[hʌ́mbəl] ⓐ 겸손한, 미천한

2 fellow[félou] ⓒ 친구, 동료

3 in my neighborhood : 우리 동네에서

   ◇ neighborhood[néibərhùd] ⓤ 동네

   ◇ neighbo(u)r[néibər] ⓒ 이웃

   ◇ neighboring[néibəriŋ] ⓐ 근처의

4 what is better : 게다가 (금상첨화로)

   ◇ what is worse : 게다가 (설상가상으로)

5 dedicate[dédikèit] oneself to 명사/~ing : ~하는 데 전념하다. ~하는데 헌신하다.

   ◇ dedicate A to B : A를 B에 바치다. (= devote A to B)

   ◇ dedicated to 명사/~ing : ~에 헌신적인, 전념하는 (= devoted to)

6 troubled[trʌ́bld] ⓐ 정서 불안의, 걱정스러운

* "앨런은 우리 동네에서 내가 여태껏 만난 친구 중에서 가장 겸손한 친구 중 한 명이야."
"더 훌륭한 것은 어려움을 겪고 있는 아이들을 헌신적으로 돕고 있다는 거야."

249

* Venus is nearly twice as bright as Jupiter (is).

(= Venus is nearly two times brighter than Jupiter.)

Grammar 배수사 **as ~ as** : ~보다 ~배 ~하다. **twice**는 비교급과 쓰지 못함.

1   Venus[víːnəs] ⓤ 금성

2   nearly[níərli] ⓐⓓ 거의 (= almost)

◇ near[niər] ⓐ/ⓐⓓ 가까운, 가까이

◇ come near to 명사/~ing : ~에 견줄 만하다. 하마터면 ~할 뻔하다.

3   twice[twais] ⓐⓓ 두 배, 두 번 (= two times)

4   bright[brait] − brighter − brighter ⓐ 밝은, 영리한 (뻔 : dim)

◇ brighten[bráitn] ⓥ ~을 밝히다. 밝아지다.

5   Jupiter[dʒúːpətər] ⓤ 목성

* 금성은 목성보다 거의 두 배 밝다.

250

* The quality of these natural fabrics at this market is superior to that of the synthetic materials manufactured from your factory.

Grammar 라틴어계 비교급 **superior**는 뒤에 **than**이 아닌 **to**를 사용한다.

비교 대상이 같아야 하기 때문에 명사 반복을 피하는 **that** 사용.

1   quality[kwɑ́ləti] ⓝ 질, 특성

◇ quantity[kwántəti] ⓝ 양

2 fabric[fǽbrik] ⓝ 직물 (= material), (사회) 기반

◇ fiber[fáibər] ⓝ 식이섬유, 섬유(질)

◇ fabricate[fǽbrikèit] ⓥ (이야기) ~을 꾸며내다. (= make ~ up)

3 market[máːrkit] ⓒ 시장

◇ market share ⓐ 시장 점유율

4 superior[səpíəriər] (to) : (~보다) 우수한

◇ inferior[infíəriər] (to) : (~보다) 열등한

5 synthetic[sinθétik] ⓐ 합성의

◇ synthesize[sínθəsàiz] ⓥ ~을 합성하다.

◇ synthetic detergent : 합성세제

◇ photosynthesis[fòutousínθəsis] ⓤ 광합성

6 material[məti-əriəl] ⓝ (옷감) 천, 물질, 소재 ⓤ 소재, 자료

◇ raw material ⓤ 소재, 원료

◇ materialism[məti-əriəlìzəm] ⓤ 물질 만능주의

7 manufacture[mǽnjəfǽktʃəːr] ⓥ ~을 제조하다. (이야기) 꾸며내다.

◇ manufacturer[mǽnjəfǽktʃ-ərəːr] ⓒ 제조회사 (= maker)

◇ manufacturing[mǽnjəfǽktʃ-əriŋ] ⓤ 제조업

8 factory[fǽktəri] ⓒ 공장

* 여러분의 공장에서 제조되는 합성 섬유보다 이 시장에 있는 천연 섬유의 질이 더 우수합니다.

unit 16 가정법

•불가능하거나 반대되는 **상황**을 상상해서 표현하는 것이 가정법이다.

•가정법의 종류

a 제 1 가정법 (조건문) : **현재나 미래** 어떤 일이 벌어진다는 **조건을 진술**한다.

   형태 : if 주어 + **현재형**, 주어 will/can/may 동사원형

   예시 If you violate the rule, you will be punished harshly.

b 제 2 가정법 (가정법 과거) : **현재나 미래 반대 혹은 불가능**한 일 가정

   형태 : if 주어 + **과거형**, 주어 would/could/might/should 동사원형

   예시 If I were deprived of my freedom, I would fight back.

c 제 3 가정법 (가정법 과거완료) : **과거 반대 혹은 불가능한 일 가정**

   형태 : if 주어 + **had pp**, 주어 would/could/might/should have pp

   예시 If the detective hadn't neglected the evidence, he could have arrested her.

d 혼합 가정법 : **과거 반대 사실 가정 + 현재 반대 결과 가정**

   형태 : if 주어 + had pp, 주어 would/could/might/should 동사원형

   예시 If he hadn't divorced her, he wouldn't be dying alone.

e I wish 가정법

   i I wish 주어 + **과거형** : **현재 반대**되는 소망을 가정

   예시 I wish I could graduate on time.

   ii I wish 주어 + **had pp** : **과거 반대**되는 일을 소망하는 가정

   예시 I wish I had booked the tickets.

f as if 가정법 (= as though)

   i as if + 주어 + **현재형** : 추측

   예시 Jane talks as if she can solve the riddle.

ⅱ as if + 주어 + 과거형 : 현재 반대

예시 Jane walks as if her knee were injured.

ⅲ as if + 주어 + **had pp** : 주로 과거 반대

예시 The manager acts as if he had learned all the regulations by heart.

g ～이 없다면, ～이 없었다면

i ～이 없다면

형태 : without (= but for) + 명사, 주어 would/could/might/should do

= **if it were not for**

= **were it not for**

예시 Without the computer, life would be uncomfortable beyond imagination.

ⅱ ～ 이 없었다면

형태 : without (= but for) + 명사, 주어 would/could/might/should have pp

= **if it had not been for**

= **Had it not been for**

예시 But for his help, I might have committed suicide.

•도치

i were : **if**를 생략하고 **if** 자리에 **were**를 옮길 수 있다.

예시 If I were you, I wouldn't import those illegal goods.

› Were I you, I wouldn't import those illegal goods.

ⅱ had pp : **if**를 생략하고 **if** 자리에 **had**를 옮길 수 있다.

예시 If the chief had abandoned the plan, all the fire fighters there could have survived.

› Had the chief abandoned the plan, all the fire fighters there could have survived.

•가정법의 직설법 전환

a 접속사 **as**나 **so**를 사용하여 **직설법 전환**이 가능하다.

i 과거는 현재로 전환, 부정은 긍정으로/긍정은 부정으로 전환

예시 If I were deprived of my freedom, I would fight back.

(직설법 : As I am not deprived of my freedom, I won't fight back.)

(직설법 : I am not deprived of my freedom, so I won't fight back.)

ii 과거 완료는 과거로 전환, 부정은 긍정으로/ 긍정은 부정으로 전환

예시 If the detective hadn't neglected the evidence, he could have arrested her.

(직설법 : As the detective neglected the evidence, he couldn't arrest her.)

(직설법 : The detective neglected the evidence, so he couldn't arrest her.)

예시 If he hadn't divorced her, he wouldn't be dying alone.

(직설법 : He divorced her, so he is dying alone.)

b **I am sorry that ~ 사용하여 I wish 가정법을 직설법으로 전환**

i 과거는 현재로 전환, 부정은 긍정으로/긍정은 부정으로 전환

예시 I wish I could graduate on time.

(직설법 : I am sorry that I can't graduate on time.)

ii 과거완료는 과거로 전환, 부정은 긍정으로/긍정은 부정으로 전환

예시 I wish I had booked the tickets.

(직설법 : I am sorry that I didn't book the tickets.)

251

> • "If you keep throwing up and fainting, gene testing may help establish the cause of your symptoms." "During my absence, who could substitute for me?"

Grammar if 주어 + **현재형**, 주어 + 현재형 조동사 + do : 현재나 미래에 **실현 가능한 상황**을 얘기할 때.

   문맥상 'during my absence'가 '내가 만약 없다면'으로 **가정법 역할**을 해서 주가 되는 절에 **조동사 과거형** 사용. (could substitute)

1 throw up : 토하다.

   ◇ throw[θrou] − threw[θru:] − thrown[θroun] Ⓥ (〜을) 던지다.

   ◇ throw 〜 away : 〜을 버리다.

2 faint[feint] Ⓥ 기절하다. ⓐ 희미한

   ◇ a faint hope : 실낱같은 희망

3 gene[dʒi:n] Ⓒ 유전자

   ◇ genetic[dʒinétik] ⓐ 유전적인

   ◇ genetically modified : 유전자가 조작된 (= GM, genetically engineered)

4 help (to) do : 〜하는 것을 돕다.

   ◇ help A (to) do : A가 〜하는 것을 돕다.

   ◇ help A with B : A가 B하는 것을 돕다.

5 establish[istǽbliʃ] Ⓥ 〜을 설립하다. (원인)을 입증하다.

   ◇ establishment[istǽbliʃmənt] Ⓒ 기관, 설립

   ◇ the establishment : 기득권 세력

6 symptom[símptəm] Ⓒ 증상

7 absence[ǽbsəns] ⓝ 부재, 결핍

8 substitute[sʌ́bstitjù:t] Ⓥ 〜로 대체하다. Ⓒ 대용품, 대체품(인)

   ◇ substitute A for B : B를 대신해서 A를 사용하다.

   ◇ substitute for : 〜을 대신해서 일하다.

> • "계속 토하고 기절하면, 유전자 검사가 당신 증상의 원인을 밝혀내는 데 도움이 될 수 있어요."
> "내가 없는 동안, 누가 내 일을 대신할 수 있겠어?"

252

• If I were able to spare a little time, I would help look up information for your

philosophy assignment.

(도치 : Were I able to spare a little time, I would help you ~)

(직설문 : As I am not able to spare a little time, I will not help you ~)

Grammar if 주어 + 과거형, 주어 **would do** : 현재/미래 반대되는 일 가정

if 절에 **were**가 있으면 **if**를 생략하고 **were**를 그 자리에 옮길 수 있음.

1 be able to do (m) ～ 할 수 있다.

2 spare[spɛəːr] Ⓥ (시간을) 내다. 아끼다. @ 여분의

　 ◇ spare tire Ⓒ 예비 타이어

3 a little + 셀 수 없는 명사 @ 조금의

　 ◇ little[lítl] @ 거의 없는

4 look ~ up : (정보, 단어)를 찾다.

5 information[infərméiʃən] Ⓤ 정보

　 ◇ informatiye[infɔ́ːrmətiv] @ 유용한 정보가 있는

6 philosophy[filάsəfi] ⓝ 철학

　 ◇ psychology[saikάlədʒi] ⓝ 심리학

7 assignment[əsáinmənt] Ⓒ 숙제 (= homework)

• 만약 내가 시간을 조금이라도 낼 수 있다면 너의 철학 숙제를 위해 정보 찾는 것을 도울 텐데.

253

• If I had taken a shortcut to the station, I could have saved a few minutes.

(도치 : Had I taken a shortcut to the station, I could have saved a few minutes.)

(직설법 : As I didn't take a shortcut to the station, I couldn't save a few minutes.)

Grammar if 주어 **had pp**, 주어 **could have pp** : 과거 반대되는 일 가정

if절에 had pp가 있으면 **if**를 생략하고 if 자리에 **had**를 옮길 수 있다.

1   take a shortcut (to~) : 지름길로 ~에 가다.

   ◇ shortcut[ʃɔːrtkʌt] ⓒ 지름길

   ◇ cut short : 짧게 자르다.

2   station[stéiʃ-ən] ⓒ 기차역 (정관사 the와 함께 쓴다.)

3   save[seiv] ⓥ (~을) 절약하다. ~을 구하다.

   ◇ saving[séiviŋ] ⓒ 절약 ⓤ 저축

   ◇ savings ⓟ 저축한 돈, 예금

   ◇ savings account : 저축 예금 계좌

4   minute[mínit] ⓒ 분, 회의록 ⓐ[mainjúːt] 미세한

   ◇ second[sék-ənd] ⓒ 초

* 내가 만약에 지름길로 기차역에 갔었다면 몇 분을 아낄 수 있었을 텐데.

254

*If I had come to the airport by subway, not by bus, I wouldn't be stuck at customs now.

(도치 : Had I come to the airport by subway, not by bus, I wouldn't be stuck ~)

(직설법 : As I didn't come to the airport by subway, but by bus, I am stuck ~)

Grammar if 주어 **had pp**, 주어 **would do** : 혼합가정법으로 과거 사실과 반대되는 일을 가

정하고 이에 **반대되는 현재 결과**를 이야기하는 데 사용된다.

by + 교통/통신 수단 : **by**와 수단 사이에 관사를 사용하지 않는다.

1   airport[έərpɔ̀ːrt] ⓒ 공항 (정관사 the와 함께 쓴다.)

   ◇ port[pɔːrt] ⓒ 항구 (= harbor)

   ◇ transport[trænspɔ́ːrt] ⓥ ~을 운송하다.

◇ transportation [trǽnspəːrtéiʃ-ən] Ⓤ 운송

2 be stuck : 오도 가도 못 하고 있다.

◇ stick[stik] Ⓥ 찌르다. 붙이다.

◇ stick to : (신념, 계획 등)을 고수하다.

3 customs[kʌ́stəmz] Ⓟ 세관, 관세

◇ customs declaration Ⓒ 세관 신고서

◇ customs duty Ⓒ 관세

◇ custom[kʌ́stəm] Ⓝ 관습, 습관

* 버스가 아니라 지하철로 공항에 왔었더라면 나는 지금 세관에 걸려 있진 않을 텐데.

255

* I <u>wish</u> you <u>didn't take</u> his words at face value and hold a grudge against him.

(직설법 : I am sorry that you take his words at face value and hold a grudge against him.)

Grammar I **wish** 주어 + 과거형 : 현재 반대되는 소망을 표현할 때 쓰임.

I am sorry ~ 는 '**~이어서 유감이다.**'라는 의미를 가지고 있다.

1 I wish : ~라면 좋을 텐데

◇ wish 간접 목적어 + 직접 목적어 : ~가 ~하기를 바란다.

◇ wish[wiʃ] Ⓒ 소망

2 at face value : 액면가대로

◇ take ~ at face value : ~을 액면 그대로 받아들이다.

◇ value[vǽljuː] Ⓝ 가치 Ⓥ ~을 중요하게 여기다.

◇ valuable[vǽljuːəbəl] Ⓐ 가치 있는

◇ invaluable[invǽljuəbəl] Ⓐ 엄청 가치가 있는

◇ valueless[vǽljuːlis] Ⓐ 가치 없는

3 grudge[grʌʤ] Ⓒ 양심, 원한 Ⓥ ~을 시샘하다. (= begrudge)

◇ hold(bear/harbor) a grudge against : ~에게 악감정을 품다.

4 I am sorry (that) ~ : ~이어서 유감이다.

* 네가 그의 말을 액면 그대로 받아들이지 않고 악감정을 품지 않으면 좋을 텐데.

256

* I wish I hadn't given in to fear when a stranger threatened me with a knife.

 (직설법 : I am sorry that I gave in to fear when a stranger threatened me ~)

Grammar I wish 주어 had pp : 과거 반대되는 소망을 표현할 때 쓰임.

1 give in to : ~에 굴복하다. (= submit to)

 ◇ give up : ~을 포기하다.

2 fear[fiər] ⓤ 공포 ⓥ (~을) 우려하다. 꺼려하다.

 ◇ fearful[fiərfəl] ⓐ 두려워하는

 ◇ for fear of ~ : ~을 우려하여

3 stranger[stréindʒər] ⓒ 모르는 사람

 ◇ strange[streɪndʒ] ⓐ 낯선, 이상한

4 threaten[θrétn] ⓥ (~을) 위협하다. (= intimidate)

 ◇ threat[θret] ⓝ 위협 (= intimidation)

 ◇ pose a threat : 위협이 되다.

5 knife[naɪf] ⓒ 칼 (ⓟ : knives)

* 낯선 사람이 칼로 위협했을 때 내가 두려움에 굴복하지 않았다면 좋았을 텐데.

257

* "Jay acts as if he understood the concept of the scientific theory." "He is forever

 boasting of his comprehension abilities." "Thus, everyone despises him."

***Grammar* as if/as though** 주어 + 과거형 : 현재 반대되는 상황 가정

be forever ~ing : '끊임없이 ～ 하다'는 불평을 할 때 사용

1 as if : 마치 ～처럼 (= as though)

2 understand[ʌ̀ndərstǽnd] − understood[-stud] − understood Ⓥ (～을) 이해하다.

◇ make oneself understood in ~ : ～로 의사소통하다.

3 concept[kánsept] Ⓒ 개념

◇ conception[kənsépʃən] Ⓝ 이해, 임신

◇ conceive[kənsíːv] Ⓥ (～을) 구상하다. 임신하다.

4 theory[θíːəri] Ⓒ 이론

◇ theoretical[θìːərétikəl] ⓐ 이론적인

◇ in theory : 이론상으로는 (⑪ : in practice)

5 boast[boust] Ⓥ (~ of/about) (～을) 자랑하다.

◇ boastful[bóustfəl] ⓐ 뽐내는

6 comprehension ability Ⓒ 이해능력

◇ comprehension[kàmprihénʃən] Ⓤ 이해(력)

◇ comprehensible[kàmprihénsəbəl] ⓐ 이해할 수 있는

◇ comprehensive[kàmprihénsiv] ⓐ 포괄적인

◇ ability[əbíləti] Ⓒ 능력

7 despise[dispáiz] Ⓥ ～을 경멸하다. (= look down on)

* "제이는 마치 그 과학 이론의 개념을 이해한 것처럼 행동해요." "그는 끊임없이 자신의 이해력을 자랑하고 있어요."
"그래서 모두 그를 경멸해요."

258

* "John continuously makes up ridiculous stories. This time, he talks <u>as though</u> <u>he had witnessed an incident in person.</u>" "You can say that again. He is odd."

Grammar as if/though 주어 **had pp** : 과거 반대되는 상황 가정

1 continuously[kəntínjuəsli] ⓐⓓ 끊임없이 (= constantly)

   ◇ continuous[kəntínjuəs] ⓐ 끊임없는

2 make up : ～을 만들어 내다. (= fabricate) ～을 구성하다. (= compose)

   ◇ make up with : ～와 화해하다. (= reconcile with)

   ◇ make up for : ～에 보상하다. (잘못된 상황을) 만회하다.

3 ridiculous[ridíkjələs] ⓐ 터무니없는 (= absurd)

4 witness[wítnis] ⓥ (～을) 목격하다. ⓒ 목격자

5 incident[ínsədənt] ⓒ 사건

   ◇ incidental[ìnsədéntl] ⓐ 부수적인

   ◇ incidentally[ìnsədéntəli] ⓐⓓ 그건 그렇고, 그런데 (= by the way)

   ◇ incidence[ínsədəns] ⓝ 발생률, 빈도

6 in person : 직접 (= personally)

   ◇ person[pə́ːrsən] ⓒ 사람 (ⓟⓛ : people/persons)

7 you can say that again : 맞는 말이야. (= tell me about it)

8 odd[ɑd] ⓐ 이상한, 홀수의 (ⓐⓝⓣ : even 짝수의)

   ◇ the odds ⓟⓛ 가능성

   ◇ against all the odds : 모든 역경에도 불구하고

• "존은 끊임없이 터무니없는 이야기를 만들어 내고 있어요. 이번엔 그가 어떤 사건을 직접 목격했던 것처럼 얘기요."
"맞는 말이에요. 그는 이상해요."

259

• But for the inherent desire for survival, she would have committed suicide.

   (= Without the inherent desire for survival, she would have committed suicide.)

   (= If it had not been for the inherent desire for survival, she would have ~)

   (= Had it not been for the inherent desire for survival, she would have ~)

Grammar But for + 명사, 주어 **would/could/might have pp** : ~ 이 없었다면

without = but for = if it had not been for = had it not been for는 가정법 과거

완료에서 **같은 의미**를 지닌다.

1 but for : ~이 없었다면 (= without)

2 inherent[inhíərənt] ⓐ 내재된, 타고난

  ◇ inherit[inhérit] ⓥ (~을) 상속하다, 물려 받다.

  ◇ inheritance[inhérətəns] ⓒ 상속 재산

  ◇ heritage[héritidʒ] ⓤ 문화유산, 전통

3 desire[dizáiər] ⓝ 욕구, 열망 ⓥ ~을 열망하다.

  ◇ desired ⓐ 바라던

4 survive[sərváiv] ⓥ ~에서 살아남다.

  ◇ survival[sərváivəl] ⓤ 생존

5 commit suicide : 자살하다.

  ◇ suicide[sjúːəsàid] ⓤ 자살

* "타고난 생존 본능이 없었더라면 그녀는 자살을 했을 것이다.

260

* Without the special case, the phone couldn't withstand extremes of climate.

  (= But for the special case, the phone couldn't withstand extremes of climate.)

  (= If it were not for the special case, the phone couldn't withstand extremes of climate.)

  (= Were it not for the special case, the phone couldn't withstand extremes of climate.)

Grammar without + 명사, 주어 **would/could/might do** : ~이 없다면

without = but for = if it were not for = were it not for는 가정법 과거에서 **같은 의미**를 지닌다.

1 without[wiðáut] [prep] ~이 없다면, ~ 없이

  ◇ with[wið] [prep] ~이 있다면, ~을 가지고

2 case[keis] ⓒ 상자, 케이스, 경우

3 withstand[wiðstǽnd] ⓥ ~을 견디다.

4 extreme[ikstríːm] ⓒ 극단

  ◇ go to extremes : 극단으로 치우치다.

5 climate[kláimit] ⓒ 기후

  ◇ climate change ⓒ 기후변화

* 특수 케이스가 없다면, 그 전화기는 극단적인 기후를 견디지 못할 텐데.

unit 17 시제와 일치 화법

• 주절과 종속절 사이에 관계를 설정할 때 시제가 중요한 역할을 한다.

a 주절이 현재인 경우 **종속절엔 모든 시제**가 가능하다.

예시 I think the directions [are confusing, confused, will confuse] the public.

b 주절이 과거인 경우 **종속절엔 과거/과거완료** 시제가 가능하다.

예시 I thought you [had taken, were taking, took] notes.

c 시제 일치의 **예외**

i 일반적 진리, 격언, 습관 등 **항상 사실인 것들**

예시 The young boy didn't know that trees produce oxygen.

ii 역사적 사실은 항상 과거

예시 We learned that Korea regained its independence in 1945.

• 타인의 말을 그대로 옮겨 쓰는 **직접화법**과 자신의 말로 바꿔 쓰는 **간접화법**이 있다.

a 평서문 화법전환

i 주절의 동사 : **say > say that~** , 종속절 시제는 규칙에 따라 변형.

예시 Tom said, "The beach is too crowded now."

  › Tom said that the beach was too crowded then.

ii 주절의 동사 : **say to sb > told sb that ~**, 종속절 시제는 규칙에 따라 변형.

예시 The chef said to her, "You need more ingredients."

  › The chef told her that she needed more ingredients.

iii 종속절의 **인칭 대명사의 변화**에 주의해야 한다.

예시 Alex said to her. "I am seeking the best solution for you."

  › Alex told her that he was seeking the best solution for her.

b 의문문의 화법전환 (간접 의문문으로 전환)

i 의문사가 없는 의문문 : **ask if/whether** ~ 사용

예시 My daughter said to me, "Can you pick me up on your way home?"

› My daughter asked me if/whether I could pick her up on my way home.

ii 의문사가 있는 의문문

– who, what, which (의문 대명사 : 주어, 목적어, 보어가능)

예시 Kevin said to Annie, "What happened to you yesterday?"

› Kevin asked Annie what had happened to her the previous day.

예시 Tom said to her, "What do you want to receive as a present tomorrow?"

› Tom asked her what she wanted to receive as a present the next day.

– where, when, why, how (의문 부사)

예시 Tom said to her, "Why didn't you try to win the game?"

› Tom asked her why she hadn't tried to win the game.

c 명령문의 화법전환

i 긍정명령 : order, ask, tell, advise 목적어 to do로 전환

예시 The physician said to the nurse, "Give the patient an injection."

› The physician told the nurse to give the patient an injection.

ii 부정명령 : order, ask, tell, advise 목적어 not to do로 전환

예시 The police said to the crowd, "Don't cross the line."

› The police ordered the crowd not to cross the line.

d 지시대명사/부사/형용사 등의 변화

i today > that day, yesterday > the day before, the previous day,

tomorrow > the next day, the day after

예시 The engineer said, "I will update the software today."

› The engineer said that he would update the software that day.

ii ~ ago > ~ before, next ~ > the following ~, last ~ > the previous ~

예시 John said, "My brother won the lottery 2 years ago."

› John said that his brother had won the lottery 2 years before.

iii now > then, this > that, here > there

예시 Chris shouted in the basement, "I have found treasures here."

› Chris shouted in the basement that he had found treasures there.

261

* "It is certain that the honest boy hasn't hidden anything from us." "Don't jump to conclusions." "Do you have any suggestions?" "Look through his luggage now."

Grammar **주절이 현재시제인 경우 종속절엔 모든 시제가 가능하다.**

부정 명령문은 don't로 긍정 명령문은 동사 원형으로 문장을 시작한다.

1 certain[sə́ːrtən] ⓐ 확실한 (서술) ⓐ 어떤 (명사 앞)

   ◇ certainly[sə́ːrtənli] ⓐⓓ 확실히 (= for certain)

   ◇ to a certain degree : 어느 정도는

2 honest[ɑ́nist] ⓐ 정직한 (ⓐ : dishonest)

3 hide A from B : B에게서 A를 숨기다.

   ◇ hide[haid] − hid[hid] − hidden[hídn] ⓥ 숨기다. 숨다.

4 jump to conclusions : 성급하게 결론짓다.

   ◇ conclusion[kənklúːʒən] ⓒ 결론

   ◇ conclude[kənklúːd] ⓥ (∼의) 결론을 내리다.

5 suggestion[səgdʒéstʃən] ⓒ 제안

   ◇ suggest[səgdʒést] ⓥ (∼ing) ∼을 제안하다.

6 look through : ∼을 뒤지다.

   ◇ look into : ∼을 조사하다.

7 luggage[lʌ́gidʒ] ⓤ 짐 (= baggage)

* "그 정직한 아이는 우리에게 아무것도 숨기고 있지 않다는 건 확실해요."
"너무 성급하게 결론짓지 마세요." "제안하고 싶은 거라도 있나요?" "지금 그의 짐을 뒤져 보세요."

262

* Billy found out that his little brother had taken part in the dangerous car racing on behalf of his friend without permission.

Grammar 주절의 시제가 과거인 경우 종속절은 과거나 **과거완료**만 가능하다.

1 find out : ∼을 알아내다.

   ◇ find[faind] − found[faund] − found ⓥ (∼을) 찾아내다.

2 little brother : 남동생

   ◇ older(elder) brother : 형, 오빠

3 take part in : ∼에 참여하다. (= participate in)

4 dangerous[déindʒərəs] ⓐ 위험한

   ◇ danger[déindʒər] ⓝ 위험

5 car racing : 자동차 경주

   ◇ race[reis] ⓝ 경주, 인종 ⓥ (∼와) 경주하다. 급하게 가다.

   ◇ racism[réisiz-əm] ⓤ 인종 차별

6 on behalf of : ∼을 대신하여, ∼을 대표하여

7 permission[pəːrmíʃən] ⓤ 허락 (= consent)

   ◇ without permission : 허락 없이

   ◇ permit[pəːrmít] ⓥ ∼을 허락하다.

   ◇ permit A to do : A가 ∼ 하는 것을 허락하다.

* 빌리는 남동생이 허락을 받지 않고 친구를 대신해서 위험한 자동차 경주에 참가했었다는 것을 알아냈다.

263

* I learned in elementary school that water freezes at zero degrees Celsius.

Grammar 시제 일치의 예외 : **불변의 진리**의 경우 **항상 현재형** 사용

1 learn[lə:rn] Ⓥ (~을) 배우다.

  ◇ learned[lə́:rnid] ⓐ 학식이 풍부한

2 elementary school : 초등학교

  ◇ elementary[èləméntəri] ⓐ 기초의

  ◇ element[éləmənt] Ⓝ 요소, 원소

3 water[wɔ́:tər] Ⓤ 물 Ⓥ ~에게 물을 주다.

4 freeze[fri:z] − froze[frouz] − frozen[fróuzən] Ⓥ 얼다, (~을) 얼리다.

  ◇ freezing[frí:ziŋ] ⓐ 얼어붙을 듯이 추운 Ⓤ 어는점

5 degree[digrí:] Ⓒ ~도, 정도, 학위

6 celsius[sélsiəs] Ⓤ 섭씨

  ◇ fahrenheit[fǽrənhàit] Ⓤ 화씨

• 저는 물이 영도에서 언다는 것을 초등학교 때 배웠습니다.

264

• "Our history teacher taught that <u>Napoleon became the emperor of France in 1804.</u>" "You have a good memory."

Grammar **역사적 사실은 항상 과거형을 사용한다.**

1 history[hístəri] Ⓝ 역사

  ◇ historical[histɔ́(:)rikəl] ⓐ 역사의

  ◇ historic[histɔ́(:)rik] ⓐ 역사적으로 중요한

2 teach[ti:tʃ] − taught[tɔ:t] − taught Ⓥ 가르치다.

  ◇ teaching[tí:tʃiŋ] Ⓤ 교육, 가르침

3 emperor[émpərər] Ⓒ 황제

  ◇ empire[émpaiər] Ⓒ 제국

  ◇ imperial[impíəriəl] ⓐ 제국의

4 France[fræns] Ⓤ 프랑스

◇ French[frentʃ] ⓐ 프랑스의 ⓝ 프랑스어

5 have a good memory : 기억력이 좋다.

　　◇ memory[méməri] ⓒ 기억

　　◇ memorize[méməràiz] ⓥ ～을 기억하다.

　　◇ memorial[mimɔ́:riəl] ⓒ 기념비 ⓐ 기념의

• "우리 역사 선생님이 나폴레옹이 1804년에 프랑스 황제가 되었다는 것을 가르쳐주셨어요." "기억력 좋은데."

265

• Katie said, "I will pay off all of my debts tomorrow."

(= Katie said (that) she would pay off all of her debts the following day.)

Grammar 직접화법을 간접화법으로 전환 시 **주절의 동사**(say > say that), **종속절 대명사**(I, my > she, her)와 **시제**(will > would) 그리고 **시간의 부사구**(tomorrow > the following day)의 전환에 주의를 기울여야 한다.

1 pay off ⓥ 빚을 다 갚다. ⓥ 성과를 거두다.

　　◇ pay back ⓥ 돈을 갚다. 복수를 하다.

　　◇ pay[pei] － paid[peid] － paid ⓥ ～을 지불하다.

2 debt[det] ⓒ 빚 (b는 소리가 나지 않는다.)

　　◇ be in debt : 빚지고 있다.

3 following day : 다음날

　　◇ follow[fálou] ⓥ (～을) 뒤따르다.

• 케이티는 "나는 내 모든 빚을 내일 갚을 거야."라고 말했어.
(= 케이티는 그녀가 자신의 모든 빚을 다음날까지 갚겠다고 말했어.)

266

• Tom said to his lawyer, "Can you give me some advice about the law now?"

(= Tom asked the lawyer if/whether she could give him some advice about the law then.)

Grammar **의문사가 없는 의문문** 직접화법을 간접화법으로 전환 시 **주절의 동사**(say > ask), 그리고 **종속절의 접속사**(if/whether), **종속절의 대명사**(you, me > she, him)와 **시제**(can > could), **시간의 부사구**(now > then), 및 **어순 전환**(의문사 + 주어 + 동사)에 주의를 기울여야 한다.

1 lawyer[lɔ́ːjəːr] ⓒ 변호사 (= advocate)

  ◇ law[lɔː] ⓝ 법률

  ◇ practice law : 변호사로 일하다.

2 give advice : 조언을 해주다.

  ◇ advice[ædváis] ⓤ 조언, 충고 (= (c)tip)

  ◇ advise[ædváiz] ⓥ (~에게) 충고하다.

3 if/whether ⓒⓞⓝ ~인지 아닌지

4 then[ðen] ⓐⓓ 그때, 그러면, 그리고 나서

• 지금 저에게 법에 대해 약간의 조언을 해주실 수 있나요?"라고 톰은 변호사에게 말했습니다.
(그때 톰은 법에 대해 약간의 조언을 해줄 수 있는지를 그의 변호사에게 물었습니다.)

267

• Henry said to me, "How did you earn a living on the remote island 2 years ago."

(= Henry asked me how I had earned a living on the remote island 2 years before.)

Grammar **의문사가 있는 의문문** 직접화법을 간접화법으로 전환 시 **주절의 동사**(say > ask), 그리고 **종속절의 접속사**(의문사 : how), **종속절의 대명사**(you > I)와 **시제**(did > had pp), **시간의 부사구**(~ago > ~before), 및 **어순 전환**(<u>의문사 + 주어 + 동사</u>)에 주의를 기울여야 한다.

1 earn a living : 생계를 유지하다. (= make a living)

   ◇ earn[əːrn] Ⓥ (~을) 벌다. ⓥ ~에게 벌어주다.

2 on the island : 섬에서

   ◇ island[áilənd] ⓒ 섬

3 remote[rimóut] ⓐ 외딴, 먼

4 ~ ago[əgóu] ⓐⅾ ~전 (과거시제)

   ◇ ~ before[bifɔ́ːr] ⓐⅾ ~전 (과거 완료시제)

* "2년 전에 그 외딴 섬에서 어떻게 생활비를 벌었어?"라고 헨리가 저에게 말했어요.
  (= 2년 전에 그 외딴 섬에서 어떻게 생활비를 벌었는지 헨리가 저에게 물었어요.)

268

* The mechanic <u>said</u>, "<u>Who invented this</u> unusual automobile with two steering wheels."

(= The mechanic <u>asked who had invented that</u> unusual automobile with two steering wheels.)

Grammar **의문사가 있는 의문문** 직접화법을 간접화법으로 전환 시 **주절의 동사**(say > ask), 그리고 **종속절의 접속사**(의문사 : who), **종속절의 대명사**(this > that) 와 **시제**(did > had pp), 및 **어순 전환**(<u>의문사 + 주어 + 동사</u>)에 주의를 기울여야 한다. 그러나 **이 문장의 주어는 의문사**(who)이므로 **어순의 변화가 없다.**

1 mechanic[məkǽnik] ⓒ 정비공

   ◇ mechanical[məkǽnik-əl] ⓐ 기계의

◇ mechanical pencil ⓒ 샤프펜슬

◇ mechanism[mékəniz-əm] ⓒ 구조, 체제, 기제

◇ a mechanism for ~ : ~을 위한 체제

2 invent[invént] ⓥ (~을) 발명하다.

◇ invention[invénʃən] ⓝ 발명, 발명품

◇ inventor[invéntər] ⓒ 발명가

3 unusual[ʌnjúːʒuəl] ⓐ 특이한 (⒝ : usual)

◇ usually[júːʒluəli] ⓐⓓ 늘 상

4 automobile[ɔ́ːtəməbiːl] ⓒ 자동차

◇ autobiography[ɔ́ːtəbaióɡrəfi] ⓒ 자서전 (비교 : biography 전기)

◇ autograph[ɔ́ːtəɡræf] ⓒ (유명인의) 서명 (비교 : signature (계약서) 서명)

5 a steering wheel ⓒ 자동차 운전대

◇ steer[stiər] ⓥ (~을) 조종하다. 이끌다.

◇ wheel[hwiːl] ⓒ 바퀴, 운전대

◇ behind(at) the wheel : 운전 중에

* "누가 이 운전대가 두 개 달린 특이한 자동차를 발명했나요?"라고 그 정비공이 말했어요.
  (= 그 정비공은 누가 운전대가 두 개 달린 그 특이한 자동차를 발명했는지를 물었어요.)

269

* I said to Levi, "Withdraw some cash from the bank just in case."

  (= I advised Levi to withdraw some cash from the bank just in case.)

Grammar 직접화법 **명령문** : **'tell, advise, ask... + 목적어 + to do'** 형태로 간접화법으로
전환 가능

1 withdraw[wiðdrɔ́ː] – withdrew – withdrawn ⓥ (돈을) 인출하다. ~을 철회하다.

◇ withdrawn[wiðdrɔ́ːn] ⓐ 내성적인 (= reserved)

◇ withdrawal[wiðdrɔ́ː-əl] ⓤ 인출, 철회

◇ withdrawal symptom ⓒ 금단 현상

2 cash[kæʃ] ⓤ 현금

3 bank[bæŋk] ⓒ 은행, 강둑

4 just in case : 만약의 경우에 대비해

◇ case[keis] ⓒ 경우, 사건

◇ in case 주어 + 동사 ⓒⓞⓝ ~ 한 경우에 대비해

◇ as is often the case with : ~에게 자주 있는 일이지만

5 advise 목적어 to do : ~에게 ~하라고 충고하다.

◇ advice[ædváis] ⓤ 충고

• "만약의 경우를 대비해서 약간의 돈을 인출해 둬."라고 저는 리바이에게 말했어요.
(= 저는 리바이에게 만약의 경우를 대비해서 약간의 돈을 인출해두라고 충고했어요.)

270

• The dictator said to his generals, "Don't take your comfortable lives for granted."

(= The dictator told his generals not to take their comfortable lives for granted.)

Grammar 직접화법 **부정 명령문** : 'tell, advise, ask… + 목적어 + **not to do**' 형태로 간접 화법으로 전환 가능.

1 dictator[díkteitər] ⓒ 독재자

◇ dictate[díkteit] ⓥ (~을) 받아쓰게 하다. (~을) 규정하다.

◇ dictation[diktéiʃən] ⓝ 받아쓰기

2 general[dʒénərəl] ⓒ 장군 ⓐ 일반적인

◇ in general : 일반적으로 (= as a general rule)

3 comfortable[kʌ́mfərtəbəl] ⓐ 편안한

◇ comfort[kʌ́mfərt] ⓝ 편안함, 위로 ⓥ ~을 위로하다.

4 take A for granted : A를 당연한 것으로 여기다.

◇ grant[grænt] Ⓥ ∼을 승인하다. 인정하다. Ⓒ 지원금

5 tell A to do : A에게 ∼하라고 말하다.

◇ tell A from B : A와 B를 구분하다. (= distinguish A from B)

* "여러분의 편안한 삶을 당연한 것으로 생각지 마세요."라고 그 독재자는 그의 장군들에게 말했어요.
(= 그 독재자는 그의 장군들에게 그들의 편안한 삶을 당연한 것으로 받아들이지 말라고 얘기했어요.)

unit 18 특수 구문

- 강조 구문 : 특정어구나 단어를 사용하여 명사, 대명사, 동사 등을 강조

a **동사 강조 : do + 동사원형**

   예시 Ted did lie to me but he pretended not to in front of you.

b **부정문 강조 : not ~ at all, in the least**

   예시 You don't bother me in the least, so I don't mind at all.

c **의문문 강조** : 의문사 + **on earth, in the world, ever**

   예시 What on earth is the architect trying to build there?

d **it is ~ that** 강조구문

   i 평서문 : **동사/형용사 이외 대부분 강조 가능**

   예시 My niece picked up the ring at the flea market last month.

   > It was my niece **that(who)** picked up the ring at the flea market ~.

   > It was the ring **that(which)** my niece picked up at the flea market ~.

   > It was at the flea market **that(where)** my niece picked up the ring ~.

   > It was last month **that(when)** my niece picked up the valuable ring ~.

   ii 의문문 : **의문사 + is it that** 주어 + 동사?

   예시 Where did you learn such valuable lessons?

   > Where was it that you learned such valuable lessons?

- 도치구문 : **부사어(구)나 부정어(구)**를 강조하기 위해 **문두로** 자리를 옮긴다.

a **부사어(구) 도치**

   i **주어가 명사인 경우** : 부사어(구) + 동사 + 주어

   예시 Big whales swam under the deep sea.

   > Under the deep sea swam big whales.

   ii **주어가 대명사인 경우** : 부사어(구) + 주어 + 동사

   예시 They swam under the deep sea.

› Under the deep sea they swam.

b 부정어(구) 도치 : 부정어구 + be/조동사/do + 주어 ～

i never, little, hardly, little, seldom, rarely 등

예시 You'll never know how much we appreciate your help.

› Never will you know how much we appreciate your help.

ii not, no, only +명사/부사(구/절)

예시 I didn't notice how invaluable the information was until then.

› Not until then did I notice how invaluable the information was.

c ～도 역시 ～ 하다.

i so + be/조동사/do + 주어 : (긍정문) ～도 역시 ～하다.

예시 "My favorite dish is steak." "So is mine."

ii neither(= nor) + be/조동사/do + 주어 : (부정문) ～ 도 역시 ～하다.

예시 I don't like the subject and neither does Tom.

= I don't like the subject nor does Tom. **(nor는 접속사 포함한다.)**

• 부정 구문

a 전체부정 : no, nothing, none, neither...

예시 My efforts bore no fruit.

b 부분부정 : not + always, all, necessarily, both, every : 모두 그런 건 아니다.

예시 Not all of his ideas are highly original.

c 이중부정 :

i never fail to do : 반드시 ～ 하다. (= without fail)

예시 Alex never fails to meet the deadline.

ii never ～ without ～ : ～ 하기만 하면 ～ 하다.

예시 They never meet without boasting about their children.

271

* "I didn't mean it but I punched your nose by chance. I <u>do apologize</u> for it."

  "I <u>do reject</u> your insincere apology. You are two-faced.

Grammar 동사강조 : do + 동사 원형

1 mean[miːn] − meant[ment] − meant Ⓥ (～을) 의도하다. 의미하다.

　◇ mean ~ing : ～을 의미하다.

　◇ mean to do : ～을 의도하다.

　◇ mean ⓐ 비열한

2 by chance : 우연히 (= by accident)

　◇ chance[tʃæns] ⓝ 기회

　◇ on purpose[páːrpəs] : 고의로

3 apologize[əpálədʒàiz] Ⓥ (for sth) ～에 사과하다.

　◇ apology[əpálədʒi] ⓒ 사과

4 reject[ridʒékt] Ⓥ ～를 거부하다.

5 insincere[insinsíər] ⓐ 성의 없는

　◇ sincere[sinsíəːr] ⓐ 진심 어린

6 two-faced[túːfèist] ⓐ 이중적인, 위선적인 (= hypocritical)

> * "저는 그럴 의도가 아니었는데 우연히 당신의 코를 쳤어요. 그 점에 대해 진심으로 사과드립니다."
> "당신의 가식적인 사과는 진심으로 거부합니다. 당신은 위선적이군요."

272

* It is not weight but mass that is proportional to gravity.

Grammar it is ~ that 강조 구문 : 강조하고자 하는 것(not weight but mass) **it is ~ that 사이에 넣고 나머지는 어순대로 쓰면 된다.**

1 it is ~ that : 바로 ∼이다.

2 not A but B : A가 아니라 B

3 weight[weit] Ⓤ 무게

◇ weigh[wei] Ⓥ 무게를 재다. ∼을 숙고하다.

4 mass[mæs] Ⓤ 질량 Ⓒ 덩어리

◇ mess[mes] Ⓤ 난장판 Ⓥ ∼을 엉망으로 만들다.

5 proportional[prəpɔ́ːrʃənəl] ⓐ 비례하는

◇ be proportional to : ∼에 비례하다.

◇ be inversely proportional to : ∼에 반비례하다.

◇ proportion[prəpɔ́ːrʃən] Ⓒ 비율, 중요함

6 gravity[grǽvəti] Ⓤ 중력

* 무게가 아니라 바로 질량이 중력에 비례한다.

273

* "Why was it that you bit him on the shoulder?" "That's because he has never seen me without teasing me." "I have no alternative but to suspend you."

Grammar it is ~ that 강조 구문 : **의문사를 강조**할 때는 항상 '**의문사 is it that** ∼'을 사용한다.

이중부정 : **never ~ without~** : ∼할 때마다 ∼ 하다.

1 bite sb on the ~ : sb의 ∼를 물다.

◇bite[bait] − bit[bit] − bitten[bítn] Ⓥ (∼을) 물다.

2 shoulder[ʃóuldər] Ⓒ 어깨

3 never ~ without ~ : ∼할 때마다 ∼하다.

4 tease[tiːz] Ⓥⓣ ∼을 놀리다.

5 that's because + 원인 : 그것은 ∼이기 때문이다.

◇that's why + 결과 : 그래서 ∼이다.

6 have no alternative but to do : ∼ 하지 않을 수 없다.

◇alternative[ɔːltə́ːrnətiv] Ⓒ 대안 ⓐ 대안적인

◇ alter[ɔ́:ltər] Ⓥ ~을 바꾸다. 바뀌다.

7 suspend[səspénd] Ⓥt ~을 정학시키다, ~을 매달다, ~을 중지시키다.

◇ suspension[səspénʃən] Ⓝ 매달기, 중지, 정학

• "도대체 왜 그 애 어깨를 물었니?" "절 볼 때마다 놀려서 그랬어요." "널 정학시킬 수밖에 없구나."

274

• "You know what? Rumor has it that your ex-girl friend is going to be engaged to a rich man." "Rumors are not always true and it's none of my business any more."

Grammar 부분부정 **not always** : '항상 그런 건 아니다'를 의미하는 **부분부정**

전체부정 : **none of ~** : '전혀/아무것도 ~ 않다' 를 의미하는 **전체부정**

1 You know what? : 너 아니? (이야기를 시작할 때 사용하는 표현)

2 rumor has it that ~ : 소문에 의하면

◇ rumor[rúːməːr] Ⓒ 소문

3 ex- : 전

4 girlfriend Ⓒ 애인

5 be engaged to : ~와 약혼하다.

◇ engage[engéidʒ] Ⓥt 약속하다

◇ be engaged in : ~에 열중하다.

◇ engage in : ~에 참여하다.

◇ engagement[engéidʒmənt] Ⓒ 약혼, 교전

6 none of one's business : ~와는 상관없는 일

◇ business[bíznis] Ⓝ 사업

• "너 아니? 네 전 여자 친구가 부자와 약혼한다는 소문이 있던데."
"소문이 다 사실인 건 아니잖아. 그리고 이제는 더 이상 나와는 상관없는 일이야."

275

• At 8,848 meters above sea level stood the climber nicknamed 'Conqueror.'
(= The climber nicknamed 'Conqueror' stood at 8,848 meters above sea level.)

Grammar **부사어(전치사 + 명사)** + 동사 **+ 주어** : **부사어**를 **강조**하거나 **주어가 너무 긴 경우** 이런 형태를 취한다.

1 ~ above sea level : 해발 ~
◇ level[lév-əl] ⓒ 수준, 높이, 평지 ⓐ 평평한 vt ~을 완전히 파괴하다.
◇ at a record level : 유례없는 수준으로
2 climber[kláimər] ⓒ 등산가
◇ climb[klaim] ⓥ (~을) 오르다.
3 nickname[níknèim] vt ~에게 별명을 붙이다. ⓒ 별명
4 conqueror[káŋkərər] ⓒ 정복자
◇ conquer[káŋkər] ⓥ (~을) 정복하다. 극복하다.
◇ conquest[káŋkwest] ⓤ 정복

• '정복자'라는 별명을 가진 등산가는 해발 8,848m에 서 있었다.

276

• Among the most popular but also controversial performances is the musical that the corrupt politician was involved in producing.

Grammar **부사어(전치사 + 명사) + 동사 + 주어** : 뒤에 주어가 오기 때문에 단/복수를 결정하는데 주의를 해야 한다.

1 among[əmʌ́ŋ] prep (셋 이상) ~ 중에, ~ 중에 하나
2 popular[pápjələr] ⓐ 인기 있는, 대중의
◇ populous[pápjələs] ⓐ 인구가 많은

◇ populated ⓐ 사람이 사는

◇ popularity[pάpjəlǽrəti] Ⓤ 인기

◇ pop music : 대중가요

3 controversial[kάntrəvə̀ːrʃəl] ⓐ 논란이 되는

◇ controversy[kάntrəvə̀ːrsi] ⓝ 논란, 논쟁

4 performance[pərfɔ́ːrməns] ⓒ 공연, 업무수행

◇ perform[pərfɔ́ːrm] Ⓥ (∼을) 공연하다. 이행하다. (= carry out)

5 musical[mjúːzik-əl] ⓒ 뮤지컬 ⓐ 음악의

6 corrupt[kərʌ́pt] ⓐ 부패한

◇ corruption[kərʌ́pʃən] Ⓤ 부정부패, 타락

7 be involved in(with) : ∼와 관련되다.

◇ be involved with : ∼와 교제 중이다.

◇ involve[invάlv] Ⓥ ∼을 포함하다.

◇ involvement[invάlvmənt] Ⓤ 관여

* 그 부패한 정치인이 제작에 참여한 그 뮤지컬은 가장 인기 있으면서 또한 가장 논란이 되는 공연들 중 하나로 꼽힌다.

277

* "Never will I be immune to hateful comments on the Internet."

"I am afraid that's the burden you should bear as a celebrity."

Grammar 부정어 도치 : 부정어(구) + **be/조동사/do** 동사 + 주어 ∼

1 immune[imjúːn] ⓐ 면역성의

◇ be immune to : ∼에 면역이 되다.

◇ immunity[imjúːnəti] Ⓤ 면제, 면역

2 hateful[héitfəl] ⓐ 증오에 찬 (= malicious)

3 comment[kάment] ⓝ 의견

◇ hateful comment ⓒ 악플

4 burden[bə́ːrdn] ⓒ 짐 ⓥ ~에게 짐을 지우다.

5 bear[bɛər] – bore[bɔːr] – born[bɔːrn] ⓥ ~을 지다. ~을 견디다.

    ◇ bear fruit : 결실을 맺다.

    ◇ bear A in mind : A를 명심하다.

    ◇ bear witness to A : A를 입증하다.

6 celebrity[səlébrəti] ⓒ 유명인

• "저는 결코 인터넷 악플에 면역성이 길러지지 않을 것 같아요." "안타깝게도 그건 유명인으로서 짊어져야 할 짐이야."

278

• "Not only did the statesman look imposing but his speech also sounded compelling" "As for me, his artificial English accent sounded disgusting."

Grammar 부정어 도치 : **부정어(구) + be/조동사/do 동사 + 주어 ~**

1 not only A but also B : A뿐 아니라 B도 (= B as well as A)

2 statesman[stéitsmən] ⓒ (존경받는) 정치인

3 imposing[impóuziŋ] ⓐ 당당한, 으리으리한

    ◇ impose[impóuz] sth on sb : ~을 ~에게 부과하다. 강요하다.

    ◇ impose on : ~에 신세를 지다.

4 compelling[kəmpéliŋ] ⓐ 설득력 있는

    ◇ compel[kəmpél] ⓥ ~에게 강요하다.

5 as for ~ : ~의 경우

6 artificial[àːrtəfíʃəl] ⓐ 인공적인, 인위적인

    ◇ artificial intelligence ⓤ 인공지능 (= AI)

    ◇ artificial respiration ⓤ 인공호흡

7 disgusting[disɡʌ́stiŋ] ⓐ 역겨운

    ◇ disgust[disɡʌ́st] ⓥ ~에게 혐오감을 느끼게 하다.

• "그 정치인은 당당해 보였을 뿐 아니라 그의 연설은 설득력 있게 들렸어."
"나에겐 그의 인위적인 영국 억양이 역겹게 들렸어."

279

• "I can't balance the budget like you. Mom!" "<u>Neither can I</u>. I am also always in the red." "Oops! How can you endure the stress?"

Grammar ~도 또한 마찬가지다. (부정문) : **neither + be/조동사/do + 주어**

1 balance the budget : 수지타산을 맞추다.

　◇ balance[bǽləns] Ⓥ (~의) 균형을 유지하다. Ⓝ 균형, 잔고, 잔금

　◇ the balance Ⓒ (금액의) 나머지

　◇ bank balance Ⓒ 잔고

　◇ budget[bʌ́dʒit] Ⓝ 예산

2 in the red : 적자인

　◇ in the black : 흑자인

3 neither[níːðər] + 조동사 + 주어 : ~도 마찬가지야. (= same here)

　◇ neither A nor B : A, B 둘 다 아닌

4 endure[endjúər] Ⓥⓣ ~을 견디다.

　◇ endurance[indjúərəns] Ⓤ 인내, 지구력

5 stress[stres] Ⓤ 스트레스 Ⓥⓣ ~을 강조하다.

　◇ put(place, lay) stress on : ~을 강조하다. (= place emphasis on)

• "엄마! 저는 엄마처럼 수지타산을 제대로 못 맞추겠어요." "나도 못해. 나도 항상 적자야."
"이런! 어떻게 그 스트레스를 견딜 수 있어요?"

280

• The adoptee adapted to his new environment well and <u>so did his foster parents</u>.

Grammar ~도 또한 마찬가지다. (긍정문) : **so + be/조동사/do + 주어**

1 adoptee[ədápti] © 입양아

    ◇ adopt[ədápt] ⊻ ~을 입양하다. ~을 채택하다.

2 adapt[ədǽpt] ⊻ ~을 개조하다. (책) ~을 각색하다.

    ◇ adapt to : ~에 적응하다.

3 environment[inváiərənmənt] ⓝ 환경

    ◇ environmental[invàiərənméntl] ⓐ 환경의

    ◇ environmentally friendly : 친환경적인 (= eco-friendly)

4 foster[fɔ́(:)stər] ⓐ 수양

    ◇ foster ⊻ ~을 촉진하다. 남의 아이를 양육하다.

5 So do I : 나도 그렇다. (= same here)

    *입양된 아이는 그의 새로운 환경에 잘 적응을 했고 그의 수양부모들도 그러했다.

unit 19 고난도 문법

• 3어 동사에 형용사가 들어간 경우 **수동태가 두 개가** 된다.

예시 Sera took good care of Jim.

> Jim was taken good care of by Sera.

> Good care was taken of Jim by Sera.

• **sell, peel, read, write, cut** 다음에 **부사 well, easily** 등이 오는 경우 **수동의 의미를** 지닌다.

예시 This pear peels easily.

• 형용사/부사/동사/ 명사 as(though) 주어 (may) do : **양보의 의미를** 지닌다.

예시 Strict as he may be, he has a warm heart.

• **주장, 요구, 명령, 제안, 충고**의 의미를 지닌 **명사나 동사** 뒤에 that절이 오는 경우 '주어 + **(should) + do**'의 형태를 취한다. 이 경우 **should**는 주로 **생략**한다.

‒ insist, demand, ask, order, suggest, recommend, advise 등

예시 The CEO suggested that they (should) invest in the fashion industry.

◎ **suggest**(암시하다, 보여주다), **insist**(과거 사실을 주장하다)의 경우 **시제일치를** 시켜준다.

예시 The research suggested that smoking contributes to heart disease.

• 관계사와 동사 사이에 **삽입절이** 올 수 있다.

예시 The detective found the string that he believed was used for the crime.

• 유사 관계 대명사 : 앞에 비교급이 있는 경우 **than**, the same, as, such가 있는 경우 **as**를 관계사 대신 사용한다.

예시 She raised more funds than were needed.

• 부분을 나타내는 관계사절은 항상 **계속적 용법**을 사용한다.

‒ most/some/both of 관계 대명사

예시 There were hundreds of graves at the cemetery, most of which were new.

• A is to B what(as) C is to D : A와 B의 관계는 C와 D의 관계와 같다.

　　예시 A sports car is to a man what a diamond ring is to a woman.

• **시대, 장소 witness/see 사건** : ∼에서 사건이 발생하다.

　　예시 Korea has seen many political changes since the 1970s.

• **otherwise** '그렇지 않다면/ 않았다면' 의미로 **가정법의 의미**를 지닌다.

　　예시 His friends lent him some money; otherwise, he couldn't have afforded it.

281

* No attention was paid to the sick-looking scholar but it was he who pulled the strings behind the scenes.

(= They paid no attention to the sick looking scholar)

Grammar 3어 동사 수동태의 경우 **명사(attention)** 앞에 **형용사(no)**가 있는 경우 그 **명사를 주어**로 하는 수동태가 가능하다.

it is ~ that 강조구문에서 강조하고자 하는 **대상이 사람**인 경우 **that** 대신 **who**를 사용할 수 있다.

1 pay attention to : ~에 주의를 기울이다.

◇ attention[əténʃən] ⓝ 주의, 차렷

2 sick-looking ⓐ 아파 보이는

3 scholar[skάlə:r] ⓒ 학자

◇ scholarship[skάlə:rʃip] ⓒ 장학금

4 it is ~ that : 바로 ~ 이다.

5 pull strings behind the scene(s) : 배후에서 조종하다.

◇ string[striŋ] ⓒ 줄, 실

◇ scene[si:n] ⓒ 장면, 현장

◇ no strings attached : 아무런 조건 없이

* 그 병약해 보이는 학자는 눈길을 끌진 않았지만 바로 그가 배후에서 조종한 사람이야.

282

* Encyclopedias and dictionaries don't sell well these days, so as a counselor, I recommend that your company not publish them any more.

Grammar **sell, read, write, cut** + **부사**의 경우 동사가 **수동의 의미**를 지닌다.

주장, 요구, 명령, 제안, 충고(recommend)의 뒤에 '**that 주어 (should) do**'의 형태가 온다.

1 encyclopedia[ensàikloupíːdiə] ⓒ 백과사전

2 dictionary[díkʃənèri] ⓒ 사전

◇ dictionary entry ⓒ 사전 표제어

3 sell[sel] – sold[sould] – sold ⓥ ～을 팔다. 팔리다.

◇ sell out(= be sold out) 매진되다.

4 counselor[káunsələr] ⓒ 조언자, 고문

◇ counsel[káunsəl] ⓥ ～에게 조언하다. ⓝ 변호사, 조언

5 recommend[rèkəménd] ⓥ ～을 권장하다. ～을 추천하다.

◇ recommendation[rèkəmendéiʃ-ən] ⓒ 권고, 추천(서)

6 company[kʌ́mpəni] ⓒ 회사 ⓤ 동행

◇ companion[kəmpǽnjən] ⓒ 동반자

7 publish[pʌ́bliʃ] ⓥ ～을 출판하다. ～을 게재하다. 공개하다.

◇ publisher[pʌ́bliʃər] ⓒ 출판사

◇ publication[pʌ̀bləkéiʃən] ⓤ 출판, 발행

* 요즘 백과사전과 사전이 팔리지 않는 추세입니다. 그래서 저는 고문으로서 당신의 회사가 그것들을 더 이상 출판 하지 않을 것을 권고합니다.

283

* Parallel as the two lines may look, you are being tricked by an optical illusion.

Grammar **형용사(부사, 명사) as(though) 주어** + **(may)** + **동사** : **양보(비록～지만)**의 의미를 지닌다.

1 parallel[pǽrəlèl] ⓐ 평행한 ⓒ 유사성

◇ parallel A ☑ ～에 필적하다.

2 trick[trik] ☑ ～을 속이다. ⓒ 속임수, 마술

◇ play a trick on A : A에게 장난치다.

3 optical[ɑ́ptikəl] ⓐ 시각적인, 광학의

◇ optic[ɑ́ptik] ⓐ 시각의

◇ optician[ɑptíʃən] ⓒ 안경사

4 illusion[ilúːʒən] ⓒ 환상, 착각

◇ optical illusion ⓒ 착시(현상)

◇ have no illusions about ～ : ～에 대한 환상을 품지 않다.

* 두선이 평행한 것처럼 보이지만 여러분들은 착시현상에 속고 있는 것입니다.

284

* "My fitness instructor suggested that <u>I drink</u> coffee before working out." "Well, various research suggests that <u>instant coffee does</u> more harm than good, ranging from decayed teeth to diabetes."

Grammar 제안(**suggest**)의 의미를 지닌 동사 뒤에 '**주어 + (should) + do**'가 온다.
suggest가 '**보여주다, 암시하다**'의 의미를 가진 경우 **시제일치**를 시킨다.

1 fitness[fítnis] ⓤ 건강함, 적합성

◇ fit[fit] ☑ (～에게) 맞다. ⓒ 발작 ⓐ 건강한

2 instructor[instrʌ́ktər] ⓒ 강사

◇ instruct[instrʌ́kt] ☑ ～을 지도하다. ～을 지시하다.

◇ fitness instructor ⓒ 헬스 강사

3 suggest[səgdʒést] ☑ ～을 제안하다. ～을 보여주다. ～을 암시하다.

◇ suggestion[səgdʒéstʃən] ⓒ 제안, 암시

◇ a suggestion of ～ : 아주 약간의 ～

◇ suggestive[səgdʒéstiv] ⓐ 선정적인

4 work out[wə́ːrkàut] Ⓥ 몸을 단련시키다.

5 research[risə́ːrtʃ] Ⓤ 연구, 조사 Ⓥ (~을) 조사(연구)하다.

  ◇ researcher Ⓒ 연구원, 조사원

6 instant[ínstənt] ⓐ 즉석의 Ⓒ 순간, 즉시

7 do more harm than good : 이로운 것보다 해로운 게 많다.

  ◇ do harm (to) ~에게 해롭다.

  ◇ do good (to) ~에게 이롭다.

8 range from A to B Ⓥ 범위가 A에서 B에 이르다.

  ◇ range[reindʒ] Ⓒ 범위

  ◇ a range of : 다양한

9 decayed tooth Ⓒ 충치

  ◇ decay[dikéi] Ⓥ 썩다. ~을 썩게 하다.

  ◇ tooth[tuːθ] Ⓒ 이 (ⓟ : teeth 복수형이 불규칙이다.)

10 diabetes[dàiəbíːtis] Ⓤ 당뇨병

• "헬스 강사님이 운동 전에 커피 마실 것을 제안했어요."
"음. 충치에서 당뇨병에 이르기까지 인스턴트커피가 몸에 이롭기보단 해롭다는 것을 다양한 연구 결과가 보여주는데요."

285

• The individuals that I was sure would enroll in my lecture didn't sign up. Instead, those who I think are not eligible for my class are trying to register.

Grammar I was sure와 I think가 **관계사절과 동사 사이에 삽입** 되어 있다.

1 individual[indəvídʒuəl] Ⓒ 개개인 ⓐ 개별의, 개성적인

  ◇ individuality[indəvidʒuǽləti] Ⓤ 개성

2 enroll[enróul] (in) Ⓥ ~에 등록하다.

3 lecture[léktʃəːr] Ⓒ 강의 Ⓥ ~에게 설교하다. 강의하다.

  ◇ give A a lecture on ~ : A에게 ~에 대해 설교하다.

4 sign up for : ~에 등록하다.

  ◇ sign a contract : 계약하다.

5 those who ~ : ~하는 사람들

6 eligible[élidʒəbəl] for : ~에 대한 자격이 있는

7 register[rédʒəstər] Ⓥ 등록하다. ~을 등록시키다.

  ◇ register[rédʒəstə:r] Ⓝ 명부, 기록부

  ◇ formal register : 격식체 (반 : informal register)

● 내 강의에 등록할 것이라 확신했던 개개인들은 등록하지 않았어요. 대신 수업을 받기에 자격이 미달인 사람들이 등록하려고 했어요.

286

● The cruise vessel was carrying <u>more passengers than</u> it was authorized to accommodate.

Grammar 비교급 뒤에 관계대명사가 필요한 경우 **than**이 이를 대신한다.

1 cruise[kru:z] Ⓒ 크루즈 여행 Ⓥ 순항하다.

  ◇ go on a cruise : 유람선 여행을 하다.

2 vessel[vésəl] Ⓒ 대형 선박, 그릇

  ◇ blood vessel Ⓒ 혈관

3 passenger[pǽsəndʒər] Ⓒ 승객

4 authorize[ɔ́:θəràiz] Ⓥ ~을 허가하다.

  ◇ authorize A to do : A가 ~ 하는 것을 허가하다.

  ◇ authority[əθɔ́:riti] Ⓤ 권한 Ⓒ 권위자, 승인

  ◇ the authorities Ⓟ (행정) 당국

5 accommodate[əkámədèit] Ⓥ ~을 수용하다. Ⓥ ~에 적응하다.

  ◇ accommodation(s)[əkàmədéiʃən] Ⓝ 숙박시설, 합의

  ◇ accommodating[əkámədèitiŋ] ⓐ 친절한

● 그 유람선은 허가받은 수용인원보다 더 많은 승객들을 싣고 있었다.

287

* In the diplomatic world, countless negotiations are taking place, <u>many of which</u> are conducted in an informal fashion.

Grammar 부분을 나타내는 관계사절은 항상 **계속적 용법**을 사용하고 **선행사의 수**에 주의해야한다.

1 diplomatic[dìpləmǽtik] ⓐ 외교적인

  ◇ diplomat[dípləmæ̀t] ⓒ 외교관

  ◇ diplomacy[diplóuməsi] ⓤ 외교

  ◇ diploma[diplóumə] ⓒ 졸업장

2 countless[káuntlis] ⓐ 수많은

  ◇ uncountable[ʌnkáuntəbəl] ⓐ 셀 수 없는

  ◇ count[kaunt] ⓥ (~을) 세다.

3 negotiation[nigòuʃiéiʃən] ⓒ 협상 ⓤ 타협

  ◇ negotiate[nigóuʃièit] ⓥ 협상하다. ⓥ ~을 잘 빠져나가다.

  ◇ open to negotiation : 협상의 여지가 있는

4 take place ⓥ 발생하다.

5 conduct[kándʌkt] ⓥ ~을 실시하다. ~을 지휘하다. ⓤ 행위

  ◇ conductor[kəndʌ́ktər] ⓒ 지휘자, 전도체

6 informal[infɔ́ːrməl] ⓐ 비공식적인, 격식을 차리지 않은

  ◇ formal[fɔ́ːrm-əl] ⓐ 공식적인, 격식을 갖춘

7 in ~ fashion : ~ 한 방식으로 (= way, method)

* 외교계에는 수많은 협상이 이뤄지고 있으며, 비공식적으로 행해지는 것들이 많습니다.

288

• "Your blood type is to your personality as your zodiac sign is to your destiny."

"What does it mean?" "They are totally irrelevant."

Grammar **A is to B as(what) C is to D**는 숙어로 외워서 사용한다.

1 blood type ⓒ 혈액형

   ◇ type[taip] ⓒ 유형

   ◇ typical[típik-əl] ⓐ 전형적인, 특징적인

2 personality[pə̀ːrsənǽləti] ⓒ 성격, 인성

   ◇ personal[pə́ːrsənəl] ⓐ 개인적인

3 zodiac[zóudiæ̀k] sign ⓒ (태어난) 별자리

   ◇ chinese zodiac ⓐ 12간지

4 destiny[déstəni] ⓒ 운명 (= fate)

   ◇ be destined to do : ∼ 할 운명이다.

5 irrelevant[iréləvənt] ⓐ 상관없는 (ꀂ : relevant)

   ◇ irrelevantly ⓐⓓ 뜬금없이

   • "너의 혈액형과 성격과의 관계는 너의 별자리와 운명과의 관계와 같아." "무슨 소리야?" "아무런 관계가 없다고."

289

• The early 21st century witnessed many profound breakthroughs in genetic engineering.

Grammar 사물주어 구문 : **시간/ 장소 witness(see) 사건** (∼에 사건이 발생하다.)

1 witness[witnis] ⓥ (∼을) 목격하다. ⓒ 목격자

2 profound[prəfáund] ⓐ 중대한, 심오한

◇ profoundly [ad] 대단히

3 breakthrough[bréikθrù] [C] 비약적 발전

◇ make a breakthrough in ~ : ~에서 획기적인 발견을 하다.

4 genetic[dʒinétik] [a] 유전자의

◇ gene[dʒi:n] [C] 유전자

5 engineering[èndʒəníəriŋ] [U] 공학

◇ engineer[èndʒəníər] [C] 기술자

* 21세기 초반에 유전공학에서 어마어마한 비약적 발전이 이뤄졌다.

290

* "The figures must be accurate; <u>otherwise</u>, the security alarm would go off."

"Oh my gosh! I am apt to faint if I am extremely nervous."

Grammar **otherwise**는 '그렇지 않다면'의 의미로 **가정법의 의미**를 지닌다.

1 figure[fígjər] [C] 숫자, 인물, 모습 [V] 중요한 위치를 차지하다.

◇ figure A out : ~의 해결책을 찾다. ~을 이해하다.

2 accurate[ǽkjərit] [a] 정확한 (반 : inaccurate)

◇ accuracy[ǽkjərəsi] [U] 정확성

3 otherwise[ʌ́ðərwàiz] [ad] 그렇지 않으면, 그렇지 않았으면

4 security[sikjú-əriti] [n] 안보, 보안

◇ secure[sikjúə:r] [a] 안정된, 안전한 [V] ~을 확보하다.

5 alarm[əlá:rm] [C] 경보기, 자명종

◇ alarming[əlá:rmiŋ] [a] 놀랄 정도의

6 go off : (경보기) 울리다. (폭탄) 폭발하다.

7 be apt to do : ~ 하는 경향이 있다. (= tend to do)

◇ aptitude[ǽptitù:d] [C] 적성

8 faint[feint] [V] 기절하다. [a] 희미한

9 extremely[ikstríːmli] ⓐⓓ 극심하게

　　◇ extreme[ikstríːm] ⓐ 극도의, 아주 심한

- "그 숫자들은 정확해야만 해. 그렇지 않으면 경보가 울릴 거야." "오 이런! 난 너무 긴장하면 기절하는 경향이 있는데."

더 홀
The Whole

초판 1쇄 인쇄 2016년 02월 04일 **초판 1쇄 발행** 2016년 02월 15일

지은이 황철현 **펴낸이** 김양수 **디자인** 이정은

감수 Kacey Gavin, Currin Armstrong, Eamon Hanka,
　　최정필, 장한솔, 서여정, 성지윤, 전진주, 이정은

펴낸곳 휴앤스토리 **출판등록** 제2016-000014

주소 (우 10387) 경기도 고양시 일산서구 중앙로 1456(주엽동) 서현프라자 604호 **팩스** 031.906.5079

대표전화 031.906.5006 **이메일** okbook1234@naver.com **홈페이지** www.booksam.co.kr

ISBN 979-11-957230-3-4 (44740)
ISBN 979-11-957230-2-7 (세트)